가장 빨리 10억 버는 기술

따라 하는 순간
초고속으로 매출 올리는
사업의 법칙

일레인 포펠트 지음 · 박선령 옮김

가장
빨리
10억 버는
기술

Tiny Business,
Big Money

비즈니스북스

옮긴이 **박선령**

세종대학교 영어영문학과를 졸업하고 MBC방송문화원 영상번역과정을 수료하였다. 현재 번역 에이전시 엔터스코리아에서 출판기획 및 전문 번역가로 활동하고 있다. 주요 역서로는 《타이탄의 도구들》, 《업스트림》, 《거대한 가속》, 《지금 하지 않으면 언제 하겠는가》, 《억만장자 시크릿》 등이 있다.

가장 빨리 10억 버는 기술

1판 1쇄 발행 2022년 10월 25일
1판 2쇄 발행 2022년 11월 1일

지은이 | 일레인 포펠트
옮긴이 | 박선령
발행인 | 홍영태
편집인 | 김미란
발행처 | (주)비즈니스북스
등 록 | 제2000−000225호(2000년 2월 28일)
주 소 | 03991 서울시 마포구 월드컵북로6길 3 이노베이스빌딩 7층
전 화 | (02)338−9449
팩 스 | (02)338−6543
대표메일 | bb@businessbooks.co.kr
홈페이지 | http://www.businessbooks.co.kr
블로그 | http://blog.naver.com/biz_books
페이스북 | thebizbooks
ISBN 979−11−6254−308−5   03320

비즈니스북스는 독자 여러분의 소중한 아이디어와 원고 투고를 기다리고 있습니다.
원고가 있으신 분은 ms1@businessbooks.co.kr로 간단한 개요와 취지, 연락처 등을 보내 주세요.

이렇게 멋진 사업의 세계에 뛰어들 수 있도록,
또 이렇게 사랑하게 될 줄 몰랐던 삶을 시작할 수 있도록
늘 응원해주고 지지해준 가족에게 이 책을 바친다.

돈과 시간으로부터 자유로워지는
추월차선에 올라타라

팬데믹 이후 전 세계가 닫았던 문을 다시 열면서 온갖 새로운 기회가 모습을 드러내고 있다. 사업을 시작하고 성장시키기에 지금보다 더 좋은 시기는 없을 듯하다. 이제는 거의 모든 곳에서 사업을 시작하고 운영할 수 있다. 최근 몇 달 사이에 기록적으로 많은 사업체가 생겨난 것도 놀랄 일이 아니다.

사업가의 과제는 어디에 에너지를 집중할지 결정하는 것이다. 틈새 시장에는 돈이 될 만한 일이 많지만 자신에게 적합한 시장을 찾아야 한다는 문제가 있다. 이 책은 직원 수 20명 미만인 소규모 사업체에 가장 유리한 업종을 알려주는 데이터를 자세히 분석하고 있다. 그리고 수익성이 높은 규모를 유지하며 적절한 아이템, 최소한의 비용을 사용한 마케팅으로 최대치의 매출을 올린 사업체를 운영하는 사업가들의 사례를 정리한 설문조사 결과도 함께 제공한다.

이 사업가들은 이 책의 저자인 일레인 포펠트의 전작《나는 직원 없이도 10억 번다》에서 소개된 1인 사업가들보다 사업을 한 단계 더 발전시켜 프리랜서 또는 소수의 직원으로 구성된 소규모 팀을 운영한다. 이들의 이야기에서 우리는 소규모 사업체를 만들기 위한 준비 과정과 전략, 이상적인 사업 아이템을 찾아내는 방법, 창업 및 성장에 필요한 자금을 구하는 방법, 첫 고객과 연결되는 방법 등을 배울 수 있다. 결국 소규모 사업으로 큰돈을 빠르게 벌기 위해서는 주변의 모든 자원을 활용해 최상의 결과를 내야만 한다.

최소한의 돈과 시간을 들여 큰 수익을 내는 소규모 사업을 만들 수만 있다면 이후에는 수많은 선택지가 생길 것이다. 몇몇 사업가는 사업을 부티크Boutique 크기로 유지하고 싶을지도 모른다. 어떤 사업가들은 사업을 최대한 확장해서 스케일 업Scaling Up 시스템으로 중소기업 규모의 회사로 성장시키고 싶을지도 모른다. 어떤 방향을 선택하든 이 책에 담긴 60인의 이야기가 사업가를 고무시키는 단 하나의 목표, 즉 자유를 누리면서 직원과 공동체, 그 너머의 세상에 긍정적인 변화를 일으킨다는 목표를 이루게 해줄 것이다.

베른 하니시Verne Harnish
(안트러프러너스 오거너제이션Entrepreneurs' Organization 설립자)

자수성가형 프로 사업가 60인의 성공 방정식을 만나다

팬데믹으로 일상이 마비되었을 당시 매일 집에서 줌Zoom으로 화상회의를 해야 했다. 그 지긋지긋한 일상에서 빠져나올 유일한 방법은 산책이었다. 사회적 거리두기가 시작된 첫날부터 마스크 착용 의무가 해제된 날까지 하루도 빠짐없이 산책하러 나갔다. 비가 오든, 바깥 기온이 38도를 넘든, 눈 오는 날 얼음 위에서 미끄러지든 상관없이 동네를 가로지르는 길을 따라 걷고 또 걸었다. 저널리스트였던 나는 이 기간에 무슨 일이 벌어지고 있는지 직접 보고 싶었다.

　나중에 이때 있었던 세세한 일들을 잊지 않으려고 사진을 많이 찍었다. 가게의 임시 휴업 표지판, 테이크아웃이나 드라이브업Drive-up(가게나 식당 등에서 고객이 차를 탄 채 주문, 결제를 할 수 있는 시스템-옮긴이) 서비스 안내문, 재개장 안내, 고객들이 착용해야 하는 개인 보호 장비까지.

겨울에는 어둑한 새벽에 나가보면 동네 사람들이 단골 식당 밖에 옹기종기 모여 난로 옆에서 추위에 떨며 뭔가를 먹고 있었다. 생존을 위해 사투를 벌이는 지역 상인들을 도우려는 것이었다. 오랫동안 가업을 이어온 상점 창문에 '폐업' 표지가 붙은 걸 봤을 땐 눈물이 나기도 했다.

나도 사업을 하고 있었고 수년간 수많은 사업가를 인터뷰해왔다. 그래서 그들이 꿈을 이루기 위해 얼마나 노력하는지, 사업을 유지하기 위해 얼마나 치열하게 싸우는지 알고 있었다. 내가 이 책의 마지막 페이지를 쓸 때까지 위기 속에 살아남은 사업체들도 여전히 팬데믹이 남긴 피해를 복구하기 위해 열심히 노력하고 있다. 그래서 더더욱 질문하지 않을 수 없었다. 이런 일을 겪은 뒤에도 사람들에게 사업을 시작하라고 권하는 게 여전히 의미 있는 일일까? 그럴 가치가 있는 일일까? 마음속의 대답은 의심할 여지 없이 '그렇다!'였다.

상사도 없고 사업을 운영하는 방법도 모르는 채 발만 동동 구르는 이들에게도 여전히 기회가 있기 때문이다. 대공황 때처럼 많은 사업체가 문을 닫기는 했다. 하지만 개중에는 번창하는 사업체도 있었고, 새롭게 생겨나는 사업체들도 있었다. 집합 제한이 풀리자 집 근처 식당들이 붐비기 시작했다. 다시 만나기를 열망하면서 서성거리는 사람들을 보며 어느 분야, 어떤 규모의 사업체든 하나하나가 공동체의 구성에 얼마나 중요한지 새삼 깨달을 수 있었다. 그리고 그들이 우리를 하나로 묶어주는 '끈'이라는 사실도 알 수 있었다.

팬데믹 기간에 번창하는 전자상거래 사업을 구축하거나 성장시킨

이들도 많다. 사람들이 봉쇄 기간에 새로운 일을 시작하거나 배우는 데 시간을 투자한 덕에 2020년에 미국의 사업체 수는 거의 42퍼센트나 급증했다.[1] 이런 급증 추세는 2021년에도 계속되었다. 2021년 7월 한 달 동안에만 사업자 등록 신청 건수가 전년 대비 98퍼센트 증가했다.[2] 투자자들은 안정적인 전자상거래 브랜드를 만들기 위해 가장 규모가 작은 가족 사업체를 사들이려고 경쟁하고 있다. 나만 기회를 본 것은 아닌 게 확실했다.

나는 전에 《포춘 스몰 비즈니스》Fortune Small Business의 수석 편집자였으며 CNBC, 《포춘》, 《포브스》, 《Inc.》 및 여러 다양한 매체에 글을 기고했다. 그리고 《나는 직원 없이도 10억 번다》에서 직원을 두지 않고 혼자 사업을 운영하며 100만 달러 이상의 수익을 올리는 방법을 소개했다. 큰 규모가 아니면 무시당하는 사업의 세계에서 1인 사업체들이 얼마나 많은 걸 성취할 수 있는지 알리기 위해서였다.

《가장 빨리 10억 버는 기술》은 다양한 사업체 중에서도 가장 과소평가되는 곳, 즉 급여를 받는 정직원이 몇 명 안 되거나 인력 아웃소싱 팀을 활용하는 소규모 사업체가 어떻게 단기간에 100만 달러 이상의 매출을 올리는지 살펴본다. 모든 사업가는 실패의 위험을 감수한다. 하지만 이 작은 사업체들은 이 책에서 끊임없이 등장하는 데이터에서 볼 수 있듯이 분명 큰 성공을 거둘 수 있는 잠재력이 있다. 책의 맨 뒤에 실린 부록 1(335쪽 참고)에 수록된 표를 봐도 급여를 지급한 후 가장 많은 현금이 남는 소규모 사업체 목록에서 어떤 유형의 사업체가 상위권을 차지했는지 알면 놀랄 것이다. 50만~100만 달러 정도의 수익을 올리는 소규모 사업체들이 눈에 많이 띈다.

진짜 이웃집 백만장자 스타일의 사업가들은 번잡한 도로변에 있는 눈에 잘 띄지 않는 평범한 건물이나 사무실에서(요즘에는 홈 오피스에서 일하는 이들이 점점 늘고 있다) 우리가 생각지도 못한 일을 하면서 큰 수익을 올리고 있다. 실제로 많은 사람이 매우 창의적인 방법으로 성취감을 느끼고 경제적으로 보람찬 삶을 살고 있다.

이 책은 단기간에 사업을 성공시킨 사업가 60인과 나눈 인터뷰를 통해 그들이 어떻게 괜찮은 사업 아이템을 발견해서 성장시켰는지, 어떻게 그 사업을 추진할 소규모 팀을 구성했는지 알아본다. 또한 이 책에 소개된 사업가들에게 어떤 공통점이 있는지 알아보는 설문조사를 실시했다. 질문 내용은 매우 다양한데, 예를 들면 100만 달러의 수익을 올리기까지 평균 몇 년이 걸렸는지, 계약직 직원이나 자동화 장치를 사용하는지, 사업을 처음 시작할 때 자본금은 얼마나 있었는지, 사업에 대한 조언과 정보는 어디서 얻었는지, 삶의 균형을 유지하기 위해 어떤 노력(파워리프팅, 요가, 명상, 기도 등)을 했는지 등이다(부록 2 참고).

이케아의 조립식 가구처럼 빠르고 쉽게 비즈니스를 구축하는 방법을 알려주는 설명서가 있다면 좋겠지만 쉽지 않은 일이다. 모든 사업은 저마다 다르고 사업가도 모두 다르기 때문이다. 자신의 경험담을 아낌없이 들려준 자수성가형 프로 사업가들의 성공 방정식을 통해 영감과 실질적인 조언을 얻어 당신이 원하는 방식대로 일하기를 바란다. 당신이 꿈꾸는 목표, 단기간에 100만 달러 혹은 그 이상의 매출을 올리는 사업을 이루는 가장 확실한 길이 될 것이다.

제1장 돈 없다고 시간 없다고 사업을 미루지 마라

제2장 일단 사업가처럼 생각하고 행동하라

제3장 황금알을 낳는 시장, 찾는 사람이 임자다

제4장 성공까지 직진! 무조건 '되는' 사업의 기술

제5장 자본금 0원으로 10억 사업의 문을 두드려라

제6장 오늘부터 딱 4시간만 일하라

제7장 평생고객을 부르는 입소문 마케팅의 법칙

제8장 사업도 공부, 공부, 공부다

일러두기

1. 본 도서에 언급된 참고 도서 중 국내에서 번역·출간된 단행본은 번역서의 제목을 따랐으며, 미출간 단행본은 원서명을 직역하고 원어를 병기했다.

2. 본 도서에 등장하는 사업 관련 사이트 및 서비스는 유사한 정보가 국내에 있는 경우 편집자가 주를 달아 괄호와 함께 '-편집자'로 적어 표기했다.

돈 없다고 시간 없다고
사업을 미루지 마라

현재 28세인 크리스 미드Chris Meade는 과거에는 상상도 못 했던 삶을 살고 있다. 그는 동생 그레고리와 친구 마이크 델파파와 함께 4방향 배구 게임 크로스넷CROSSNET을 발명했는데 이 게임이 날개 돋친 듯 팔리면서 회사까지 운영하게 되었다. 2017년에 창업한 크로스넷은 창업 3년 만인 2020년에 1,000만~1,200만 달러 매출을 달성했다.

나와 인터뷰 당시 미드는 동업자들이 사는 곳 근처에 있는 샌디에이고 미션비치의 에어비앤비 숙소에서 1개월간 머물렀다가 팀원들과 함께 추수감사절 휴가를 보내기로 한 멕시코 툴룸으로 떠날 준비를 하고 있었다. 팬데믹 기간에 캘리포니아 지역 전체가 봉쇄되었지만 다행히 그는 발코니가 있는 숙소를 구할 수 있었다. 회사의 브랜드 커뮤니케이션 책임자이자 필라테스 강사로도 일하는 여자친구 린지와 함께 매일 발코니에 나가 운동했는데 하루 중 이때가 가장 즐거운 시간이었다.

하지만 미드의 삶이 항상 이런 식으로 여유로웠던 건 아니다. 2017년에는 매일 오전 6시 30분에 일어나 브루클린 부시윅에서 맨해튼까지 가는 느릿느릿한 통근 열차를 타기 위해 역으로 향하곤 했다. 그는 뉴욕에 있는 승차공유 서비스 회사에서 광고 영업 담당자로 일했다. 오전 8시 30분에 사무실에 도착하면 회사의 음식 배달 서비스를 지역의 식당들에 판매하기 위해 종일 영업을 뛸 마음의 준비를 했다. 벌이는 꽤 괜찮았지만 그 일을 좋아하지는 않았다. 다른 사람의 사업을 위해 일하는데 그 일이 대부분 거절당하는 일이라면 스트레스가 클 수밖에 없을 것이다.

하지만 그는 앞으로도 계속 그렇게 살 수밖에 없다고 생각했다. 아버지는 대학교 2학년 때 돌아가셨고 어머니는 우버 기사로 일하고 있었다. 퀴니피액대학교에서 영화, 비디오, 인터랙티브 미디어를 전공하고 졸업하자 10만 달러가 넘는 학자금 대출이 남았다. 그럼에도 불구하고 지금 하는 일을 계속하고 싶지 않다는 생각이 늘 맴돌았다. 그때를 회상하며 미드는 이렇게 말했다. "누구나 그렇듯 저도 행복해지고 싶었어요. 하지만 제가 하는 일은 절대로 행복해질 수 없는 일이란 걸 알고 있었죠."

어느 날 밤 그는 자신의 동생 그레고리와 친구 델파파를 만나 함께 만들 수 있는 제품이 뭐가 있을지 브레인스토밍을 했다. 그의 목표는 직장을 그만두는 것이었다. 그들은 밤을 새워가며 떠오르는 아이디어를 메모지에 휘갈겨 썼다. 그들에게는 공통점이 하나 있었는데 바로 운동을 매우 좋아한다는 것이었다. 평소 배경음악처럼 틀어놓는 ESPN 채널에서 스포츠 하이라이트가 나오자 갑자기 아이디어가 쏟아지기 시작했다. 배구와 어릴 때 하던 포 스퀘어Four Square(사각형 4개를 이용한 구기 경기로, 선수 4명이 각각 하나의 사각형을 차지하고 경기를 진행한다-옮긴이) 게임을 결합시켜 새로운 게임을 만들어보면 어떨까? 배구 코트를 2개가 아닌 4개로 나눠놓으면 말 그대로 '미친' 경기를 할 수 있지 않을까?

인터넷에서 '4방향 배구'를 검색했더니 아직 이런 게임을 고안한 사람은 없는 것 같았다. 그들은 이 아이디어를 상품화하기로 했다. 일단 아이디어가 시장성이 있는지 확인하기 위해 월마트에서 배구 네트 2개를 사 와서 시제품을 만들어봤다. 그리고 경기 규칙을 정했다. 참가한 사람들이 각자 혼자 힘으로 무한 경쟁을 벌이는 것이다. 다시 말해 자신을 제외한 모든 참가자를 제거해야 이길 수 있다. 그들은 직접 게임을 해보면서 아이디어를 테스트했다.

0원짜리 아이디어가 돈이 되기 시작했다

당시는 2017년 9월이었다. 그들은 통근 시간 그리고 밤과 주말에 시간을 내서 이 아이디어를 사업화하기 위한 첫걸음을 내디뎠다. 엔지니어인 델파파는 오토캐드AutoCAD 소프트웨어를 사용해서 시제품 초안을 만들었다. 그리고 전자상거래 플랫폼 알리바바Alibaba에서 단돈 250달러에 샘플을 만들어줄 제조업체를 찾았다. 이후 이들은 상표권과 특허권을 확보하고 제품 홍보를 위한 동영상을 촬영하는 등 날마다 조금씩 프로젝트를 진행했다. 초기 샘플을 만든 제조업체에 의뢰해 2만 달러어치가 넘는 제품을 주문했고 스타트업 비용을 충당하기 위해 그동안 저축해둔 돈을 다 털었다.

위험해 보일 수도 있지만 해볼 만한 가치는 충분했다. 미드는 이렇게 말했다. "당시 빚이 10만 달러였어요. 잃을 게 없는 인생이었죠. 대학에 다니면서 학위를 따려고 열심히 노력했으니까 일이 잘 안 되면 언제든지 다른 직업을 구할 수 있다고 생각했어요."

직원도 따로 두지 않았지만 창업 1년 만인 2018년에는 회사 수익이 8만 5,000달러에 달했다. 미드는 2018년 1월 1일에 회사를 그만두고 날씨가 좋은 마이애미로 거처를 옮겼다. 그리고 이전 직장에서 쌓은 영업 노하우를 활용해 자신이 개발한 제품을 팔기 시작했다. 미드는 대형 할인 매장에 일일이 전화를 걸어 이 새로운 제품을 판매할 의향이 있는지 알아봤다. 그사이에 그레고리는 베트남을 여행하면서 소셜미디어 홍보 작업을 했고, 델파파는 고향에 있는 자신의 집에서 제품을 계속 보완했다.

이 게임을 가장 먼저 판매한 곳은 중서부 지역의 스포츠용품 체인인 셸즈SCHEELS였다. 2개의 매장에서 크로스넷이 매진되자 셸즈는 22개 매장에서 제품을 판매하기로 했다. 덕분에 다른 업체와 일할 수 있는 길도 열렸다. 미드와 파트너들은 아마존, 타깃, 월마트 등과 손잡고 레이저 스쿠터Razor Scooters를 인기 제품으로 만든 스프리테일Spreetail이라는 중개업체를 통해 유통망을 확보했다. 2019년에는 매출이 225만 달러로 급증했는데 여전히 직원도 없고 사무실도 없었다.

그들은 게임을 발명할 당시만 해도 자신들이 사회적 거리두기에 적합한 스포츠를 개발하고 있다는 사실을 깨닫지 못했다. 하지만 팬데믹으로 집에서 시간을 보내는 사람들이 많아지고 학교에서는 아이들이 할 수 있는 안전한 체육 활동을 찾게 되자 크로스넷은 2020년부터 말 그대로 '미친듯이' 팔려나가기 시작했다. 그야말로 매출의 퀀텀 점프를 이뤄낸 것이다.

이 제품은 현재 아마존, 아카데미 스포츠 플러스 아웃도어Academy Sports+Outdoors, 딕스 스포팅 굿즈DICK'S Sporting Goods, 셸즈, 웨그먼스Wegmans, 월마트 등이 운영하는 3,000여 개 매장에서 판매되고 있다. 제품은 하루에 수백 개씩 팔려나갔고 상점들이 재고를 비축해둘 여유가 없을 정도였다. 당연히 교육 시장도 이 제품을 반겼다. 1만 개의 학교에서 크로스넷 게임을 주문했고 미드는 자금난에 놓인 학교들을 위해 게임 세트 500개를 기부했다.

2020년 크로스넷 매출이 1,000만 달러를 돌파했을 때 미드와 파트너들은 마케팅과 캐나다 창고 관리 업무 등을 맡을 직원 18명을 고용했다. 그러나 최근에는 캐나다와 호주, 영국에도 투자하기 위해 운영을 간소화할 계획을 세우고 있다. 그들은 회사에 필요한 자금을 자체적으로 조달하고 돈을 최대한 아껴 쓰려고 한다. 월급도 그럭저럭 먹고살 만큼만 받고 버는 돈은 끊임없이 재투자한다. 이제 미드와 파트너들은 소규모 사업체로 50만~100만 달러 혹은 그 이상을 벌어들이는 추세의 최전선에 서 있다.

요즘은 계약직이나 정규직 혹은 2가지가 합쳐진 하이브리드 팀 등 20명 이하의 소규모 팀으로 성공적인 사업체를 구축하는 게 그 어느 때보다 쉬워졌다. 무료 또는 적은 비용으로 사용할 수 있는 디지털 도구의 증가, 디지털 결제 옵션 개선, 프리랜서 허브의 성장, 소셜 미디어 마케팅, 강좌 및 마스터 클래스를 통한 온라인 교육, 원격 근무 확대 등 소규모 사업체를 예전보다 효율적으로 운영할 수 있다.

무자본·무인맥·무정보로도 사업하는 시대

캘리포니아 라파예트에서 자영업 분야를 연구하는 컨설팅 회사 이머전트 리서치Emergent Research의 파트너 스티브 킹Steve King은 기술이 공평한 경쟁의 장을 마련했다고 말한다. "과거에는 규모가 큰 기업들이 기술과 데이터, 정보 처리 부문에서 실질적이고 비대칭적인 우위를 차지했습니다. 하지만 이제 전 세계의 아마존, 구글, 쇼피파이 같은 플랫폼들 덕분에 중소기업도 대기업만큼이나 수준 높은 사업을 운영할 수 있게 되었죠."

역도 선수의 피트니스 장비를 공급하는 온라인 회사인 비스트 기어Beast Gear를 매각하고 영국에 기반을 둔 비즈니스 중개업체 이컴 브로커스Ecom Brokers를 설립한 벤 레너드Ben Leonard는 이를 영세 사업체의 민첩성이라고 말했다. 그에 따르면 영세 사업체는 거대한 유람선과 달리 매우 빠르게 방향을 바꿀 수 있는 작고 민첩한 쾌속정이다.

한편 창업의 주요 장벽 중 일부는 무너졌다. 새로운 의뢰인과 고객을 찾을 때 이제는 인터넷, 소셜 미디어, 온라인 플랫폼을 이용하면 훨씬 쉽게 찾을 수 있다. 지역 상품 구매, 소상공인 지원 운동도 힘을 얻고 있으며 이런 운동은 구매자 심리에 영향을 미친다.

동시에 어떤 규모의 사업을 시작하든 과거보다 비용이 훨씬 덜 든다. 킹은 규모가 크든 작든 막대한 자본이 필요한 사업체는 별로 많지 않다고 말한다. 지난 50년 동안 필요한 자본량은 계속 감소해왔고 앞으로도 계속 감소할 것이라 예측한다. 30년 전만 해도 제조업 분야에서 소규모 사업을 시작하려면 자체적인 제조 시설을 구축할 방법을 찾아야 했지만 오늘날에는 대기업들도 제조를 아웃소싱하기 때문이다.

최근 정부와 학계의 리더들도 소규모 사업체에 마음을 열고 있다. 심지어 어떤 이들은 일자리 4개를 창출하는 사업체 25곳 또는 1인 사업체 100곳이 일자리 100개를 창출하는 회사 1곳보다 더 빠르게 많이 벌 수 있다고 말한다. 보조금 프로그램, 인큐베이터, 액셀러레이터accelerator, 고펀드미GoFundMe 캠페인 등 소규모 사업체를 지원하는 프로그램도 많아졌다.

킹은 소상공인과 기업가정신을 더욱 폭넓게 수용하는 문화적인 변화가 일어나고 있다고 말한다. 팬데믹으로 여전히 많은 지역사회의 소규모 사업체들이 문을 닫으면서 휘청거리고 있는 가운데 이런 변화의 노력들이 힘을 얻고 있다. 사실 술집이나 커피숍, 식당, 서점이 없으면 친구를 만나러 시내에 나가도 재미가 없을 것이다. 정부는 부담적정보험법Affordable Care Act(일명 '오바마 케어'. 의료보험 개혁 법안으로 전 국민이 의료 보험에 가입하도록 의무화한 정책이다-옮긴이) 같은 대책으로 프리랜서를 위한 안전망을 더 많이 만들었다. 전국의 프리랜서와 계약직, 긱 워커Gig Worker들이 팬데믹 기간에 처음으로 실업 보험에 가입할 수 있게 되었다.

일에 대한 사람들의 태도도 변화하고 있다. 이제는 모두가 경제 침체기에는 공공 부문 일자리를 포함해 전통적인 일자리도 상당히 불안정해질 수 있다는 걸 알게 되었다. 다행히 직장을 잃지 않더라도 보수가 예전 같지 않을 수 있다는 사실도 말이다. 급여 인상률이 물가 인상률을 따라가지 못하고 기업은 직원들의 의료비 부담을 늘려 궁지에 몰아넣고 있으며, 주거비와 식비와 교육비는 계속해서 오르고 있다. 사람들은 일하는 시간과 일로 발생한 스트레스가 신체적, 정서적 행복을 잠식한다고 느낀다. 자영업자들에게 백오피스 서비스Back-Office Service를 제공하는 MBO 파트너스의 최근 설문조사를 보면 자영업자의 71퍼센트가 자영업이 건강에 더 좋다고 답했다.[3]

게다가 부업을 시작하면서 사업에 대한 열정과 능력을 키우는 사람들이 과거 어느 때보다 많아졌다. 많은 사람이 학교에선 가르쳐주지 않았지만 자신에게 뛰어난 사업 능력이 있다는 사실을 알게 되었다. 그리고 파트타임 비즈니스가 직업을 대체할 수 있을 뿐 아니라 더 많은 걸 이룰 잠재력을 가지고 있다는 사실도 깨달았다. 이들은 아무도 빼앗아갈 수 없는 수입원을 구축한다는 생각을 좋아한다. 킹의 말을 빌리면 이들은 "그 일을 정규 사업으로 전환해서 자신의 열정을 추구할 수 있기를 바라고 계획하고 노력한다".

소규모 사업체는 '사업을 키우지 않을 거면 그만두라'는 사고방식이 지배적인 사업가 세계에서 종종 무시당하곤 한다. 그러나 1인 사업체와 마찬가지로 소규모 사업체도 미국과 전 세계 기업에서 차지하는 비중이 상당히 높다. 현재 미국에는 3,070만 개의 소규모 사업체가 있는데 그중 530만 개는 직원 수가 1~20명이다. 비고용 사업체도 2,640만 개나 된다. 비고용 사업체란 급여를 받는 직원이 없다는 얘기다. 《나는 직원 없이도 10억 번다》에서는 바로 이런 사업체들을 다뤘다.

작을수록 빨리 벌고 많이 남긴다

이 책을 쓰기 위해 사업가 60인을 인터뷰하면서 일부 비고용 사업체는 전통적인 1인 사업체와 달리 직원을 고용한 회사처럼 운영되며 수익을 내기까지의 기간을 줄이고 있다는 사실을 알게 되었다. 그런 사업체는 직원에게 급여를 지급하지 않더라도 조사 대상에 포함하기로 했다. 때때로 계약직 직원(아마 회계 장부 담당자나 회계사)을 1~2명씩 쓰는 1인 사업체와 달리 이런 사업체는 정기적으로 프리랜서 팀이나 에이전시에 의존하는데 이들은 거의 직원처럼 조직적으로 움직인다.

이런 사업체에서는 가상 비서, 경리, 소셜 미디어 대행사, 카피라이터를 고용하기도 하는데, 이들은 모두 각자의 사업을 운영하지만 일주일에 1번 줌 회의를 한다. 정부나 금융업계 연구원들은 이런 팀 중심의 사업체를 '일반 기업 형태로 전환될 가능성이 큰 업체'high-propensity businesses 같은 특수한 범주로 분류하기도 한다. 이런 사업체들이 어느 순간 전통적인 일자리를 창출할 가능성이 있기 때문이다.

이 책에서 다루는 소규모 사업은 일반적으로 자동화, 아웃소싱, 계약직 직원 등을 동원해도 1인이 모든 일을 처리하기 어려운 분야에서 운영된다는 점에서 프리랜서 저술가나 디자이너 같은 전통적인 1인 사업과 다르다. 애리조나주 스코츠데일에서 에스테틱 솔루션Esthetic Solutions이라는 의료용 스파를 운영하는 공인등록 간호사 에밀리 트라이언Emily Tryon의 경우가 그렇다. 트라이언은 보톡스 같은 시술을 하는 동안 고객을 맞이할 보조원을 1명 쓰면서 매출을 빠르게 100만 달러까지 늘렸다. 현재 그녀는 고객 수요에 따라 5~10명의 직원을 두고 있다.

1~2명이 사업을 시작해서 가끔 프리랜서의 도움을 받다가 정식 직원을 고용하는 사업체도 있다. 뉴욕 퀸즈에 사는 30대 부부 앤지 랄라Angie Lalla와 콜린 라자Colin Raja는 둘 다 월스트리트에 있는 회사에 다니다 크로스핏과 복싱에 대한 열정으로 사업을 시작하기로 했다. 랄라는 여성용 장비가 대부분 단조로운 색상으로 제작된다는 걸 깨닫고 더 다양하고 화려한 색으로 만들면 돈을 벌 수 있으리라고 생각했다. 그들은 창업 자금을 모으기 위해 일반 물병을 1달러에 사들여 이베이에서 20달러에 팔았고, 장비를 만들어줄 제조사를 찾았다. 그리고 2인조 팀으로 RIM스포츠RIMSports를 차려 매출을 200만 달러까지 올렸다.

현재는 라자의 고향인 인도 첸나이에 고객 서비스를 도와줄 직원 15명을 두고 있다. 2020년에는 300만 달러의 매출을 올렸고 마지막으로 인터뷰했던 2021년 당시에는 매출을 500~600만 달러 올릴 것으로 예상했다.

한편 크로스넷의 대표 미드처럼 본인이 원해서 사업 규모를 작게 유지하는 사업가들도 많다. 단순한 라이프스타일을 추구하거나 '작은 집'Tiny House 운동 같은 트렌드를 수용하는 이들처럼 의도적으로 미니멀한 사업을 추구하는 것이다. 하지만 이들이 '욕심'이 없는 것은 아니다. 이들은 작을수록 수익을 내기 쉽다는 사실을 깨닫고 누구보다 빠르게 경제적 안정을 이룬다. 그리고 살면서 하고 싶은 걸 할 만큼 충분한 현금을 보유하고 사회에 환원도 하는 등 원하는 일을 하면서도 사업을 작고 가볍게 유지하는 데 자부심을 느낀다.

이제 직장은 정답이 아니다

팬데믹 기간에 타격을 입기는 했지만 소규모 사업체를 운영하는 건 여전히 많은 이점이 있다. 그러나 소규모 사업체가 어떤 성과를 올리는지는 잘 모르는 이들이 많다. 2017년 미국 인구조사국 통계를 보면 직원을 고용한 소규모 사업체 530만 개의 평균 직원 수는 단 4명이고 연 매출은 81만 6,180달러(약 12억 원)인데 급여는 16만 2,755달러였다(급여는 대체로 가장 비용이 많이 나가는 부문이며 그다음이 임대료다). 나머지 65만 3,425달러로 간접비를 충당한 뒤 남는 것은 전부 수익이다.

많은 소규모 사업체가 이보다 훨씬 많은 수입을 올린다. 직원이 5에서 9명인 사업체의 평균 매출은 120만 달러, 평균 직원 수는 6.5명이고 급여가 25만 2,033달러다. 급여를 주고 남은 95만 달러로 비용을 충당하면 나머지는 이익이 된다. 직원 수가 10~19명인 소규모 사업체는 평균 매출이 250만 달러이고 평균 직원 수는 13.5명, 급여 총액은 43만 7,623달러다. 간접비로 쓰거나 이익으로 가져갈 수 있는 돈이 200만 달러나 되는 것이다.

그렇게 비용을 충당하고 나면 돈이 얼마나 남을까? 간접비는 업종에 따라 다르지만(일부 소유주는 임대료나 담보대출 비용도 내야 한다) 원격 근무가 증가한 덕에 부동산 비용을 줄이기가 쉬워졌다. 연방준비제도이사회Federal Reserve Board, FRB는 팬데믹 이전에도 소규모 사업체의 57퍼센트가 경영을 통해 이익을 남기고 있었고 18퍼센트는 손익분기점에 있었다고 밝혔다. 손해를 보면서 운영하던 소규모 사업체는 24퍼센트뿐이었다.[4] 연방준비제도이사회가 조사한 사업체의 55퍼센트는 직원 수가 4인 이하, 18퍼센트는 5~9인, 13퍼센트는 10~19인이었다(사업을 하지 않는 독자들을 위해 말해두자면 사업가는 이윤에 세금이 부과되기 때문에 세금 혜택이 있는 퇴직금 계좌에 돈을 넣는 등 온갖 방법을 통해 서류상 이윤을 최소화하려는 경향이 있다).

스타트업들도 작은 규모를 유지하고 있다. 미국 중소기업청의 자료를 보면 2017년 스타트업의 평균 고용 인원은 4.4명이었다.[5] 기업가정신을 연구하는 카우프먼 재단Kauffman Foundation의 데이터를 보면 이는 1998년의 7.5명과 비교되는 수치다.[6] 초기 매출과 수익으로 스타트업의 성공을 가늠하기는 어렵지만(일부 성공한 스타트업은 사업 추진력을 얻기까지 처음 몇 년 동안은 돈을 벌지 못한다) 스타트업 커뮤니티도 이렇게 작은 규모의 팀으로 어느 때보다도 많은 성과를 거두고 있는 듯하다. CB 인사이트CB Insights에서는 평가 가치가 10억 달러에 이르는 유니콘 기업의 수가 급증해서 800개 이상에 이르렀다고 한다.[7]

규모가 작은 사업체들의 소득 잠재력에 대해 아는 사람이 많아지면 이 추세에 편승하는 이들도 훨씬 많아질 것이다. 인구조사 데이터를 보면 미국에서 평균적으로 부유한 지역은 인구 1,000명당 19.1개의 소규모 사업체가 있는 반면 가장 빈곤한 지역에는 13.1개밖에 없다.[8] 소규모 사업체를 운영하는 사람들이 어떻게 부유한 동네에 살게 되었을까? 사업으로 벌어들인 수입이 도움이 된 게 틀림없다.

이런 사업체 대부분이 처음에는 1인 또는 2인 사업체로 시작한다는 점을 생각해보라. 엄청나게 동기가 부여되지 않는가? 배타적인 벤처 캐피털 세계에 접근해야만 참여할 수 있는 것도 아니고 심지어 은행 대출을 받을 자격이 없어도 된다. 대부분 소규모 사업체의 소유주는 개인 자금, 신용 대출, 현금 등 자체적으로 자금을 조달해서 적은 돈으로 사업을 시작하며[9] 외부 자금을 이용하는 사람은 9퍼센트뿐이다.

앞으로 이 책에서 소개할 사람들도 대부분 봉급이나 가계 수입을 저축한 돈으로 시작했다. 일부는 제조사에 대금을 지불하기 전에 주문을 받는 도매매Drop-Shipping 같은 방법으로 창업 자금을 거의 들이지 않고 사업을 시작했다. 그리고 사업이 성장해서 현금이 들어오기 시작하면 그 돈을 사업에 재투자하는 식이다.

그러면 매출 100만 달러를 내는 소규모 사업을 시작하면 제2의 일론 머스크가 될 수 있을까? 대부분은 불가능하다. 적어도 단시간 내에는 그렇다. 머스크 같은 기술 업계의 거물들은 막 시작한 것처럼 보일지라도 대부분 수년에 걸쳐 규모를 확장한 거대 사업체를 운영하는 것이다. 그래도 임대료와 급여 같은 간접비를 제하고 세금까지 납부하고 나서도 10만 달러대의 이익이 남으니 전통적인 직장의 번거로움과 좌절감 없이 이 수입에 의존해서 편안하게 살 수 있다. 대도시에 살든, 학군이 좋은 교외 지역이나 시골에 살든, 아니면 디지털 노마드Digital Nomad로 살든 말이다. 가장 놀라운 것은 이러한 변화가 단기간에 일어난다는 것이다.

그들은 어떻게 누구보다 빨리 10억을 벌었나

그렇다면 어떤 종류의 소규모 사업을 시작해야 큰돈을 벌 수 있을까? 앞으로 100만 달러대 매출을 올리는 다양한 벤처를 운영하는 사업가들을 소개할 것이다. 그들은 비키니를 디자인해 온라인에서 팔고, 고급 샴푸를 만들고, 고등학생들에게 SAT 준비를 시키고, 앱을 개발하고, 집을 짓고, 사람들에게 팟캐스트 운영 방법을 가르치는 등 자신의 열정과 재능, 전문 지식을 활용하는 온갖 다양한 일로 사업을 시작했다. 그리고 수익성이 높은 작은 규모를 유지하면서 누구보다 빠르게 매출을 올려 백만장자 반열에 올랐다. 내가 조사한 바로는 일반인에게 최고의 매출과 수익을 안겨주는 산업은 다음과 같다.

- 전자상거래
- 제조
- 금융 서비스
- 건설 및 부동산

- 전문직 및 개인 서비스 사업
- 도매
- 운송

이것이 미국에서 가장 수익성이 높은 소규모 사업들일까? 그렇지는 않다. 나중에 자세히 설명하겠지만 매우 전문적인 지식이나 막대한 창업 자금, 많은 인맥이 필요해서 진입 장벽이 높은 사업이나 보편적인 호소력이 부족한 업계의 사업은 제외했다. 몇 가지 예를 들면 직원 수 5인 미만 사업체 중 급여를 지급한 후 평균적으로 가장 많은 돈이 남는 소규모 사업체 1위는 카지노였다. 직원 수가 5~9명인 사업체 중에서는 석유 도매업자가 1위, 직원이 10~19명인 사업체 중에서는 재보험사(보험사의 보험사)가 1위를 차지한다.

전체 목록은 부록 1(335쪽 참고)에서 확인할 수 있으며(어떤 사업들이 최상위를 차지하고 있으며 어느 분야로 자금이 흘러가고 있는지 볼 수 있어 흥미롭다) 이를 통해 어떤 산업이 자신에게 가장 적합한지 판단할 수 있다. 물론 업종마다 다양한 유형의 사업이 있기 때문에 자신에게 맞는 틈새시장을 찾으려면 그 너머까지 파고들 필요가 있다.

미용실, 제과점, 사진 스튜디오처럼 창조적인 열정을 발휘할 수 있는 오프라인 사업 운영을 꿈꾸는 이들이 많지만 이 책은 시장의 최상위층을 제외하고는 그런 사업을 주요하게 다루지는 않을 것이다. 개중에는 꽤 잘나가는 업체들도 있지만 적어도 서류상으로는 급여를 지급한 후 남는 돈이 평균적으로 가장 적다.

그리고 팬데믹 기간에 확인한 것처럼 대면 거래에 크게 의존하는 오프라인 매장은 우리가 살아가는 이 시대에 매우 취약하다. 오늘날에는 거의 모든 업계에서 일정 규모 이상 온라인 판매를 하는 것이 보편적이다. 이 책은 경기 호황과 불황, 예측 불가능한 사건들을 극복할 수 있는 사업체들에 초점을 맞출 것이다.

도대체 큰돈을 버는 작은 사업체를 운영하는 사업가들은 누구일까? 그들은 모든 연령대와 인구통계 집단에 존재한다. 앞으로 이 책에서 만날 빠르게 100만 달러 이상의 매출을 올린 사업가 60명 중 일부를 대략 소개하면 다음과 같다.

• 24세 | 직원 수 2명 | 시기를 정확히 예측한 마스크 사업으로 1년 만에 1,000만 달러 매출 달성 | 24세의 숀 켈리Sean Kelly는 대학교에서 경영학을 공부하고 싶었지만 1학년 때 필수 과목인 수학에서 낙제했다. 곧 휴학계를 내고 온라인에서 운동 셔츠를 판매하는 저지 챔프스Jersey Champs를 시작했다. 그에겐 프로 스포츠팀의 이름을 사용할 수 있는 라이선스를 취득할 돈이 없었다. 그래서 래퍼와 힙합 아티스트들을 만나 그들의 이름이 새겨진 셔츠를 만들었다. 켈리는 집에서 노트북으로 사업을 운영하며 연간 매출액을 100만 달러 이상으로 키웠다. 팬데믹이 닥친 후에는 마스크 판매 쪽으로 방향을 틀었고 말수가 적은 파트너, 직원 2명과 함께 PPE 오브 아메리카PPE of America라는 새로운 사업을 시작했다. PPE 오브 아메리카는 창업 1년 만인 2020년에

매출 1,500만 달러 사업체로 성장했다.

• 28세 | 직원 수 11명 | 스케치 취미를 살려 디자인한 비키니로 3년 만에 250만 달러 매출 달성 | 28세인 호주 출신의 의대생 애나 가비아Ana Gavia는 평소에 이런저런 아이디어를 스케치하길 좋아했다. 그러다 비키니 디자인을 구상해서 통장에 있던 200달러로 샘플을 제작했고 페이스북 광고에 올려 선주문을 한 고객 100명에게 판매했다. 곧 그녀는 소량 제작을 해주는 공장을 찾아 앞서 판매하고 남은 돈을 다음 샘플 제작에 투자했다. 이후 핑크콜라다Pinkcolada라는 브랜드를 만들었는데 이 사업을 혼자 운영하며 연간 100만 달러 이상의 매출을 올렸다. 지금은 고객 서비스와 창고 업무를 담당하는 직원 11명과 함께 연간 250만 달러의 매출을 올리고 있다.

• 30세 | 직원 수 6명 | 인스타그램 '감성 사진'용 스트리트웨어로 2년 만에 100만 달러 매출 달성 | 30세의 디지털 유목민 줄리언 오헤이언Julian O'hayon은 직접 만든 검은색 맥북 케이스와 검은색 M&M 이미지가 인스타그램에서 입소문을 타자 '블랙 패리스'Blvck Paris라는 스트리트웨어 브랜드를 만들어 창업 2년 만에 100만 달러의 매출을 올렸다. 현재 그는 후드티와 다른 제품들을 판매하고 있으며 직원 4명을 두고 연간 약 500만 달러의 매출을 올리고 있다.

• 52세 | 직원 수 6명 | 염색을 자주 하는 중년 여성 타깃의 헤어

제품으로 1년 만에 100만 달러 매출 달성 | P&G와 로레알L'Oréal에서 오랫동안 일했던 52세의 손솔레스 곤잘레스Sonsoles Gonzalez는 노화와 잦은 염색 때문에 머리숱이 줄고 건조해지는 중년 여성을 위한 헤어 케어 제품이 거의 없다는 걸 깨달았다. 그녀는 은퇴 후 모아둔 돈과 친구와 가족에게 빌린 자금으로 이들을 위한 샴푸와 그 외 제품을 판매하는 베터 낫 영거Better Not Younger라는 회사를 차려 첫해에 100만 달러의 매출을 올렸다. 직원 6명을 두고 있는 이 회사는 2020년에 200만 달러의 매출을 올렸고 인터뷰 당시였던 2021년에는 매출 1,000만~1,200만 달러를 목표로 순항 중이었다.

• 71세 | 직원 수 1명 | 정원 장식품을 파는 전자상거래업으로 2년 만에 100만 달러 매출 달성 | 한때 재무 분야 임원으로 일했던 71세의 요한 하팅Johan Hattingh은 심장 질환으로 60대 초반부터 일할 수 없게 되어 저축한 돈을 다 쓰고도 장애 보험까지 모두 써야 했다. 이후 종종 졸도하는 증상이 있어서 운전하지 않고도 돈을 벌 수 있는 방법을 찾다가 아마존에서 정원 장식품을 파는 에인트 잇 나이스Ain't It Nice를 운영하게 되었다. 사업은 2년 만에 100만 달러의 매출을 올릴 만큼 빠르게 성장했다. 지금은 참전용사인 아들과 함께 일하면서 1년에 200만 달러 가까운 매출을 올리고 있다.

외에도 이 책에는 특별한 아이디어나 사업 수완이 없이도 빠르게 100만 달러 이상을 번 사업가들이 등장한다.

32세의 탈 마시카Tal Masica와 33세의 지크 아라키Zeke Araki는 보석상 운영자의 아들로 자라며 배운 것들을 바탕으로 아마존에서 저렴한 보석류를 판매하는 패스트패션 브랜드 파보이PAVOI를 만들었다. 아마존에 등록한 제품 목록을 최적화하는 방법을 알고 있었던 그들은 직원 없이 연간 매출을 무려 500만 달러까지 늘렸고 성장세를 유지하기 위해 자동화와 가상 컨설턴트 팀에 크게 의존했다. 현재는 직원 5명을 두고 계속 매출을 늘리고 있다.

각각 36세, 34세인 키시 바스나니Kish Vasnani와 버네사 제스와니Vanessa Jeswani 부부는 제스와니가 힘든 직장 생활을 그만두기 위해 열었던 온라인 상점 엣시Etsy를 함께 운영하기 시작했다. 제스와니가 만든 여행 관련 파우치가 인기를 얻자 비행기 좌석 아래에 딱 맞는 크기의 가벼운 나일론 가방을 판매하는 노마드 레인Nomad Lane이라는 여행 가방 회사를 차리기로 했다. 그들은 현재 플로리다에서 회사를 운영하면서 1년에 100만 달러 가까운 매출을 올리고 있다. 예전에는 계약직 프리랜서에게 의존했지만 이제 직원을 채용할 준비를 하고 있다.

캘리포니아 베니스 비치에 사는 물리치료사인 37세의 스티븐 서델Steven Sudell은 괜찮은 경추견인기를 찾지 못해 애를 먹고 있었다. 그러다 자기 사무실에서 이것저것 재료를 모아 문손잡이에 걸 수 있는 임시 기기를 만들었다. 그는 여기서 더 나아가 산업 디자이너를 고용해 제품 샘플을 만들어 테스트했고 대량으로 제작하기 위해 크라우드펀딩 사이트인 킥스타터Kickstarter와 인디고고Indiegogo에서 100만 달러 이상의 자금을 모았다. 환자들과 일대일로 만나 치료하는 걸 좋아하는 그는 몇 년 동안 물리치료사 일을 계속하면서 아마존과 전자상거래 사이트를 통해 '넥 해먹'Neck Hammock 이라는 제품을 판매했다. 그리고 2021년 초 100만 달러가 넘는 돈을 받고 회사를 매각했다.

40세의 울트라 마라토너 제이슨 마틴Jason Martin 과 그의 절친 패트릭 팰비Patrick Falvey 는 업워크Upwork 라는 프리랜서 플랫폼을 기반으로 소프트웨어 회사 앱이볼브AppEvolve 를 설립했다. 그리고 이 플랫폼 사용자 간의 치열한 가격 경쟁에도 불구하고 열성적인 고객 서비스를 통해 100만 달러를 벌어들였다. 이들은 20~25명의 계약직 프리랜서로 구성된 팀과 일하며 최근에 처음으로 사무실 관리자를 채용했다.

데일리 딜 사이트에서 영업직으로 일하던 40세의 티파니 윌리엄스 Tiffany Williams 는 회사에서 곧 그녀의 자리가 없어질 거라는 얘기를 듣고는 집에서 키우는 요크셔테리어 프라다에게 영감을 받아 POD Print on Demand (주문형 프린트) 티셔츠를 만들어 판매하기 시작했다. 그리고 대형 할인점에서 저렴하게 구입한 기본적인 생활용품들을 아마존에서 값을 올려 판매하기 시작했다. 마침내 그녀는 리치 걸 컬렉티브Rich Girl Collective 라는 브랜드를 만들어 여성들에게 사업을 시작하는 방법을 교육하는 강좌를 열었고, 지난해에는 계약직 6명과 직원 1명(자신의 어머니)을 두고 일하면서 100만 달러 이상을 벌어들였다.

콜로라도주 덴버에 사는 44세의 애비 워커Abby Walker 는 자녀들이 하교했을 때 집에 있으면서도 생계를 꾸릴 방법을 찾고 싶었지만 금전적 여유가 없어서 회사를 그만둘 수 없었다. 그러다 MIT 과학자들이 만든 깔창 디자인의 라이선스를 취득해서 하이힐을 편안하게 신을 수 있는 깔창을 만들어 팔기 시작했는데 이 사업이 잘되어 집에서 비비안 루Vivian Lou라는 회사를 차리게 되었다. 비비안 루는 현재 연 150만 달러의 매출을 올리고 있다.

주택 건설업을 하던 47세의 웨스 존슨Wes Johnson은 2008년의 대침체기에 일거리가 줄어들자 미래가 걱정되기 시작했다. 열정적인 야외 활동가인 그는 새로운 수입원을 만들기 위해 노스캐롤라이나 롤리에 있는 자기 집에서 해먹을 파는 부업을 시작했다. 처음에는 근방의 재봉사를 고용해 맞춤 제작을 하다가 사업이 성장해서 일을 그만둘 수 있게 되자 본격적으로 해먹 제조업을 시작했다. 현재 이 사업은 1년에 100만 달러의 매출을 올린다.

49세의 켄릭 황Kenric Hwang은 '샤라'라는 벨지앙 말리누아(벨기에 원산의 목양견이자 경찰견 - 옮긴이)의 부모이자 구조견들의 양부모다. 보험 회사에서 프로그램 매니저로 일했던 그는 강아지 목줄 같은 물품을 판매하는 온라인 상점 맥스 앤드 네오Max & Neo를 운영하는데, 이 회사는 고객이 구매할 때마다 똑같은 물품을 구조 단체에 1개씩 기부한다. 현재 그는 직원 3명을 두고 연 450만 달러의 매출을 올리고 있다.

얼리샤 시로Alicia Schiro는 파트너 2명과 함께 이벤트 기획사 에이스드 잇 이벤트Aced It Events를 운영하고 있다. 팬데믹으로 신속하게 사업을 개편해야 하는 상황이 되자 시로는 라이브 이벤트 계획을 가상 이벤트 계획으로 전환했다. 뉴욕에 있는 이 회사는 연간 매출이 150만 달러로 늘었다.

통신 회사에서 마케팅 매니저로 일하던 64세의 캐시 구게노어Kathy

Goughenour는 승진하려면 자격증이 필요하다는 상사의 말에 MBA를 취득하기 위해 학교로 돌아갔다. 하지만 그녀가 학위를 따고 돌아오자 상사는 그녀를 승진시킬 생각이 없다고 말했다. 매번 승진 기회를 박탈당하는 데 진절머리가 난 그녀는 회사를 그만두고 가상 비서Virtual Assistant, VA라는 일종의 원격 비서가 되었다. 그리고 다른 VA들에게 사업을 운영하는 방법을 가르치는 온라인 강좌와 마스터마인드(목표 달성을 위해 비슷한 생각을 가진 사람들이 모여 서로의 지식과 정보를 나누는 것 - 옮긴이) 그룹Mastermind Group을 개설했다. 2021년 인터뷰에서 그녀는 그해에 약 100만 달러를 벌어들일 것으로 예상했다.

64세의 제프리 스턴Geoffrey Stern은 코네티컷주 페어필드에서 보이스 익스프레스 회사Voice Express Corp.라는 제조업체를 운영하고 있다. 이 회사는 빌드어베어 워크숍Build-A-Bear Workshop에서 곰 인형이 말을 할 수 있게 해주는 장치와 말소리가 나오는 축하 카드에 사용되는 장치를 만든다. 설립한 지 20년이 된 이 회사는 연간 약 400만 달러의 매출을 올린다. 지금은 계약직들을 중심으로 회사를 운영하고 있지만 예전에는 정규직을 고용하기도 했다.

적게 일하고 돈 걱정 없이 사는 법

물론 이 사례들처럼 사업을 구축하는 일이 우연히 되는 건 아니다. 이 책을 계속 읽어나가다 보면 크리스 미드 같은 사업가와 파트너들 그리고 약 60개 사업체의 설립자들이 어떻게 소규모 팀으로 짧은 시간 내에 수십, 수백만 달러 규모의 사업을 구축했는지 알게 될 것이다. 어떻게 하면 사업을 순조롭게 시작할 수 있는지, 이미 사업체를 소유하고 있다면 비즈니스를 한 단계 발전시키기 위해 어떻게 작업 방식을 조정해야 하는지 귀중한 교훈을 얻을 수 있다.

앞으로 나올 내용에서는 사업을 시작하거나 성장시키는 데 도움이 되는 몇 가지 사항을 배울 수 있을 것이다.

- '직원'의 사고방식에서 벗어나 '사장'의 마인드를 갖추는 법
- 아이디어의 가능성과 영향력을 빠르게 테스트하는 법
- 아이디어 구현에 필요한 현금을 구할 수 있는 곳
- 자원을 최대한 활용하고 시간을 절약해줄 시스템
- 제품을 널리 알리면서 확실한 브랜드를 구축하는 법
- 인재를 찾는 법과 팀을 관리하고 기업 문화를 만드는 법
- 사업가로서 계속 성장하면서 매출 장벽을 돌파하기 위한 기술

그 외에도 어떤 관행과 습관이 성공에 도움이 되는지도 알게 될 것이다. 이 책을 위해 인터뷰를 할 때 계약직, 정규직, 자동화 시스템 이용 현황, 정보와 지원이 필요할 때 의지하는 곳, 성장을 보장하는 법, 최고의 성과를 올리기 위한 정신적, 육체적 루틴 등에 대해서도 조사했다. 설문 결과는 부록 2에서 확인할 수 있다(372쪽 참고).

돈을 버는 일보다 원하는 삶을 사는 일에 시간을 더 할애하고 싶다

면 어떻게 해야 할까? 그러려면 당신이 하는 일을 최적화하는 요령을 많이 알아야 한다. 그래야 적은 시간 동안 더 많은 돈을 벌고, 하루 대부분을 사랑하는 사람들과 함께 좋아하는 일을 하면서 보낼 수 있다. 그리고 이로써 팀원들을 더 잘 대우하고, 훌륭한 고객 서비스를 제공하고, 지역사회에서 가치 있는 일에 기부하고, 인플루언서가 되어 수많은 사람과 지식을 공유하는 등 긍정적인 영향을 미칠 수 있다.

한편 사업가로서 당신의 약점을 노리고 들어온 공격이나 예상치 못한 상황을 헤쳐나갈 수 있도록, 궁지에서 벗어나는 '10억 사업가의 꿀팁'을 각 장에서 소개할 것이다. 나는 큰돈을 버는 사업체를 찾아내 그에 관한 글을 쓰는 걸 매우 좋아하지만 동시에 직접 사업체를 운영하는 사람이기도 한 만큼 사업이 늘 놀라움의 연속이고 쉽지 않다는 걸 잘 안다. 경기 순환의 기복을 헤쳐나가려면 아이들이 무술 도장에서 배우는 '불굴의 정신' 같은 마음가짐이 필요하다. 이 책은 규칙이 없는 것처럼 보이는 환경, 예측할 수 없는 조건, 일상적으로 발생하는 상황들을 이겨내고 최소한의 돈과 시간으로 목표 매출을 이루는 데 즉각적으로 도움이 되는 사업 전략을 제공할 것이다.

이 모든 것의 기본은 사업을 할 때 어떤 마음가짐으로 시작하느냐다. 다음 장에서는 사업가의 마음가짐과 관점에 대해 살펴보자.

제2장

일단 사업가처럼
생각하고 행동하라

크로스넷을 설립한 크리스 미드는 많은 사람이 불가능하다고 생각하는 길에 발을 내디뎠다. 그는 학자금 대출 10만 달러를 갚아야 했지만 매주 꼬박꼬박 주급을 받을 수 있는 영업 일을 그만두었다. 그리고 동생, 친구와 함께 신제품을 만들어 판매하는 사업에 뛰어들었다.

이는 믿음을 기반으로 한 엄청난 도약이었다. 그는 자기만의 사업을 하면서 자신에게 정말 중요한 일에 시간을 쏟고 싶다는 욕구를 그 어떤 의심도 뛰어넘을 만큼 강하게 느꼈다. 이제 그는 팀원들과 함께 샌디에이고의 에어비앤비, 멕시코의 툴룸, 마이애미에 있는 자택 등 햇살이 화창한 세계 여러 지역에서 일한다. 그리고 크로스넷의 새로운 버전을 완벽하게 다듬는 등 창의적인 과제를 해결하며 하루를 보람차게 보낸다.

미드는 사업 경영 방법을 미리 알고 시작한 게 아니다. 그는 일반적인 직장에서 일하며 경제적 탈출구를 찾는 데 지쳤다. 연봉을 더 올리기 위해 1년 안에 경쟁 회사로 이직하는 방법(기존의 경력을 지속할 경우 가장 유망한 옵션)에는 별로 마음이 동하지 않았다. 그리고 대학 2학년 때 아버지가 돌아가신 이후에는 자신의 진로를 빨리 결정해야 한다는 조급함을 안고 살았다. 그는 많은 사람이 노년기에 접어든 뒤에야 던지는 삶의 목적에 관한 질문을 일찍 하게 되었다. '인생은 짧다. 그런데 왜 굳이 아침에 눈을 떠 이런 우울함을 느껴야 하는 걸까?'

생각하고 또 생각한 결과 미드는 자기가 좋아하는 일을 하며 살기로 했다. 물론 동생 그레고리과 친구 델파파와 함께 사업 아이템이 될 만한 제품을 처음 브레인스토밍할 때만 해도 별로 중대한 일처럼 느끼진 못했다. 하지만 그 단순한 행동이 그의 인생을 완전히 다른 궤도에 올려놓았다. 지금까지와는 다른 삶의 방식을 그려본 덕에 그의 삶에는 새로운 에너지와 추진력이 생겼고 자기에게 있는지조차 몰랐던 창의성과 지략의 보고까지 발견했다. 대부분의 사람은 용기를 내 원하는 꿈을 좇기 전까지는 하고 싶은 일에 대한 꿈을 억누르는 게 얼마나 소모적인지 깨닫지 못한다.

브레인스토밍을 마친 미드는 당장 사업에 뛰어들어 풀타임으로 일하고 싶었다. 하지만 막대한 학자금 대출을 비롯해 해결해야 할 금전적 문제가 남아 있었다. 사업을 유지할 만큼 돈을 벌 수 있을까? 함부로 예상할 순 없었다. 그래서 그는 시간이 날 때마다 사업에 힘을 쏟는다는 차선책을 택했다. 거의 1년 가까이 야간과 주말에 2교대로 일하고 노트북을 가지고 다니면서 지하철에서도 일했다. 크로스넷 게임 특허와 상표권 등록, 회사 웹사이트 구축 같은 굵직한 프로젝트를 처리한 것도 그 무렵이었다.

한편 코네티컷에서 일하던 델파파는 알리바바에서 적당한 제조업체를 찾아 크로스넷 시제품을 개발했다. 당시 디지털 마케팅 회사를 운영하던 그레고리는 전 세계를 돌아다니면서 크로스넷의 소셜 미디어 입지를 구축하기 시작했다.

판매할 제품이 완성될 무렵 이들은 페이스북, 인스타그램, 트위터에 광고비를 지불하고 미드가 구축한 웹사이트로 고객을 유인할 준비를 마친 상태였다. 덕분에 이 방법으로 고객이 게임을 구매할 것인지 확인하고 가격을 어떻게 책정할지 실험해볼 수 있었다. 처음에는 가격을 100달러로 매겼는데 제품이 금세 팔려나가는 걸 보고는 150달러로 올렸다. 그래도 고객들의 반응은 여전히 뜨거웠다. 이때부터 그들은 사업을 추진할 수 있겠다는 자신감을 얻었다.

미드와 크로스넷의 공동 창업자들은 참신하고 혁신적인 아이디어를 가지고 있었지만 이는 성공의 한 요인에 불과하다. 이들이 성공적인 사업을 구축할 수 있었던 이유는 큰돈을 버는 사업체 소유주들에게 공통적으로 나타나는 태도와 마음가짐 덕분이다.

MBO 파트너스 설립자 진 자이노Gene Zaino는 수익이 높은 소규모 사업체의 소유주는 다음 2가지 유형 중 하나에 속한다고 말한다(양쪽에 다 속하는 사람도 있다). 첫째는 자신감과 결단력이 있는 유형이다. 둘째는 특정 틈새시장에서 매우 노련하거나 재능이 있어서 사람들이 도움을 청할 정도이며 그런 요청에 기꺼이 응하는 유형이다. 하지만 그들은 자신의 성공을 당연하게 여기지 않는다. 자이노는 이렇게 말한다. "그들은 날마다 시계를 다시 돌리면서 '그 일을 다시 해내야 해. 더 팔거나 추가 프로젝트를 따내야 해'라고 말합니다. 그들은 어제 좋았던 게 오늘도 좋을 거라고 생각하지 않습니다. 그럴 자격이 없다고 느끼기 때문이죠."

이 책에서 소개할 창업자와 사업주들을 인터뷰한 결과 창업과 성장에 대한 그들의 마인드에는 다음과 같은 몇 가지 공통점이 있었다. 이런 마인드들을 갖추려고 노력한다면 당신도 큰돈을 버는 사업체를 운영할 수 있을 것이다.

사업가 마인드 1 용감할 것, 대담할 것, 과감할 것

자신의 재능과 능력을 판단하거나 인생의 진로를 선택할 때 가족과 학교, 연인 또는 배우자, 친구, 직장 상사, 멘토 모두가 엄청난 영향을 미칠 수 있다. 그러나 100만 달러 이상의 수익을 올리는 사업을 구축할 재능과 경험, 기술, 능력이 있는지는 본인이 직접 판단해야 한다. 스스로 할 일을 선택하고 일과를 정할 사람도, 시작하거나 성장시키려는 사업이 그만한 가치가 있는지 판단할 수 있는 사람도 사장이 된 자기 자신뿐이다.

통신 회사에서 마케팅 매니저로 일하던 캐시 구게노어는 엑스퍼트 VA 트레이닝Expert VA Training을 설립할 때 자신이 그만한 자질을 갖추고 있다고 판단했다. 그래서 회사 생활을 뒤로하고 훌쩍 떠나기로 마음먹었다. 현재 64세인 그녀는 여성들에게 가상 비서VA 사업을 시작하고 관리하는 방법을 가르치면서 연간 100만 달러의 수익을 올리고 있다. 그녀는 미래의 진로와 노후 계획을 대폭 수정해야 했지만 자신의 미래는 스스로 결정하겠다는 마음가짐이 있었기 때문에 성공할 수 있었다고 말한다.

사업가가 되기로 마음먹었을 당시에 그녀는 직장에서 관리자로 일하며 기반을 확실히 다져가고 있었다. 승진하려면 MBA 학위가 필요하다는 상사의 말에 학위를 취득하기 위해 야간과 주말에 경영대학원을 다녔다. 그리고 학위를 딴 후 상사를 찾아가 승진시켜달라고 했지만 돌아온 것은 거절의 말이었다. 상사는 그녀를 승진시키지 못하는 진짜 이유가 MBA 학위가 없어서가 아니라고 했다. "당신은 웃음과 미소가 너무 헤퍼요." 충격적인 말이었다.

시간이 지나 상처에서 회복된 그녀는 그 사건이 축복이었다는 걸 깨달았다. 사실 그녀는 회사에서 계속 진행되는 정리해고에 진절머리가 난 상태였다. 다음에 누가 해고될지 전전긍긍하다 복도에 놓인 짐 상자를 보고 사태를 짐작하는 잔인한 상황이 이어지고 있었다. 그녀는 회사에서 받는 스트레스 때문에 심장마비가 오지 않을까 걱정하며 여생을 보내고 싶지 않았다.

구게노어는 심장마비로 죽는 것과 회사를 그만두는 것 중 무엇이 더 위험할지 고민했다. "둘 중 하나를 선택해야 했어요. 결정을 내린 다음에는 무얼 해야 할지 알고 있었으니 훨씬 쉬웠죠. 제가 할 일은 이 새로운 일이 기쁨을 안겨줄까, 회사에 다닐 때와 비슷할까 자문해보는 것뿐이었어요. 그리고 무엇이든 기쁨을 주는 일을 하려고 했어요."

구게노어는 다시 상사를 찾았다. 이번에는 사직서를 내밀면서 사업을 시작할 계획이라고 하자 상사가 이렇게 말했다.

"인생 최대의 실수가 될 겁니다. 사업을 해서는 여기서 받는 봉급만큼의 돈도 벌 수 없어요."

"아니요. 전 돈도 더 많이 벌 거고 지금보다 더 행복해질 겁니다."

그게 1995년의 일이었다. 처음 양초를 판매하는 사업을 시작했을 때는 안타깝게도 기대했던 것만큼 일이 즐겁지 않았다. 여기저기로 외근을 많이 다녀야 했는데 그녀는 자신이 집에서 일하는 걸 더 좋아한다는 사실을 깨달았다. 그래도 회사에 다니면서 겪었던 일을 생각하면 자영업을 포기할 마음이 들지 않았다. 그녀는 양초 사업을 계속하면서 다른 사업 기회를 찾았다.

2001년 집을 구하기 위해 부동산 중개인을 고용했을 때 마침내 구게노어는 적절한 사업 기회를 찾았다. 그녀가 중개업자에게 웹사이트를 개선하는 방법을 무료로 조언해주자 그는 부동산 중개업자 중에 그런 도움을 원하는 이들이 많다고 말했다. 둘은 이것이 좋은 사업 기회라고 느꼈고 가상 비서 분야를 파고들기 시작했다.

구게노어는 업무로 이어질 인맥을 만들기 위해 지역 부동산 중개업자들에게 전화를 걸어 무료로 마케팅 교육을 해주겠다고 제안했다. 그리고 웨비나Webinar(웹Web과 세미나Seminar의 합성어로 인터넷 웹상에서 하는 세미나를 말한다-옮긴이)도 시작해서 영역을 넓혀나갔다. 이런 활동은 그녀가 블로그 같은 웹 콘텐츠 작성을 위해 필요한 고객을 끌어들이는 데 도움이 됐다. 그리고 마침내 리드 부스트 클럽Lead Boost Club이라는 회원제 사이트를 구축했다. 이 사이트 회원으로 가입한 중개업자는 1개월에 20개의 블로그 포스트에 접속해서 이를 손쉽게 맞춤 구성한 뒤 자기 웹사이트에 게시할 수 있다.

새로운 사업을 시작하는 건 쉽지 않았다. 당시에는 인터넷 속도가 요즘처럼 빠르지 않았다. "그때는 꼭 개척 시대 같았죠."라고 구게노어는 말한다. 그러나 본인의 경력을 스스로 관리하겠다고 결심한 그녀는 신기술을 파악하는 일에 전념했다. 몇 년 안에 고객이 70명으로 늘었다. 그러나 모든 성장에는 단점이 있다는 걸 알게 되었다. 블로그를 계속해서 작성하는 건 진이 빠지는 일이었다. 지친 그녀는 결국 2012년에 회사를 매각했다.

하지만 구게노어는 자영업을 계속하면서 미래를 위해 노력했고, 그 시점에는 이미 새로운 유형의 사업을 운영하고 있었다. 2010년부터 작가, 강연자, 트레이너, 코치 등에게 관리 및 마케팅 서비스를 제공했는데 특히 전문 강연자 중에 이런 서비스를 원하는 이들이 많았다. 업무량이 늘어나자 친구와 회사에서 일할 때 알게 된 이들이 추천해준 VA 5명에게 하청을 주기 시작했다. 업무 품질 관리를 위해 평소 사용하는 프로세스로 VA들을 훈련시켰고 그중 업무 조직 능력이 뛰어난 1명을 프로젝트 매니저로 임명했다.

그러면서 구게노어는 자기가 다른 VA들을 지도하는 걸 좋아한다는 사실을 알았다. 여기서 그녀는 지속가능한 자영업을 꾸려나가는 이상적인 방법을 발견했다. 그녀가 고용한 VA는 대부분 일반 직장에서 원하는 만큼의 보수를 받지 못했거나 더 융통성 있는 업무 시스템이 필요한 여성들이었다. 그러나 이들은 VA 사업을 수익성 있게 운영하는 방법을 제대로 알지 못했고, 일부는 요금을 낮게 책정하거나 고객들과의 경계를 정하지 못한 채 자신을 과소평가하고 있었다.

구게노어는 여성들이 남에게 베풀려는 성향이 매우 강하다고 말한다. "그들은 정말로 저를 돕고 싶어 해요." 그녀는 오랫동안 이 일을 하면서 많은 걸 배웠기에 VA들이 더 강력한 비즈니스를 구축하도록 도와줄 수 있었다.

2008년 구게노어는 그녀가 고용한 VA들을 대상으로 했던 훈련 시스템을 온라인 강좌로 바꿔 현재는 회사 웹사이트(expertvatraining. com)에서 강좌를 제공하고 있다. 이 강좌를 통해 학생들에게 집에서 VA 사업을 시작하는 방법을 가르치고 매주 줌으로 회의도 하며(구게노어는 작은 왕관을 쓰고 등장해 분위기를 띄운다) 무제한 이메일 액세스를 통해 일대일 코칭도 제공한다.

그녀는 이 강좌와 다른 서비스를 홍보할 때 '한 여성이 할 수 있으면 다른 여성도 할 수 있다'라는 메시지를 전한다. 그리고 더 많은 보수를 받을 수 있는 프리미엄 서비스 제공 등 높은 수익을 올리는 방법을 알려주면서 자신이 VA들에게 미치는 영향력을 확신했다. "저와 같은 상황, 그러니까 사람들이 자신의 가치를 알아주지 않는 상황에 놓인 여성들을 돕고 싶습니다."

이 강좌는 많은 인기를 얻었다. 구게노어는 이 상품이 직업을 바꿀 준비가 되었고 사업을 할 에너지가 충분한 45~55세 여성들에게 특히 잘 통한다는 걸 발견했다. 그녀의 고객 중 상당수는 장애가 있는 남자와 결혼해서 가족의 생계를 책임지고 있었다. "전 제 고객들에게 자신의 분야에서 상위 1퍼센트, 즉 최고가 되라고 가르칩니다."

구게노어는 자신의 운명을 스스로 결정하고 책임지기 위해 그리고 사업을 계속 성장시키기 위해 자신을 위한 교육에도 투자했다. 5년 전에는 마케팅 안내서 《질문》Ask과 어떤 사업을 시작해야 하는지에 관한 책 《선택》Choose을 쓴 라이언 레베스크Ryan Levesque의 마스터마인드 과정에 등록했다. 3만 5,000달러나 들어가는 상당한 투자였는데 당시 그녀에게는 저축해둔 돈이 없었다. 하지만 자신의 능력에 베팅해보기로 하고 디스커버 카드Discover Card에서 대출을 받았다. 그 시점에 그녀는 1년에 10만 달러 정도를 벌어들이고 있었고 이를 100만 달러로 늘리고 싶었다. "저를 더 높은 곳으로 끌어올려 줄 누군가가 필요했어요. 저는 뒤돌아본 적이 없었습니다."

구게노어는 그 행사에서 지금의 비즈니스 코치인 제니퍼 켐Jennifer Kem을 만났다. 켐은 그녀가 '완벽하기보다 나아가는 것이 중요하다'는 사고방식을 받아들이도록 도와주었다. 구게노어는 켐의 지도를 받으며 VA들이 1년에 최소 8만 달러를 벌 수 있도록(파트타임으로 일하고 싶은 경우에는 그 절반을 벌 수 있도록) 고안된 프로그램인 가상 전문가 인증Virtual Expert Certification 프로그램을 만드는 등 상품을 계속 개선했다. 이 프로그램의 가격은 파트타임으로 일할 것인지 풀타임으로 일할 것인지에 따라 각각 3,500달러와 8,000달러가 든다.

그녀는 끊임없이 방향을 바꾸면서 계속 나아가고 있다. 지금은 10만 달러 이상 버는 가상 전문가6-Figure Virtual Expert라는 마스터마인드 과정도 제공하는데 레벨에 따라 1만~2만 5,000달러가량 비용이 든다. 또한 20여 명의 믿을 만한 계약직 프리랜서들로 팀을 꾸렸다. 그들 대부분은 사업의 다양한 측면을 도와주는 VA들이다.

구게노어는 여성들의 성공담을 들으면서 사업을 더 발전시켜야겠다는 동기를 얻었다. 그녀의 페이스북에 글을 올린 한 여성은 건강에 문제가 있는 남편과 아이를 데리고 여기저기 병원을 전전하다 직장을 잃었다고 했다. 그래서 생활비를 벌기 위해 VA 사업을 시작했고 단 몇 달 만에 예전 직장에서 받던 것보다 많은 월수입을 올리게 되었다. "우리는 점점 더 많은 성공을 거두고 있어요. 그게 절 계속 움직이게 하는 원동력이에요."

구게노어에게 일은 사업 그 이상의 존재다. 최근 그녀는 직접 뜨개질한 목도리나 손수 만든 케이크, 손주들에 대한 재미있는 이야기 등 본인의 삶과 관련된 것들을 공유하는 '자기 얘기 발표하기' 같은 온라인 활동을 통해 고객들을 하나로 모으는 커뮤니티를 만들었다. 진정으로 서로를 지지하는 여성 공동체를 만들고 싶다는 그녀는 2020년에는 VA들이 사업을 시작하도록 격려하는 《고된 일을 뒤로하고》Leaving the Grind Behind라는 책을 출간했다.

현재 그녀는 남편과 함께 세인트루이스에서 2시간 떨어진 미주리주 블랙의 국유림 한복판에서 살고 있는데 지금의 생활에 매우 만족하고 있다. 아무리 과거를 되돌아봐도 그때 직장을 그만둔 걸 후회하지 않는다. 이제 그녀는 원하는 만큼 마음껏 웃어도 결코 손해를 보지 않는다. "제 일이 정말 좋습니다. 일처럼 느껴지지 않아요."

이제 구게노어는 남편과 함께 시간을 보내거나 친구들과 요가 수업에 다닐 수 있는 시간이 넉넉하다. 하지만 아쉬운 점이 있다. 과거 자신과 사업에 모험을 거는 걸 망설였던 일이다. "좀 더 일찍 위험을 감수했다면 사업이 지금보다 10배는 커졌을 거예요." 은퇴할 계획이 없다는 그녀는 운 좋게도 자신의 패기를 시험하고 스스로 운명을 결정할 기회를 계속해서 얻고 있다.

10억 사업 시크릿 노트

나는 사업할 준비가 됐는가?

앞으로 이 책에서 소개할 많은 사업가가 사업을 시작하기 전 아래와 같은 질문을 스스로 묻고 또 생각했다. 당신도 해보자. 더 높은 수입, 행복하고 건강한 삶을 가져올 사업을 시작하기 위해 당신은 다음과 같은 행동을 할 준비가 되어 있는가?

1 사업을 운영할 수 있는 자신의 역량을 평가한다면?

준비 완료 (5점)	거의 준비되었음 (4점)	어느 정도 준비되었음 (3점)	준비가 안 돼 있지만 의지는 있음 (2점)	준비가 안 돼 있고 의지도 없음 (1점)

2 과도한 재정적 스트레스 없이 개인 자산 운용 방식을 바꿔 여유 자금을 마련할 수 있는가?

준비 완료 (5점)	거의 준비되었음 (4점)	어느 정도 준비되었음 (3점)	준비가 안 돼 있지만 의지는 있음 (2점)	준비가 안 돼 있고 의지도 없음 (1점)

3 지금까지와는 전혀 다른 새로운 업무 방식에 적응하여 좋은 결과를 낼 자신이 있는가?

준비 완료 (5점)	거의 준비되었음 (4점)	어느 정도 준비되었음 (3점)	준비가 안 돼 있지만 의지는 있음 (2점)	준비가 안 돼 있고 의지도 없음 (1점)

4 수업을 듣는 것 같은 공식적인 방법이나 책 읽기, 팟캐스트 듣기, 온라인 이벤트 참석, 코치와의 협력 등을 통해 사업을 시작하고 개선하는 방법을 배우고 있는가?

준비 완료 (5점)	거의 준비되었음 (4점)	어느 정도 준비되었음 (3점)	준비가 안 돼 있지만 의지는 있음 (2점)	준비가 안 돼 있고 의지도 없음 (1점)

5 시간을 들여 사업을 설립하거나 설립 과정을 담당할 직원을 고용하겠는가?

준비 완료 (5점)	거의 준비되었음 (4점)	어느 정도 준비되었음 (3점)	준비가 안 돼 있지만 의지는 있음 (2점)	준비가 안 돼 있고 의지도 없음 (1점)

6 사업을 운영할 체력을 위해 건강한 식생활, 운동, 양질의 수면을 우선시하고 있는가?

| 준비
완료
(5점) | 거의
준비되었음
(4점) | 어느 정도
준비되었음
(3점) | 준비가
안 돼 있지만
의지는 있음
(2점) | 준비가
안 돼 있고
의지도 없음
(1점) |

7 회복력을 유지하는 데 도움이 되는 심신 수련이나 영적 수련(명상, 기도 등) 방법을 찾았는가?

| 준비
완료
(5점) | 거의
준비되었음
(4점) | 어느 정도
준비되었음
(3점) | 준비가
안 돼 있지만
의지는 있음
(2점) | 준비가
안 돼 있고
의지도 없음
(1점) |

8 사업에 전념할 수 있도록 기존의 인맥을 뛰어넘는 지원 시스템을 구축했는가?

| 준비
완료
(5점) | 거의
준비되었음
(4점) | 어느 정도
준비되었음
(3점) | 준비가
안 돼 있지만
의지는 있음
(2점) | 준비가
안 돼 있고
의지도 없음
(1점) |

'준비 완료'는 5점, '거의 준비되었음'은 4점, '어느 정도 준비되었음'은 3점, '준비가 안 돼 있지만 의지는 있음'은 2점, '준비가 안 돼 있고 의지도 없음'에는 1점을 매긴다.

모든 문항의 점수가 대부분 4점이나 5점이라면 당신은 사업을 시작하고 유지할 준비가 되어 있음을 뜻한다. 대부분 3점이라면 아직 고민하는 단계이며, 1~2점이 많다면 준비가 안 되었다는 뜻이다. 그렇다고 앞으로도 준비가 안 될 거라는 의미는 아니다. 지금은 타이밍이 맞지 않을 수도 있지만 미래에 어떤 일이 일어날지는 아무도 모른다.

(사업가 마인드 2) **망해도 남는 게 있다, 경험이 약!**

일반적인 직업에 종사하는 사람들은 대부분 창업이 자기와는 다른 사람들, 즉 생활비를 벌지 않아도 되거나 부양할 가족이 없는 사람만 할수 있는 일이라고 생각한다. 혹시 당신도 그렇게 생각하는가? 그렇다면 아마도 당신을 아끼는 부모와 교사들이 사업은 '위험'하며 책임감 있는 사람이라면 급여를 받는 '안정적인' 직업을 가져야 한다고 말해 왔기 때문일 것이다.

하지만 팬데믹으로 전체 인구의 약 15퍼센트가 하루아침에 일자리를 잃었다. 특히 서비스업 같은 업계에서는 실업률이 39퍼센트까지 치솟자 위험의 의미가 극적으로 달라졌다.[10] 보통 잘되는 소규모 사업체를 운영하는 사람들은 이런 위기 상황에 급히 새로운 수입원을 만들어야 하더라도, 직장을 유일한 수입원으로 삼는 것보다는 원하는 대로 할 수 있는 사업을 하는 게 더 안전하다고 느낀다. 그들은 회사에 다닐 때보다 혼자 사업을 할 때 자신이 더 열심히 일한다는 걸 알고 있다. 당신도 그렇게 생각하고 그런 성향이라면 이 책에 나오는 여러 사업가와 공통점이 많은 셈이다.

로스앤젤레스에 있는 언더웨어 회사 스플렌디스Splendies의 창업자인 앤서니 쿰스Anthony Coombs는 현재 40세로 그 역시 이런 사고방식을 가지고 있다. 그의 회사는 월간 구독 방식으로 여성용 속옷을 판매하는데 1년에 1,300만 달러의 매출을 올린다. 그는 말한다. "'미래를 남의 회사에 맡기는 것과 자기 회사에 맡기는 것 중 어느 쪽이 더 위험한가?'라고 묻는다면 저는 남을 위해 일하는 쪽이 훨씬 위험하다고 생각합니다."

제8장에서 자세히 소개하겠지만 쿰스는 11세 때부터 사업을 배웠다. 함께 살던 조부모님이 벼룩시장에 가판대를 세우고 동네에서 찾아모은 잡동사니를 파는 것을 도왔는데, 이때 가격 협상과 판매가 얼마나 흥분되는 일인지 깨달았다. "사람들이 우리 가판대를 찾아오면 기분이 좋아져서 어떻게 하면 그들이 물건을 사게 할까만 생각했죠." 당시에는 몰랐지만 그는 이미 사업가의 여정을 걷고 있었다.

그렇게 사업을 배운 그는 16세 때 자기 사업을 운영하겠다는 꿈을 품게 되었다. 플로리다주 정부에서 일하며 혼자 자식을 키우던 어머니가 주지사가 바뀐 뒤 직장에서 해고됐기 때문이다. 그의 가족은 어머니가 다른 일을 찾을 때까지 공공 지원을 받아야만 했다. "정말 힘든 시절이었습니다. 그때부터 제 미래를 남의 손에 맡기고 싶지 않다고 생각했죠."

펜실베이니아대학교에 진학한 쿰스는 근처에 있는 사람들과 연결되도록 도와주는 앱 개발(실패했다), 온라인 중고차 매매 플랫폼 서비스(성공했지만 더 큰일을 하고 싶었다) 등 여러 가지 사업을 시작했다. 그는 사촌이 얘기한 틈새시장 얘기를 들은 뒤 자본금 500달러를 들여 스플렌디스를 시작했다. 당시에는 체격이 큰 여성들을 위해 귀여운 속옷을 만드는 업체가 거의 없었다. 다행히 그의 도전은 성과를 거뒀다. 2021년 중반에는 연 매출을 1,700만~1,800만 달러로 예상할 정도였다. 현재는 주문량을 맞추기 위해 훌륭한 계약자 팀의 도움을 받고 있다.

그러나 과거에 사업 실패와 성공을 모두 경험한 쿰스는 스플렌디스가 실패할 수도 있었다는 사실을 알고 있다. 그는 사업을 시작하기 전부터 실패할 가능성을 감수할 수 있는지 고민해봐야 한다고 조언한다. "주변에 직접 회사를 운영해보고 싶다고 말하는 이들이 많습니다. 하지만 지금 일주일에 30~40시간 정도 일하면서 1년에 7만 달러를 벌고 있다고 생각해봅시다. 문제는 직장을 그만두고 사업을 시작했을 때 60~80시간 혹은 그 이상을 무급으로 일할 의향이 있는가예요. 얼마나 될지 알 수 없는 기간 동안 있는 돈을 모두 써버릴 가능성이 크고 언젠가 7만 달러를 벌게 되리라는 보장도 없죠. 그런 상태에서 지금보다 적게 일하며 더 많은 돈을 벌 수 있다는 가능성 하나에 모든 것을 걸 수 있을까요? 이 얘기를 듣고 멈칫한다면 사업을 시도하지 말라고 말하고 싶습니다."

사업을 하고 싶다면 그에 따르는 위험을 24시간 관리하는 게 바로 자신이라는 사실도 받아들여야 한다. "학교와 직장에서 좋은 직원이 되는 법만 배운 사람이 회사를 운영하며 발생하는 모든 일을 100퍼센트 혼자 책임져야 한다는 사실을 이해하긴 힘듭니다. 그런 책임을 선뜻 질 수 있는 사람이 많지 않죠. 말로야 얼마든지 할 수 있다고 하겠지만 실제로 일이 벌어지면 누군가 대신 처리해주기를 바랍니다."

어느 날 오전 11시에 그는 잠옷 차림으로 사무용품 매장에 달려갔다가 이 사실을 새삼 깨달았다. 계산대 직원이 파자마 차림의 그를 보고 궁금했는지 무슨 일을 하느냐고 물었다. 그가 사업을 한다고 말하자 직원이 이렇게 털어놨다.

"저도 늘 사업이 하고 싶었어요."

"하면 되죠. 왜 안 하세요?"

"실수를 저지를까 봐 너무 무서워서요."

"아직 오전 11시밖에 안 됐죠? 그런데 전 벌써 실수를 10개나 저질렀답니다."

그는 실수를 통해 배우고 계속 일을 하면서 어려움에서 벗어날 방법을 찾아낸다. 누군가는 그런 방식으로 일하는 것보다 다른 누군가가 책임지는 팀의 일원이 되는 걸 선호할 수도 있다. 문제는 어떤 시나리오가 당신이 최선을 다하면서 가장 행복해질 기회를 주는가다.

• 10억 사업가의 꿀팁 ⑨ •

사업의 길, 선택은 당신의 몫입니다

—

스스로 경력과 관련된 리스크를 어떻게 생각하는지 파악하면 일에 대한 새로운 가능성이 열린다. 그러면 "사업의 ○○퍼센트가 실패하는 거 알아?" 같은 애정 어린 폭탄을 던지는 친구나 친척에게 화낼 일도 사라진다.

우리는 직업을 갖는 게 경제적 안정을 보장한다고 믿으며 자랐지만 상황이 변하고 있다. MBO 파트너스의 2020년 독립형 근로자 현황 보고를 보면 미국인 56퍼센트는 직장에 다니는 것보다 자영업을 하는 게 더 안전하다고 대답했는데, 이는 2011년의 32퍼센트보다 24퍼센트나 증가한 수치다.[11]

자영업이 전통적인 직업보다 안전하다고 여기는 사람들이 왜 그렇게 많은 걸까? MBO 파트너스는 사업체의 '비고용' 노동력(독립형 노동자와 소규모 사업체가 제공하는 노동력)의 사용 증가, 부담적정보험법 덕에 용이해진 의료 서비스 접근, '저렴하고 쉽고 덜 위험한' 사업을 시작할 수 있도록 도와주는 온라인 플랫폼과 클라우드 기반 소프트웨어의 성장 같은 추세를 지적한다. 전통적인 일자리의 질이 떨어지는 것도 하나의 요인이다. MBO 파트너스 보고서는 "그간 사업체들이 장기적으로 확대되는 과정에서 감원, 구조조정, 아웃소싱을 무자비하게 진행한 탓에 전통적인 일자리에 대한 사람들의 인식이 바뀌고 있다. 이제 사람들은 여러 개의 독립적인 프로젝트에 위험을 분산시키는 것이 더 안정적이라고 느낀다."라고 덧붙인다.

더불어 이 연구를 수행한 이머전트 리서치의 스티브 킹이 한 말처럼 "사람들은 변덕스러운 상사의 기분, 멀리 떨어진 본사에서 내린 결정에 휘둘리지 않고 삶과 미래를 자신이 통제하고 싶어 한다. 사람들에게 자영업이 더 안전하다고 느끼는 이유를 물어본다면 아마도 자신의 운명과 여러 개의 수입원을 통제할 수 있기 때문이라고 말할 것이다."

그러나 팬데믹 기간에 많은 사업체가 매출 부진과 폐업을 겪었던 것처럼 사업 운영에는 큰 위험이 뒤따른다. 킹은 "사업을 시작하는 사람과 그렇지 않은 사람은 리스크 프로필에서 차이가 난다. 미국인의 약 40퍼센트만이 회사를 그만두고 독립하는 데 적합한 리스크 프로필을 가지고 있다. 그리고 우리 조사에 참여한 사람들의 약 60퍼센트는 '아니, 난 차라리 회사에 다니겠다'라고 답했다."라고 말한다.

자신이 어떤 유형에 속하는지 알면 사업을 시작할 때 올바른 결정을 내릴 것이다. 실패할 사업을 시작하는 위험을 감수하겠는가, 아니면 일자리를 구하고 해고당한 뒤 다시 일자리를 구하면서 실망하는 위험을 감수하겠는가? 이 질문에 답할 수 있는 사람은 당신 자신뿐이다.

만일 당신이 이 위험 감수 스펙트럼의 중간쯤에 있다면 어떨까? 전통적인 일자리와 독립적인 사업 사이에서 가장 좋은 것만 취하는 방법은 부업으로 사업을 시작하고 그 사업을 운영할 사람을 고용하는 것이다. 미시간주 트래버스시티 출신의 조경사인 41세의 앤디 험프리Andy Humphrey는 2010년에 스프링클러 서플라이 스토어Sprinkler Supply Store라는 온라인 상점을 시작하면서 이 길을 택했다. 관개용품 유통업체에서 일하던 그는 부업으로 이 사업을 시작하면서 크리스마스 조명을 판매하는 2번째 매장까지 차렸다. 하지만 낮에는 사업에 신경 쓰지 않고 프리랜서 관개 컨설팅 업무를 본다. 그가 참여한 프로젝트는 뉴욕에 있는 허드슨 야드Hudson Yards, 배터리 파크Battery Park 등이며 스프링클러 너드Sprinkler Nerd 라는 팟캐스트도 운영한다. 이 팟캐스트에서 그는 사람들과 함께 겨울철 물주기나 토양 습윤 기술 같은 주제에 관해 이야기를 나눈다.

2008년에 험프리는 온라인 사업의 고객 서비스, 마케팅, 물류, 웹사이트 제품 판매를 담당할 첫 직원을 채용했으며 현재는 직원을 4명 두고 있다. 하지만 그는 컨설팅 일을 그만둘 생각이 없다. "전 일을 하기 싫어졌을 때 그만둬야 한다고 생각해요. 돈을 계속 벌 수 있다면 그만둘 이유가 없습니다. 게다가 전 관개 산업을 좋아해요. 전자상거래 이외의 세상과도 연결된 상태를 유지하기로 했죠. 그게 우리가 바라는 변화, 즉 고용 행복을 찾으려는 노력이라고 생각합니다."

잠꼬대로도 사업 계획을 세운다

사업을 해본 경험이 전혀 없다면 아주 작은 규모라도 사업을 시작하는 게 두려울 수 있다. 특히 성공으로 가는 길이 명확하고 직선적인(우수한 성적만 받으면 되는) 학교나 기존에 직장에서 뛰어났던 사람이라면 더욱 그럴 것이다. 그 세계에서는 다음 행보를 감당할 수 있을지 의심이 들면 체계적으로 준비할 수 있을 뿐만 아니라 자신감을 높여주는 자격증(직함, 학위나 수료증 등)을 얼마든지 딸 수 있다.

하지만 사업을 할 때는 일이 그렇게 돌아가지 않는다. 경영학 석사나 창업 관련 학위를 취득했다고 해도 그것이 '자격'을 보장해주진 않는다. 일단 사업을 시작하면 할 일이 너무도 많아서 첫날부터 자신의 능력과 기술 범위에서 크게 벗어난 일에 뛰어들어야 한다. 만일 하고자 하는 사업이 매우 혁신적인 분야라면 공식적인 자격을 갖춘 사람이 아무도 없는, 완전히 새로운 작업을 해야 할 수도 있다.

큰돈을 버는 작은 사업을 시작하고 운영하려면 이런 현실을 받아들이고 모든 걸 파악하기도 전에 앞으로 나아갈 준비가 되어 있어야 한다. 여성들에게 집에서 사업을 시작하는 방법을 가르치고 사업가를 위한 라이브 프리Live Free 팟캐스트를 진행하는 미캘러 퀸Micala Quinn은 모든 사람이 자신감을 원한다고 말한다. 그녀는 경험을 통해 배우는 것이야말로 가치 있는 일이므로 완벽하게 준비됐다고 생각되는 날까지 기다리지 말라고 한다. 그런 날은 절대로 오지 않기 때문이다. 그러니 시도할 용기를 갖는 게 중요하다.

이는 요가나 무술 연습을 하는 것과 비슷하다. 내가 다니는 핫요가 수업 교사들은 우리가 아직 배우는 중인 자세를 취할 때는 엉망으로 해도 괜찮다고 자주 얘기한다. 물구나무서기를 처음 배울 때는 적어도 바닥에 손을 대고 한쪽 다리를 들어 올리거나 벽에 몸을 기대는 위험을 감수하지 않으면 제대로 배울 수 없다. 하지만 계속 노력하다 보면 그 모든 불완전한 물구나무서기가 쌓여 전에는 갈 수 없었던 지점으로 갈 수 있다는 걸 깨닫게 된다. 언젠가 요가 스튜디오에 들어가서 아무 생각 없이 물구나무서기를 할 날이 분명히 올 것이다. 하지만 그날이 정확히 언제 올지는 모른다. 계속 수업을 받으러 다니고 연습해야만 그날을 맞이할 수 있다.

엔지니어로 일하던 35세의 엘리자베스 데이비스Elizabeth Davis는 바로 그런 용기를 낸 덕분에 크게 성공했다. 그녀는 조지아주 애틀랜타에서 머리를 기르고 싶어 하는 여성들에게 샴푸와 헤어케어 제품을 판매하는 셰다비Shedavi라는 회사를 설립했는데 그전에는 한 엔지니어링 회사에서 보조 프로젝트 매니저로 일하고 있었다. 그리고 낮에는 조지아주 헤이프빌에 세워질 포르쉐 북미 본사 건설 계획에 몰두했고, 워싱턴 DC 내셔널 하버에 MGM 카지노를 건설하는 팀에도 소속되어 있었다.

데이비스는 자기 직업을 좋아했지만 평생 프로젝트 관리자로 일하고 싶지는 않았다. 그래서 늘 사업을 시작하고 싶다고 말했지만 아직 생각해놓은 것은 없었다. "사업을 시작해야겠다고 마음속으로 항상 되뇌었지만 그게 어떤 사업이 될지는 몰랐습니다."

그녀는 사업을 시작하겠다는 생각이 곳곳으로 스며들게 하면서 어떤 방향으로 나아가야 할지에 대한 단서를 일상생활 속에서 찾으려고 했다. 첫 번째 힌트는 밤에 집에 돌아왔을 때 뭘 하고 싶은지 생각하다가 얻었다. 머리를 길게 기르려고 계속 노력하고 있었는데 어느 날 천연 엘릭시르를 자신이 만든 제품(허브, 에센셜오일, 아유르베딕 제품을 섞어서 만들었다)과 혼합해본 것이다.

이 제품을 자신과 친구들에게 몇 달 동안 테스트해보고 효과가 있다는 걸 알게 된 그녀는 자신이 이미 사업을 시작했다는 걸 깨달았다. 마음속 한구석에서는 사업을 운영하는 게 재미있을지도 모른다는 생각이 들었지만 여전히 망설여졌다. "헤어케어 사업이라니, 너무 쉽고 좋아서 믿기지 않았죠. 하지만 결국 해보기로 했습니다."

2014년 데이비스는 마침내 자신의 열정을 진지하게 받아들이기로 하고 부업으로 셰다비를 설립했다. "사업가가 되고자 하는 마음을 품게 된 건 뭔가를 처음부터 만들어서 저와 제가 속한 공동체 그리고 아프리카계 미국인 공동체에 기여할 수 있다는 점 때문이었습니다." 그녀는 조지아주에서 사업 등록을 하고 그 후 틈날 때마다 사업에 힘을 쏟았다. 제품을 개발하고 브랜드를 만들고 출시에 필요한 모든 기본적인 작업을 하는 데는 상당한 시간이 걸렸다.

데이비스는 사업을 시작하기 전에 6개월간의 생활비와 사업 자금을 모아뒀지만 이를 빨리 소진하고 싶진 않았다. 있는 돈으로 어떻게든 꾸려나가기 위해 18개월 동안 이자율이 0퍼센트인 신용카드 2개에 의지했다. 신용카드를 이용해서 연구 개발, 원자재, 도구, 포장, 브랜딩

작업에 약 2만 5,000달러를 썼다. 그녀는 최소 납입 금액만 갚으면 되었고 매출이 나오기 시작하면서는 잔금을 다 갚았다.

물론 그런 예산에는 한계가 있었다. 그래서 첫 제품을 만들 때도 시설을 빌리지 않고 자기 집 주방에서 여러 제품을 섞고 실험을 진행하면서 각각의 실험을 통해 필요한 것들을 배웠다. 이곳에서 만든 첫 제품인 모발과 두피 영양제를 포장재 상점에서 인터넷으로 주문한 병에 붓고 라벨 회사에서 제작한 라벨을 붙여 1,000개를 완성했다. 모두 인터넷 검색을 통해 찾아낸 재료들이었다.

한편 모발 건강을 위해 제품에 비타민도 첨가해야 했는데 보건 안전 규정 때문에 일반 가정 주방에서는 비타민을 만들 수 없었다. 그녀는 제품을 제대로 만들기 위해 예산 일부를 써서 FDA 승인을 받은 공장에 생산을 맡겼다.

그다음에는 브랜드의 외관과 분위기를 직접 만들 차례였다. 대학교 1학년 때 건축을 공부했던 데이비스는 디자인에 대한 안목이 있었고 그림 그리는 걸 좋아했다. 그녀는 재능을 발휘해 제품의 병 디자인과 라벨을 스케치하고 이를 그래픽 디자이너에게 보내 다듬어달라고 했다. "제품의 포장이 멋있기를 바랐어요. 깔끔하고 단순하고 또렷해 보이면서 고급스러운 면이 있었으면 했죠."

데이비스는 마케팅 실험에도 적극적이었다. 판매할 제품을 제작하기 훨씬 전부터 건강한 머리카락에 대한 팁과 정보를 공유하는 인스타그램 페이지를 만들었다. 그래서 모발 및 두피 영양제와 비타민을 출시할 무렵에는 이미 그녀와 똑같은 열정을 공유하는 팔로워가 1만 명이나 되었다. 제품 사용법을 알려주는 동영상도 직접 제작해서 소셜 마케팅 채널을 통해 배포했다.

이 모든 실험에는 시간이 꽤 걸렸지만 데이비스는 자신이 좋아하는 일에 기꺼이 시간을 할애했다. 2016년 2월 마침내 영양제와 비타민 판매를 시작할 준비가 되었다. 제품 출시를 손꼽아 기다리던 그녀의 가족과 친구들, 인스타그램 팔로워들이 첫 고객이 되었다. 데이비스는 제품 출시 후 첫 주말에 2,000달러를 벌면서 그 모든 실험의 보상을 처음으로 맛봤다. 첫 제품 출시를 준비하는 동안 그녀를 지켜봐준 이들이 큰 도움이 됐다.

셰다비는 빠르게 성장했다. 처음에는 25달러짜리 제품을 1번에 1병 씩 판매하는 데 집중했지만 이후에는 고객의 요구에 따라 제품을 묶어 파는 시도를 했다. 결과적으로 이는 더 많은 제품을 판매하는 데 도움이 됐다. 그녀가 만든 첫 키트 상품은 49달러짜리 헤어 스타터 번들 이었다. "고객들은 제가 추천하는 번들 상품을 좋아해요. 번들이 자신의 특정한 문제나 사안에 맞게 구성되어 있다는 걸 알기 때문이죠."

한편 그녀는 생산과 배송 부분에서도 실험을 시도했다. 많은 개인 사업가처럼 데이비스도 직접 공장을 세울 수 있는 상황이 아니었기 때문에 차선책을 택했다. 흔히 임가공 업체라고 부르는 외주 제조업체와 협력해서 제품 제조법을 개발하고 그걸 그녀가 디자인한 병에 담았다. 이런 방법을 통해 제조업체의 지식과 경험을 이용할 수 있었고 덕분에 학습곡선과 초보자의 실수가 줄었다. 데이비스는 제품을 배송할 때도 직접 상자에 포장해서 소비자들에게 우편으로 보내지 않았다.

3PL이라는 타사 물류 업무를 대행하는 외주 파트너와 협력해서 배송 문제를 해결했고, 그 덕분에 생긴 시간에는 브랜드 구축에 집중할 수 있었다.

회사가 성장하면서 데이비스는 마케팅 활동을 확대하기 위해 전문 가들과 협력했다. 그래픽 디자이너, 소셜 미디어 관리자, 동영상 전문 가, 디지털 마케팅 관리자가 필요했던 그녀는 프리랜서들 쪽으로 눈을 돌렸다. 주변 인맥들을 통해 추천을 받기도 하고 인스타그램을 통해서 도 찾았다. 그렇게 찾은 전문가들과 장기적인 관계를 맺는 데 집중하 면서 정말로 그녀가 의지할 수 있는 팀을 구성하려고 했다. 데이비스 가 원하는 것은 일회성 협력이 아닌 꾸준히 같이 일할 파트너십이었 기 때문이다.

물론 이 모든 것에는 돈이 든다. 공장, 배송 파트너, 프리랜서 등 모 두에게 돈을 지불해야 한다. 2016년 2월부터 2017년 2월까지 100만 달러의 매출을 올리면서 데이비스는 마침내 사업 수익으로 개인 경비와 업무 간접비를 모두 충당할 수 있다는 사실을 확인하고 2017년 3월에 마음 편히 직장을 그만두었다.

인스타그램에 6만 5,000명 이상의 팔로워를 보유한 데이비스는 인 터뷰 당시 2021년에는 그 수가 2배로 커질 것으로 예상했다. 그녀는 가장 중요한 건 '자신을 차별화하는 것'이라고 말하며 이렇게 덧붙였 다. "우리 제품 같은 걸 파는 사람은 아무도 없습니다."

고민은 뒤로! 몸부터 던져보기

파산했을 때 부모님 집에 들어가 소파에서 자도 되는 게 아니라면 사업을 시작하기 전에 신중하게 재정 계획을 세워야 한다. 이 책에 등장하는 많은 사업가가 낮에는 회사에 다니고 부업으로 사업을 시작했다. 부업으로 시작해서 어느 정도 자리를 잡으려면 1년 혹은 2년까지도 아주 오랜 시간 일해야 한다.

물론 영원히 그런 상태가 계속되지는 않는다. 성공하는 사업가들은 이 단계를 모든 면에서 훨씬 보람 있는 새로운 업무 방식과 생활 방식을 개척하기 위한 가교로 생각한다. 당신도 본인과 사랑하는 이들을 위해 좋아하는 뭔가를 만드는 데 얼마나 많은 에너지를 쏟아부을 수 있는지 알면 놀랄지도 모른다. 시인 데이비드 화이트David Whyte의 말처럼 "전심전력을 다하다 보면 오히려 피로가 해소된다".

46세인 브라이언 에이브럼스Brian Abrams는 사업을 시작하기로 마음먹었지만 당장 직장을 그만둘 순 없었다. 보스턴에 있는 인재 파견 회사에서 일하며 스트레스를 많이 받았던 그는 일을 그만둘 방법을 고민하면서 시간을 보냈다. 그런데 회사가 에이브럼스가 입사한 지 4개월 만에 매각됐다. 입사할 때는 예상하지 못했던 일이었다. 하지만 직원 이탈이 만연해서 부담이 큰 인재 파견 분야에서 다른 일자리를 찾고 싶은 마음은 없었다. 아마도 무기력한 상사 밑에서 일하게 될 것이고 주변에 그와 같은 열정을 지닌 사람들도 없을 것이었다.

2014년 8월 에이브럼스는 매사추세츠 그로턴에 IT 프로젝트 관리 컨설팅 회사인 PMO 파트너스_{PMO Partners}를 설립했다. 하지만 직장을 그만두고 사업에 올인하기 전에 단기 컨설팅 일을 병행했는데, 이는 사업 계획을 세우는 동안 계속 돈을 벌 수 있는 좋은 방법이었다. 게다가 1시간이 넘는 통근 시간에서 해방되면서 일에 더 많은 시간을 할애할 수 있었다.

또한 그는 아내에게 한동안 주 소득원을 책임져주길 부탁했다. 아내가 동의한 덕에 그 기간에는 아내 월급으로 가계비를 대부분 충당할 수 있었다. 아내 역시 처음 6개월 동안은 돈을 벌지 못할 수도 있다는 걸 알고 있었다. 하지만 새로운 사업 아이디어에 기대가 컸기에 흔쾌히 수락했다. 둘은 새로운 사업의 웹사이트 개설, 법인 등록, 적절한 법률 문서 작성 등 창업에 필요한 기본적인 비용을 마련하기 위해 5,000달러를 저축했다.

아내의 지지를 얻은 에이브럼스는 1년 동안 저녁 시간과 주말마다 어떤 일을 할지 계획을 세우기 시작했다. 덕분에 시작할 준비가 됐을 때 빠르게 추진력을 얻을 수 있었다. 마지막 컨설팅 작업이 끝난 후 그는 PMO 파트너스를 키우는 일에 풀타임으로 뛰어들었다. "앞으로 가야 할 길이 평탄하지 않고 도중에 실수도 저지르리라는 걸 알고 있었습니다. 하지만 두렵지는 않았어요. 그냥 '내가 하는 일을 잘 하면서 간혹 문제가 생길 거라는 사실을 받아들이자. 그리고 열심히 하자'라고 생각했습니다."

그렇다면 에이브럼스는 어떻게 회사를 그만둘 만큼 꾸준한 수입을 올릴 수 있었을까? 일단 그는 자신이 잘 아는 협소하고 수요가 많은 틈새시장을 노렸다. 에이브럼스는 자기 분야에 대한 지식이 충분해서 일반적인 인재 파견 회사를 차릴 수도 있었다. 하지만 다른 회사들이 이쪽에 별로 관심이 없다는 걸 알고 있었기 때문에 IT 프로젝트 관리자를 파견하는 데 집중하기로 했다. 그래야 업무 흐름이 원활해질 것이기 때문이다. 에이브럼스는 "인재 파견 업계도 경쟁이 치열합니다."라고 말한다.

또한 에이브럼스는 프로젝트 관리자, 특히 상급 레벨의 관리자들과 함께 일하면 다른 전문가들과 일할 때보다 돈을 많이 벌 수 있다는 걸 알았다. 인재 파견 업계에서 채용 담당자가 받는 수수료는 그들이 직장을 구해준 사람의 급여와 관련이 있다. 고위급 프로젝트 관리자들은 대개 1년에 8만~15만 달러 혹은 그 이상을 벌기도 한다. 이는 에이브럼스가 받는 20퍼센트대의 수수료가 빠르게 증가할 것이라는 뜻이다. "제가 누군가에게 정규직 자리를 알선했는데 그가 연봉 10만 달러를 받게 된다면 인재 알선을 의뢰한 클라이언트 측에서 제게 2만 달러를 주는 식이죠."

프로젝트 관리자를 임시 단기 업무에 파견했을 때도 비슷한 보상을 받는다. 그들이 받는 높은 시간당 보수가 상당한 액수의 수수료로 연결되는 것이다. 에이브럼스는 그들의 시간당 보수를 100달러, 130달러, 150달러씩 청구하면서 매출을 늘려나갔다.

프로젝트 관리 전문가들에게 집중한 덕분에 에이브럼스는 2015년 말까지 매출을 76만 달러로 올릴 수 있었다. 사업을 성장시키기로 마음먹은 에이브럼스는 모든 일을 스스로 처리하고 싶은 유혹을 뿌리치고 자기 분야 이외의 일들을 처리하기 위해 전문가를 영입했다. 그는 직접 마케팅을 배우려고 시간과 에너지를 들이지 않고 마케팅과 소셜 미디어 업무를 처리해주는 마케팅 회사를 고용했다. 그리고 자신은 채용과 인재 파견 업무에만 집중하기로 했다.

에이브럼스는 사업을 계속 성장시키기 위해 온라인과 오프라인 양쪽 모두에서 인맥을 구축하는 데 시간을 쏟았다. 프로젝트 관리자를 위한 사용자 그룹 같은 업계 행사에 많이 참석할 뿐 아니라 프로젝트 관리 전문가와 관련된 주제로 매달 인터넷 세미나를 개최하고 링크드인Linkedin에 업계 사람들이 관심을 가질 만한 주제에 대한 글을 자주 올렸다. 에이브럼스는 자신의 이름을 알리는 일과 실제 사업을 운영하는 일이 균형 있게 이뤄져야 한다고 말한다.

기존 고객에게 우수한 서비스를 제공하고 새로운 고객을 만나는 데 집중한 에이브럼스는 2016년까지 150만 달러의 연 매출을 올렸고 그 과정에서 직업적으로 큰 만족감을 느꼈다. "구직 과정 내내 지원자들과 연락하고 그들과 함께 일하는 게 정말 좋습니다. 그리고 클라이언트의 요구를 이해하고 그들이 원하는 직원을 찾도록 도와서 훌륭한 매칭을 성사시켰을 때 매우 만족감을 느껴요."

매출이 처음으로 100만 달러 가까이 늘어나자 그는 회계 서류나 채용 후보자 서류 등 백오피스 업무를 처리해줄 운영책임자가 필요하다는 사실을 깨닫고 직원 채용에 나섰다. 자신의 발목을 잡는 온갖 업무를 처리해줄 운영책임자가 들어오고 나자 비로소 진정한 성장이 시작됐다는 걸 깨달았다. "그녀 덕분에 회사에 체계가 생겼죠."라고 에이브럼스는 말한다.

사업이 계속 확장되는 동안 그는 회사의 성장에 도움이 되는 조언을 구하길 주저하지 않았다. 한번은 마케팅 회사의 소개로 인재 파견 및 컨설팅 업계에서 일하는 톰 어브Tom Erb라는 컨설턴트를 알게 됐다. 곧 어브를 고용해 회사 상황을 평가하고 진행 중인 일들의 공백을 보완하는 데 도움을 받았다. 채용 전문가 마이크 지온타Mike Gionta가 이틀간 진행한 컨퍼런스에도 참석했는데 지온타는 현재 다른 채용 전문가들에게 영업 파이프라인을 구축하는 방법을 가르치고 있다.

에이브럼스는 자신의 특기를 잘 알지만 한편으로는 아직 사업 운영이 서툴다는 사실도 알고 있다. "저는 지금도 배우고 있습니다. 전에는 사업을 해본 적이 없으니 당연한 일이라고 생각해요." 더불어 사업을 하다 막힐 때 그를 위해 조언해줄 자문단도 구성했다.

에이브럼스는 프로젝트 관리자의 취업 알선을 결코 일회성 관계로 보지 않는다. 그는 항상 "여러분과 앞으로도 계속 함께 일할 수 있기를 바랍니다."라고 말한다. 그리고 많은 사람이 그런 장기적인 관계를 받아들였다. 덕분에 일이 꾸준히 들어와서 에이브럼스는 현재 직원 3명을 두고 사업을 꾸려가고 있다. 그가 자랑스럽게 여기는 일 중 하나는 예전부터 알고 지내던 채용 후보들이 다시 일자리를 찾을 때 자신을 떠올린다는 것이다. "얼마 전 10년간 알고 지낸 컨설턴트에게 일자리를 알선해주었습니다. 지금까지는 타이밍 때문에 그에게 자리를 알아봐줄 기회가 없었는데 마침내 기회가 왔죠."

팬데믹 기간에 그는 그동안 사업 기반을 구축하기 위해 기울인 모든 노력이 결실을 맺었다는 걸 알았다. "우리는 계속 바쁘게 지냈습니다. 운 좋게도 사업이 성장세인 조직들과 관계를 맺게 됐죠." 그 예로 식품 제조사 2~3곳과 전문대학 및 대학을 위한 온라인 강좌 개발을 전문으로 하는 업체 1곳과 계약을 맺었다. 또 채용 전문가 수천 명이 모인 네트워크에도 참여했다. 그들은 좋은 채용 후보를 찾아 각자의 전문 분야에서 취업을 알선할 수 있도록 돕는다.

사업을 성장시키려는 끊임없는 노력과 헌신을 에이브럼스는 흔쾌히 받아들였다. 그는 스스로 정한 조건에 따라 일할 수 있을 정도로 경력을 쌓았고 그의 회사는 귀중한 자산이 되었다. 앞으로도 그는 다른 회사에서 일할 생각이 없다. "다시는 다른 사람 밑에서 일하지 않을 겁니다. 그런 건 제 인생 계획에 없습니다."

(사업가 마인드 5) 우물은 물이 나올 때까지 판다

생각만 해서는 사업을 시작하거나 성장시킬 수 없다. 크리스 미드가 그랬던 것처럼 아침 출근길이나 소파에 드러누워 넷플릭스나 보고 싶은 저녁에라도 시간을 내서 사업과 관련된 일을 처리해야 한다. 성공한 사업가들은 모두 사업을 위해 시간을 꾸준히 할애했다. 그렇게 작지만 계속해서 노력을 기울이다 보면 몇 주 또는 몇 달 뒤에는 어딘가에 도달해 있을 것이다.

하이힐 깔창을 판매하는 비비안 루를 설립해 연간 300만 달러의 매출을 올리고 있는 애비 워커도 바로 이런 식으로 했다. 천연 제품 회사의 CMO(최고마케팅책임자)로 일하던 워커는 우연한 기회에 사업 아이디어를 떠올렸다. 그녀는 15년간 회사를 다니면서 항상 스타일리시한 하이힐을 신고 다니는 걸 좋아했다. 하루도 빼놓지 않고 매일 하이힐을 신었다는 그녀는 8세, 10세의 두 아이를 키우며 커뮤니케이션과 마케팅 분야에서 경력을 쌓고 있었다. 그리고 아무리 바빠도 짬을 내서 마마즈 슈즈Mama's Shoes라는 하이힐 관련 블로그에 꾸준히 글을 올리곤 했다.

하지만 열정에는 대가가 따랐다. 어떤 하이힐은 신고 있으면 발이 매우 아팠다. 발이 아픈 것에 진절머리가 난 워커는 고통을 줄여주는 천연 발 스프레이에 대한 아이디어를 조사하기 시작했다. 그런데 시장 조사 과정에서 하이힐을 고통 없이 신을 수 있게 해주는 깔창을 발견했고 그녀와 같은 하이힐 애호가들의 문제를 해결할 더 나은 방법이 있다는 걸 깨달았다.

워커는 곧 그 깔창을 만드는 인솔리아Insolia의 대표에게 전화를 걸어 왜 여태껏 그 브랜드를 들어본 적이 없느냐고 물었다. 그러자 대표는 자기들은 여성에게 제품 판매하는 방법을 잘 모르는 MIT 엔지니어들이라고 말했다. 워커는 판매액 중 일부를 받고 그를 도와주겠다고 제안했다. 그리고 북미 지역에서는 그녀가 만든 비비안 루라는 브랜드를 통해 깔창을 판매할 권리를 얻었다. 워커는 남편과 함께 모은 7,500달러로 상품 제작을 인솔리아에 맡겼다. 그게 2014년의 일이었다.

워커는 제품의 성능을 확신했지만 해야 할 일이 많았다. 인솔리아는 과거 1만 8,000여 개의 고객 명단이 포함된 이메일 목록이 있었지만 활성화되지 않은 상태였다. 워커는 메일을 다시 보내 이 목록을 소생시키는 작업에 착수했다. 그리고 쉬는 날에 쇼피파이에 제품을 올려 웹사이트에 방문객들이 찾아오게 했다. 덕분에 고객 상당수를 되찾을 수 있었다. 하지만 일정이 바빴기에 사업은 더디게 성장했다. 수입이 괜찮은 달에는 약 1,500달러의 매출을 올리는 정도였다.

결국 사업에 더 많은 시간을 할애하기 위해 일을 그만두었다. 이는 워커의 가족에겐 중대한 재정적 결정이었다. 그녀는 2015년 여름 동안 비비안 루에 헌신하면서 일이 어떻게 흘러가는지 지켜보기로 남편과 합의했다. 일이 너무 바빠서 배송까지 직접 처리할 수 없다는 걸 깨달은 워커는 고객에게 깔창을 발송할 물류 포장 회사를 고용했다. "제가 제품 발송까지 맡으면 사업이 망할 것 같았어요."

한편 미니애폴리스에서 열린 영업 세미나에 참석해 가격 책정에 대해서도 배웠다. 가격은 1가지 제품만 판매하는 사람에겐 특히 중요한 결정이다. 워커가 세미나 진행자에게 깔창 두 켤레를 19달러 95센트에 팔 거라고 말하자 영업 트레이너는 가격이 너무 낮다면서 1켤레에 그 가격을 받으라고 권했다.

"그럼 언제 가격을 올려야 하나요?"

"내일 당장이요."

워커는 각오를 단단히 하고 다음 날 가격을 올렸다. 고객들이 보낸 항의 메일은 2통뿐이었고 판매량은 더 늘기 시작했다. 워커는 나중에 간접비를 충당하기 위해 깔창 1켤레 가격을 29달러로 인상했지만 그래도 고객이 계속 몰려들었다. 그녀는 제품에 표준 이하의 가격을 매기는 건 누구에게도 도움이 안 된다고 말한다.

워커는 전보다 많은 돈을 벌었지만 여름이 끝날 때까지 직장 생활을 완전히 청산할 만큼 충분한 돈을 벌지 못했다. 그래서 이번에는 아메리프라이즈 파이낸셜 서비스Ameriprise Financial Services에서 기업 마케팅 일을 하기로 했다. 그래도 깔창에 대한 고객들의 피드백이 워낙 좋아서 풀타임으로 사업에 전념하는 걸 포기하지 않았다. 그녀는 비비안루가 성공하리라는 걸 확신했다.

그러다 뉴욕에 있는 스토리Story라는 이름의 갤러리 같은 매장에서 열린 제품 시연 행사에 참가하게 되었다. 워커는 그곳에서 대회 창시자인 레이철 셰츠먼Rachel Shechtman과 얘기를 나눴고 〈굿모닝 아메리카〉Good Morning America와 홈쇼핑 채널 HSN과도 인터뷰를 했다. 셰츠먼의 추천 덕에 HSN은 워커의 깔창 승인 과정을 빠르게 진행했고 제품은 2016년 1월에 처음 방송을 탄 날 매진됐다. 워커는 셰츠먼의 조언에 따라 패키지를 다시 디자인했는데 스팽스Spanx에서 영감을 받아 밝은 빨간색 패키지를 선택했다.

성공을 거둔 워커는 회사를 그만둘 때라고 남편을 설득했고 사업에 쏟는 시간을 2배로 늘렸다. 그녀는 페이스북 광고를 배우기 시작했고 곧 본격적으로 뛰어들었다. 2016년 9월에는 말 그대로 경이로운 매출을 올려 〈더 뷰〉The View에도 소개됐다. 뒤이은 매출 덕에 광고, 재고 관리, 포장, 깔창 보관 등을 위해 쓴 8만 달러의 빚을 갚을 수 있었다. 2016년에 비비안 루는 연 매출 60만 달러를 기록했다. 사업이 잘되자 워커는 해외로 영역을 확장했고 플랫슈즈를 위한 깔창 디자인도 선보였다. 연 매출은 300만 달러까지 늘었고 2018년부터는 본격적으로 수익이 나기 시작했다.

워커는 직원을 고용하지 않았다. 그러나 1인 재택 사업가로서 사업을 확장하는 저렴한 방법을 찾아냈고 덕분에 훨씬 큰 규모의 회사처럼 운영할 수 있었다. 예를 들면 제품 포장과 배송은 덴버에 있는 창고 업자에게 위탁했고 웹사이트 디자인, 소셜 미디어 광고, A/B 테스트(고객이 웹사이트에 어떻게 반응하는지 확인하는 테스트) 등은 예전부터 함께 일해온 계약 업체에 의존했다. 고객 서비스 업무도 외부에 위탁했다.

또한 고객의 리뷰 작성 유도와 같은 작업은 자동화에 의존하는데 얏포Yotpo라는 툴을 사용한다. 이 툴 덕분에 약 2,500개의 고객 리뷰를 받을 수 있었다. 워커와 같은 소규모 사업가에게 고객 리뷰는 정말로 중요하다. 하지만 이 툴이 아무리 효율적이라도 그녀의 일을 모두 대신해주는 건 아니다. 고객이 리뷰를 올리면 다음 구매 시 제품 가격의 20퍼센트를 할인해주거나, 깔창이 효과가 없을 시 구매 가격을 100퍼센트 환불해주겠다고 보장하는 것은 그녀가 해야 할 일이다.

팬데믹이 시작되자 워커의 고객 중 상당수가 재택근무를 하게 되면서 정장용 구두 대신 폭신폭신한 슬리퍼를 신게 됐다. 그리고 결혼식 같은 행사가 장기간 중단되자 주말에 하이힐을 신고 외출하는 사람이 사라졌다. 판매량이 무섭게 급감했지만 이 시기에 워커는 잠시 숨을 돌리며 회사의 근본으로 되돌아가 애초에 사업을 시작하게 된 이유를 다시 생각해봤다. "그 시기는 한 발짝 물러서서 제가 회사에서 좋아하는 부분과 바꾸고 싶은 부분을 확인하는 기회가 됐어요."

기분을 북돋기 위해 집에서도 하이힐을 신고 일하던 그녀는 오히려 숨통이 좀 트이는 것 같았다. 또 다른 위기를 대비하고, 더 이상 필요 없는 구독 서비스를 취소하고, 고객 서비스 팀과 페이스북 광고대행사와의 계약을 해지한 뒤 그 일을 직접 처리했다. 그리고 운동화와 레저용 신발을 위한 깔창을 소개하는 작업에 착수했다. 당시의 분위기를 고려할 때 매우 적절한 작업이었다.

워커의 자녀들도 집에서 온라인 수업을 받고 있었기 때문에 사실 쉽지 않은 일이었다. 그녀는 매일 하나의 측정 기준에 집중했는데 바로 판매 건당 비용이었다. 그녀는 주문 하나를 받기 위해 광고에 얼마를 써야 수익 목표를 달성할 수 있는지 끊임없이 생각했다. 그 덕분에 2020년에 부담이 너무 커지고 그녀가 통제 불가능한 상황이 발생해 회사 문을 닫았을 때도 매출은 150만 달러로 감소했지만 수익성은 그 어느 때보다 좋았다.

워커가 재택 사업을 시작한 것은 그녀가 자신이 선택한 생활 방식을 중시했기 때문이기도 했다. 미니애폴리스와 밀워키에서 살다 가족과 함께 덴버로 이사한 그녀는 매일 아이들 곁에 있기를 바랐다. "CEO이자 사업주로서 제 사명은 평화와 자유예요. 전 사업주로서의 자유를 앗아가거나 평화를 위태롭게 하는 일은 하지 않아요. 사실은 사업을 매우 단순하게 관리합니다."

워커처럼 자기가 좋아하는 분야에서 사업을 시작했다면 어려운 시기가 닥쳤을 경우 작은 사업이 지켜내기가 더 쉽다. 다음 장에서는 큰

돈을 버는 작은 사업이 가능한 분야를 찾아내는 방법 그리고 자신의
사업 아이디어가 시장에 통할지 알아보는 작은 실험을 소개할 것이다.

현재 내가 있는 상황을 점검하라

이 책을 집어 들었다는 건 당신의 경력과 관련해 제임스 프로차스카James
Prochaska, 존 노크로스John Norcross, 카를로 디클레멘트Carlo Diclemente가
《자기혁신 프로그램》에서 설명한 '변화 단계'에 접어들었다는 걸 나타낸다.
이때 자신의 현재 위치를 파악하면 사업을 시작하거나 성장시키겠다는 꿈
을 향해 전진할 발판을 마련할 수 있다. 또 동기를 유지하고 장애물을 극복
하고 준비가 되었을 때 실제로 사업을 운영할 수 있게 된다. 때론 변화가
예상했던 속도대로 진행되지 않을 수도 있지만 결국에는 다음 단계로 넘
어갔다는 사실에 놀랄 것이다. 또한 지금까지 꾸준히 변화해왔다는 사실을
깨달을 것이다. 이것이 바로 자기혁신이며 사업을 키우는 여정에서 당신이
현재 도달한 위치다. 다음은 사업가로 나아가는 변화의 4단계를 설명한 것
이다. 각 단계를 살펴보면서 지금 당신은 어디에 서 있는지 파악해보자.

1. 사전 숙고
현재의 업무에 의문을 품고 변화 가능성에 마음을 열려고 하는 단계
다. 아직은 상황을 변화시키기 위해 적극적으로 움직이지 않는다. 심지

어 꼭 바꿔야 할 만큼 현재의 직장이 싫은지 확신하지 못할 수도 있다.

2. 심사숙고

현재 상황(직장이든, 일하지 않고 있든, 사업을 운영하는 방식이든)에 불만이 있거나 심지어 피해를 입을 수도 있다는 증거가 늘어나는 단계다. 사업을 시작하거나 부업을 성장시킨다는 생각에 마음이 열려 있을지도 모르지만 현재의 직장을 바꿔 삶을 개선할 수 있을지 아직 확신이 서지 않는다. 그와 동시에 사업을 시작한다는 선택지에 대해 더 많이 알아보려고 한다. 어쩌면 꼭 창업하지 않더라도 삶에 적용할 수 있는 괜찮은 아이디어를 1~2가지 고민해보는 단계다.

3. 결정

직장 생활을 바꾸기 위한 구체적인 조치를 취하기 직전 단계. 이 책이나 다른 자료에서 배운 방법으로 사업 아이디어를 테스트하고 실행에 옮기면서 새로운 사업이나 실제 영업으로 이어지는 추진력과 결과가 나타나기 시작한다. 또한 당신의 삶에 해로운 업무 방식 혹은 일할 수 없었던 상황을 뒤로하고 새로운 걸 받아들이면서 긍정적인 변화를 경험하기 시작하는 시기다. 이 단계에서 준비가 끝나면 그다음 중요한 단계인 '행동'으로 넘어갈 수 있다.

4. 유지 관리

사업을 시작해서 돈을 벌어들이는 과정이 일정한 리듬을 타고 진행되는 단계다. 실험을 하다 보면 모든 제품이 성공하지는 못하며 일부 고객이 문제를 일으키는 등 차질이 빚어지기도 하고 고객에게 대금 지불을 요구해야 할 때도 있다. 세계에서 가장 성공한 기업인도 좌절을 겪곤 한다는 사실을 깨닫는 게 이 단계의 핵심이다. 일례로 버진Virgin 그룹 설립자인 리처드 브랜슨Richard Branson은 팬데믹 기간에 항공사와 여행사가 발이 묶여버린 상황에 대처해야 했다. 유지 관리 단계에 접어든 뒤에 사업을 지속시키는 비결은 앞으로 계속 나아가도록 탄력적인 상태를 유지하는 것이다. 이 책에서는 사례 연구를 통해 이를 수행하는 방법을 자세히 배울 것이다. 그리고 다음 단계로 넘어간다.

TINY
BUSINESS
BIG
MONEY

제3장

황금알을 낳는 시장,
찾는 사람이 임자다

펜실베이니아 포츠타운의 시의회 의원으로 일하던 그레그 베리Greg Berry는 커다란 문제에 봉착했다. 그 도시에서는 경찰차 같은 정부의 중고품을 팔 때마다 구매자를 찾기가 매우 어려웠다. 누구도 그런 매물이 나와 있는지 몰랐기 때문이다. 시 정부는 이베이에 매물 목록을 올릴 수 없었고 모든 물건은 비공개 입찰로 팔아야만 했다. 경쟁자가 거의 없으면 입찰자는 3,000달러짜리 경찰차를 300달러에 사는 등 헐값에 구매할 수 있었다. 그런데 당시 시 의회는 퍼레이드 같은 지역 행사에 쓸 자금을 구하기 위해 늘 고군분투하고 있었다.

26세였던 베리는 IT 부서에서 일했기 때문에 자기가 할 수 있는 일이 있으리라 생각했다. 다른 도시들도 같은 문제를 겪고 있다고 가정하면 다들 정부 규정에 맞게 설계된 마켓플레이스를 이용하고자 할 것이다. 그는 다른 자치구에 사는 친구들에게 전화를 걸어 자신의 생각이 맞는지 확인했다. 친구들이 그의 아이디어에 감탄하자 그는 뮤니시비드Municibid라는 간단한 경매 웹사이트를 만들어 시 정부가 팔고 싶은 물건을 올리도록 했다. 물론 이 사이트는 정부가 지켜야 할 규정을 확실히 준수할 수 있도록 설계된 것이다.

얼마 지나지 않아 첫 고객이 등장했다. 잔디 깎는 기계를 팔고 싶어 하는 도시였다. 놀랍게도 그들은 100달러에 팔려고 했는데 500달러나 받았다. 얼마 후 뮤니시비드는 경찰차를 팔았다. "엔진이 고장 난 차였어요. 그들은 기껏해야 몇백 달러 정도 받겠지 생각했는데 3,000달러에 팔렸습니다. 과거 헐값으로 팔리던 물건들에 진정한 시장 가치를 매길 수 있게 됐죠."

베리는 초기 고객들에게 추천사를 부탁했고 그 내용을 웹사이트에 게시했다. 그리고 다른 도시에 전화를 걸어 성공담을 들려주기 시작했다. 그게 2006년의 일이다. 현재 뮤니시비드는 4,000개의 주 정부와 지방 정부에 서비스를 제공한다. 직원 10명과 몇몇 계약자들로 이뤄진 이 회사는 'Inc. 5000' 명단에도 이름을 올렸는데 여기에는 매출이 200만 달러 이상인 회사들만 올라갈 수 있다.

현재 41세인 베리는 여전히 변화를 가져오는 기회를 좋아한다. 많은 정부가 그가 만든 뮤니시비드를 이용함으로써 잉여 상품을 판매하고 필요한 현금을 조달할 수 있었다. 베리는 이렇게 말한다. "팬데믹 이전에도 그들은 항상 돈이 필요했습니다. 그리고 팬데믹은 너무나 많은 정부에 피해를 가져왔죠. 지역 사업체에서 예전만큼 세금을 거두지 못하고 있기 때문입니다."

당신 주위에 부의 기회가 숨어 있다

큰돈을 벌 수 있는 작은 사업을 찾는 건 혼자 운영하거나 차세대 핫 스타트업으로 변신할 사업을 찾는 것과는 다르다. 소유주의 자원을 이용해서 움직이는 사업이기 때문이다. 또한 1인 벤처와도 다르게 직원과 외부 계약자들로 구성된 정규 네트워크나 조합에 많이 의지하는데 이는 인건비가 많이 든다는 뜻이다. 그래도 이런 소규모 사업체는 한 사람이 대부분의 일을 처리하는 1인 기업에 비해 성장 잠재력이 크다.

자신에게 적합한 사업은 우선 자신이 정말 관심 있는 분야이고 시장 수요가 크며 간접비가 아주 적게 들고 수익성이 매우 높은 사업이다. 설령 수익 전망이 낮더라도 판매량이 많아서 돈을 많이 벌 수 있는지 알아봐야 한다. 이 3가지가 충족되지 않으면 개인의 힘으로 높은 매출과 수익을 올리는 사업체를 운영하기는 어려울 것이다. 그래도 디지털 혁명 덕분에 과거 어느 때보다 즐겁게 일하면서 넉넉한 수입을 올릴 기회가 많아졌다.

베리를 비롯해 이 책에서 소개할 많은 사업가가 본인에게 적합한 사업을 찾기까지는 상당한 시간과 실험이 필요했다. 그중에는 벤처 기업을 여러 개 설립해서 실험을 진행한 이들도 있다. 베리 역시 뮤니시비드가 첫 번째 사업이 아니었다. 그는 고등학교를 졸업하자마자 IT 서비스 회사를 설립하고 온라인 하키용품점도 시작하려고 했지만 전자상거래 초창기에는 너무 비싸다는 장애물에 부딪혔다. 뮤니시비드에 고객이 찾아오기 시작하자 그는 2010년부터 이 경매 사이트에 올인하기 위해 IT 서비스 회사를 매각했다. 그때부터는 경매 사이트에 풀타임으로 관심을 기울여야 했기 때문이다. 실험을 시도하고 거기서 얻은 교훈을 열린 자세로 받아들인 결과 100만 달러 이상을 벌어들이는 이상적인 사업을 찾을 수 있었다.

적합한 사업을 찾는 과정은 조사에서부터 시작된다. 대체로 지금 다니는 직장이나 업계, 외부 활동(가족, 친구, 레크리에이션, 피트니스 활동, 종교 활동, 자선 활동 등)에서 일어나는 일에 관심을 기울일 때 가장 좋은 단서를 얻는 경우가 많다. 현재 자신의 자리에서 기회를 포착하고 해당 분야의 재정적 현실을 파악해보는 것이다.

그 예로 나는 핫 요가 강좌에 매우 열심히 다니고 있다. 물론 앞으로 요가 교실을 할 계획은 없다. 하지만 내가 다니는 핫 요가 스튜디오가 팬데믹 시기를 어떻게 헤쳐나가는지 지켜보기만 했는데도 이 업계에서 살아남는 방법을 많이 배울 수 있었다(2020년 팬데믹이 가장 심각했던 시기와 사회적 거리두기로 전환했던 시기에 이 스튜디오는 온라인 수업과 야외 그룹 수업을 진행했다. 마스크를 착용하고 실내 스튜디오 수업은 인원수를 12명으로 제한했다가 나중에 정원의 40퍼센트만 받았다). 일상생활 속에서 소규모 사업을 배우고자 노력하면 주변에 무수히 많은 기회가 있음을 알게 된다.

시간과 비용을 많이 투자하기 전에 소규모 운영을 통해 사업을 성공적으로 진행할 수 있을지 판단하는 것도 중요하다. 일부 업계에서는 소규모 사업체가 경쟁력을 지닐 수 있다. 하지만 어떤 업계는 대기업이나 중견기업이 시장을 완벽하게 지배하고 있어서 공존이 힘들 정도다. 자신에게 맞는 틈새시장을 찾으려면 창의적으로 생각해야 한다. 예를 들면 소규모 사업체가 완성품 자동차의 제조업체가 되는 건 힘들지만 자동차 부품을 만드는 소규모 제조업체는 많다.

이는 취업 제안을 수락하기 전에 기업 조사를 하는 것과도 비슷하다. 사람들은 다니던 직장을 그만두기 전에 앞으로 다닐 회사에 대해 이것저것 알아본다. 그 회사에서 일하고 있거나 전에 일했던 동료 또는 지인에게 물어보기도 하고 공개된 사내 규정과 복지 혜택을 주의 깊게 검토하기도 한다. 다행히 새로운 사업을 조사하는 데는 시간이 별로 많이 걸리지 않는다. 보통 2~3개월이면 된다.

지금 당신이 하는 일이 실마리를 줄 수도 있다. P&G와 로레알에서 28년간 일한 손솔레스 곤잘레스는 52세 때 나이 든 여성을 위한 샴푸, 헤어케어 제품, 영양 제품 등을 판매하는 베터 낫 영거라는 브랜드를 시작했다. 그녀는 25~40세 여성이 타깃인 신제품 회의에 오랫동안 참석해왔다. 그러면서 이런 종종 슬픈 농담을 던지곤 했다. "45세 이상 여성은 어떻게 하면 되지? 그 나이가 지나면 다들 죽는 건가?"

하지만 바로 그 회의에서 그녀는 잦은 염색으로 머리숱이 줄고 건조해진 40세 이상의 여성을 타깃으로 하는 틈새시장이 있다는 사실을 알게 됐다. 곤잘레스의 사업 파트너이자 COO(최고운영책임자)인 아우구스토 모론토 Augusto Moronto는 "노화야말로 머리에서 일어나는 최악의 상황"이라고 말한다.

곤잘레스는 은퇴하고 6개월이 지나 삶이 지루해지자 플로리다주 마이애미에서 사업을 시작했다. 회사에서 일하는 동안 폭넓은 지식을 쌓은 그녀는 모아둔 돈과 친구와 가족에게 빌린 자금으로 2018년 1월에 회사를 시작했다. 그리고 엔젤 투자자라고 불리는 개인 투자자들을 통해 200만 달러를 모았다.

베터 낫 영거는 사업을 시작한 첫해에 웹사이트와 매장을 통해 100만 달러의 매출을 올렸다. 2020년에는 매출 200만 달러를 기록했고 인터뷰 당시였던 2021년에는 14개 핵심 제품에서 1,000만~1,200만 달러의 매출을 올릴 것으로 예상했다. 이 회사에서 일하는 사람은 직원 6명과 프리랜서 15명뿐이다. 곤잘레스는 이렇게 말한다. "제게 중요한 건 이 사업을 어디로 끌고 가고 싶은지 생각하며 장기적인 비전을 잃지 않는 거예요. 그래야 모든 단기적인 결정을 그 목표에 맞춰 내릴 수 있습니다."

아직 좋은 생각이 떠오르지 않는다면 부록 1의 차트를 자세히 살펴보자(335쪽 참고). 100만 달러 이상 매출을 달성할 수 있는 주요 소규모 사업 범주를 파악하기 위해 북미 산업 분류 시스템NAICS 코드를 사용해 미국의 거의 모든 산업을 분류했다. 각 코드를 사용하는 사업체의 평균 매출과 평균 급여를 계산한 다음 급여를 빼고 남은 금액을 기준으로 순위를 매겼다(이 목록은 미국의 데이터를 사용했지만 이 산업들은 전 세계에서 운영되고 있다). 상위권에 가까운 산업을 연구하면 높은 매출을 올릴 좋은 기회가 보일 것이다. 수익을 아주 기본적인 말로 설명하자면 비용을 지불하고 남는 돈이다. 내가 사용한 방법(각 산업의 평균 매출에서 평균 급여를 빼는 방식)은 매우 거친 방법이라는 걸 명심하자. 그래도 조사를 시작할 때 어떤 사업이 수익성이 있는지 대략 파악할 수 있

시장조사가 사업 시작의 절반이다

대부분 사람은 학습 스타일이 저마다 다르다. 어떤 사람은 읽는 걸 선호하고, 어떤 사람은 동영상을 보며, 어떤 사람은 오디오 듣는 걸 좋아한다. 자신에게 이상적인 형태로 정보를 찾으면 모든 업계와 틈새시장에 대한 조사 시간을 단축할 수 있다. 동영상으로 배우는 걸 선호한다면 유튜브를 검색해보자. 오디오를 선호하는 사람은 팟캐스트 검색엔진인 리슨 노츠Listen Notes로 가보자. 많은 시장조사 회사가 그들의 조사 결과를 공개하는 문서 공유 사이트인 슬라이드셰어Slideshare에서 '전자상거래 시장조사' 같은 키워드를 검색해보는 것도 방법이다. 업계의 주요 사업체, 그들이 운영하는 사업 규모, 대략적인 매출, 위치, 업계에 영향을 미치는 주요 동향, 산업 전망 등을 조사하는 데 집중해야 한다. 그 외에 시장조사를 위해 살펴볼 만한 자료 출처를 소개하면 다음과 같다.

미국 중소기업청 sba.gov
이 홈페이지에서 '시장조사 및 경쟁력 분석' 페이지는 여러 가지 무료 보고서를 살펴보고 조사를 시작할 수 있는 좋은 출발점이다.[12]

국제무역청 legacy.trade.gov
해외 시장에 진출할 때는 이 기관의 무료 보고서가 도움이 될 것이다.

NAICS 협회 naics.com
부록 1에서는 당신이 관심 있을 만한 모든 산업에 관한 북미 산업 분류 시스템_{NAICS} 코드를 확인할 수 있다(335쪽 참고). 이 협회는 특정 틈새시장의 경쟁 상황을 빠르게 파악하고 이해하도록 돕는 무료 보고서를 발행한다.

노동통계국 bls.gov

이 정부 기관은 업계 개요 보고서를 제공하는데 특정 업계의 평균 임금이 얼마인지(직원을 채용할 계획일 때 알아야 할 중요한 사항), 해당 분야의 직원들이 노동조합에 가입하는 경향이 있는지 등을 알려준다(한국 내 특정 업계의 평균 임금은 고용노동통계 조사 홈페이지_{laborstat.moel.go.kr} 에서 제공되는 통계 DB 중 '사업체노동력 조사'에서 확인할 수 있다-편집자). 이는 특정 주에서 사업을 어떻게 시작해야 할지에 도움이 된다.

조사 보고서

본격적으로 사업을 해보겠다는 생각이 명확해지면 게일 비즈니스 인사이트(gale.com), 가트너(gartner.com), 이비스월드(ibisworld.com), 유로모니터(euromonitor.com) 같은 유명 리서치 업체 중 1곳의 연구 보고서에 투자하는 것이 좋다.

일부 사업체들은 NAICS 코드별로 시장 보고서를 판매한다. 이런 보고서를 통해 해당 업계에서 이미 사업을 진행하고 있는 업체와 경쟁 업체가 얼마나 되는지 파악할 수 있다. 글로벌 리서치 기관인 D&B(dnb.com), 머전트 온라인(mergentonline.com), 스태티스타(statista.com)는 확실한 보고서를 보유하고 있다.

다. 모든 산업에 대한 간접비 데이터를 수집해 포함시키면 거의 백과
사전 정도의 규모가 될 것이기 때문에 완벽한 그림을 보여주지는 못
한다.

어떤 산업이든 현명한 결정을 내리려면 간접비에 대한 조사를 더 많
이 해야 한다. 시장조사 보고서를 읽거나 업계 행사에 참석하거나 해
당 분야에서 일하는 사람들과 이야기를 나누는 등의 방법으로 이 작
업을 수행할 수 있다. 사업체들이 얼마나 많은 수익을 올리는지에 대
한 정보는 뉴욕대학교 스턴경영대학원에서 집계한 자료와 업계 잡지
의 벤치마킹 보고서를 참조하라.[13]

부록 1을 보면 나는 직원 수를 기준으로 직원 5명 미만, 5~9명,
10~19명인 업체들로 목록을 분류했다(335쪽 참고). 그렇게 하면 틈새
시장에서 이미 얼마나 많은 소규모 사업체가 성공적으로 운영되고 있
는지 알 수 있을 것이다. 만약 한 분야에 사업체가 몇 개밖에 없다면
그 시장에 뛰어들기 전에 이유를 조사해봐야 한다. 진입하기 힘든 장
벽이 있을 수도 있다. 당신이 이상적으로 여기는 직원 수가 5명 미만
이라면 해당 규모의 사업체에 대한 세부 정보를 잘 살펴야 한다. 그보
다 많은 인력이 필요한 업종도 있기 때문이다.

부록 1의 목록을 살펴볼 때는 목록 중간이나 맨 아래에 있는 업체들
도 무시해선 안 된다. 특정 범주에 속하는 사업체 대부분이 돈을 잘 벌
지 못하는 상황에서 남다른 비즈니스 모델 덕분에 수익이 높은 사업
체도 있을 수 있다. 한 예로 미용실을 들 수 있다. 어떤 사람들은 자기
집이나 소규모 매장에서 작은 미용실을 운영하면서 아주 적은 돈을

버는 반면, 어떤 사람들은 스타일리스트를 여러 명 고용해서 미용실을 고급스럽게 운영하고 자체 제작한 제품을 미용실과 온라인 매장을 통해 판매하면서 훨씬 많은 돈을 번다(또 일부 소득에 대해 세금 신고를 하지 않는 현금 사업체가 많은 범주에서는 급여에서 지출을 뺀 금액이 감소할 수 있다!).

접해보지 않은 새로운 업계에 진출할 생각을 하고 있다면 해당 업계에서 소유하고 싶은 사업체를 운영하는 사람들과도 얘기를 나눠보자. 이들과 인맥을 쌓으려면 팬데믹 이후 급증한 무료 웹 세미나에 참석하거나 대면 행사에 직접 참석하거나 동업자 단체에 가입해서 모임에 참석하는 등 업계 행사에 참여해야 한다. 동업자 단체에 가입하려면 대부분 회비를 내야 하지만 현재 그 분야에서 일하는 이들에게 현장 정보를 얻는 것보다 더 좋은 방법은 없다.

그런 모임에 몇 번 참석하면서 사람들의 전반적인 생각, 기술로 생긴 업계 변화와 관련해 그들이 우려하거나 기대하는 산업 동향 그리고 그들이 사업을 통해 어떤 재정적 성과를 거두고 있는지 등에 세심한 주의를 기울여야 한다. 대면 행사나 모임 외에도 링크드인과 페이스북의 업계 그룹에 참여하고 클럽하우스Clubhouse에 들어가 토론하는 것도 도움이 된다.

모임에 참여해서는 전체적인 분위기와 그곳 사람들과 함께 있을 때의 기분에 유의하자. 사양 산업, 구식 산업, 곤경에 처한 산업에 필사적으로 매달리는 이들과 함께 있을 때는 미래의 기회에 열광하는 이들과 함께 있을 때와 분위기가 매우 다를 것이다. 자신의 직감에 귀를 기울이자. 직감은 매우 강력한 힘을 발휘한다.

오프라인 사업, 안전망이 필수다

오프라인 사업을 하기로 했다면 위기가 발생해 대면 사업 운영이 불가능해지거나 운영 방법이 제한될 때 다른 경로로 수익을 올릴 수 있는지 확인해야 한다. 또한 고객이 디지털 결제 방식을 이용할 수 있어야 한다. 물론 결제 처리 수수료가 들겠지만 고객이 돈을 지불할 수 없다면 더 큰 대가를 치르게 된다. 일단 그와 같은 준비에 시간을 투자하면 사업이 중단돼도 소득을 어느 정도 유지하면서 위기를 헤쳐나갈 수 있다.

훌륭한 사업 아이디어를 얻을 수 있는 또 다른 방법으로는 비즈바이셀(bizbuysell.com), 비즈퀘스트(bizquest.com), 플리파(flippa.com)처럼 사업체를 사고파는 온라인 플랫폼을 살펴보는 것이다(국내에서 활용할 수 있는 유사한 플랫폼으로는 컴퍼니마켓companymarket.co.kr 등이 있다－편집자). 처음부터 혼자 사업을 시작할 생각이라고 해도 이런 사이트에 들어가 보면 사람들이 현재 어떤 유형의 소규모 사업을 운영하고 있는지 알 수 있다. 투자 수준이 어느 정도인지, 어떤 시설이 필요한지, 일하는 사람이 몇 명이나 되는지, 창업 자금이 준비되어 있는지, 실제로 즐겁게 사업을 운영할 수 있는지를 비롯해 기타 실용적인 세부 사항도 배울 수 있다.

지금 어떤 사업이 잘 안 되고 있는지도 알 수 있다. 특정 업계에 종사하는 이들 중 회사를 팔려는 사람이 많다면 무슨 일이 벌어지고 있는지 좀 더 파헤쳐봐야 한다. 서류상으로는 훌륭해 보이지만 실제로는 실패로 판명 난 사업을 시작하고 싶지는 않을 것이다.

완전히 새로운 업계에서 시작하고 싶다면 상황을 파악하기 위해 더 노력해야 한다. 다행히 블로그, 뉴스레터, 기타 간행물뿐 아니라 거의 모든 사업 분야를 다루는 유튜브 채널, 팟캐스트, 온라인 강좌가 폭발적으로 증가한 덕에 정보 수집이 그 어느 때보다 쉽다. 조사 비용을 줄이려면 당신이 원하는 일을 하고 있는 사업가들이 운영하는 블로그나 동영상 같은 무료 자료부터 찾아보자(소파에 누워 미식축구를 보면서도 부자가 되어 마세라티Maserati를 소유하는 5단계 방법을 알려주겠다는 식의 과장이 심하거나 가격이 너무 비싼 프로그램은 피해야 한다).

사업가들이 말하는 내용과 그들의 메시지가 얼마나 흥미롭게 와닿는지에 집중하자. 비슷한 유형의 사업을 시작한다면 세부 사항에 몰입해야 하므로 얼마나 고민할 것인지 지금 판단하는 게 좋다. 다른 사람들이 그걸 흥미롭다고 생각할지 어떨지 걱정할 필요는 없다. 중요한 건 당신이 어떻게 느끼는가다.

당신이 고려하는 벤처 사업의 재정적 측면도 시간을 들여 이해해야 한다. 이 장에서 살펴보겠지만 사업의 진정한 잠재력을 판단하는 방법은 여러 가지가 있다. 수익 창출 기회가 다양할수록 소득 보장성도 커진다. 중소기업에 서비스를 제공하는 회계사나 은행가와 얘기를 나누는 건 통찰력을 얻는 좋은 방법이 될 수 있다. 다양한 유형의 사업에 서비스를 제공하는 전문가들은 당신이 고려하는 옵션의 재무 상황이 어떤지 잘 알고 있기 때문이다. 따라서 조사에 들이는 시간을 크게 아낄 수 있을 것이다.

나에게 의미 있는 일은 무엇인가

아무리 돈을 벌고자 하는 욕망이 크더라도 의미 있는 일을 하면서 성취감을 느끼는 일, 하루를 온전히 내 것으로 만들고 좋아하는 이들과 교류하면서 긍정적인 영향을 미칠 수 있는 일을 찾으면 더 행복해질 것이다.

베리는 뮤니시비드를 통해 돈을 벌 기회를 발견했지만 무엇보다 사이트 구축과 관련된 기술적인 측면에 관심이 많았고 공공의 가치에 헌신함으로써 세상을 세상을 변화시키고 싶었다. 돈 외에 얻을 수 있는 보상이 적으면 사업에 계속 관심을 기울이기 힘들다.

위장복을 판매해서 연간 100만 달러의 매출을 올리는 온라인 상점을 만든 켄릭 황은 사업을 통해 삶의 변화를 이루는 게 얼마나 중요한지 알게 됐다. 애리조나주 스코츠데일에 사는 황은 보험 회사 프로그램 매니저로 일하던 중 위장복 스타일의 의류를 판매하는 온라인 사업을 시작했다. 열심히 시장조사를 해본 결과 그 틈새시장이 포화 상태가 아니라는 걸 알게 됐다. 2007~2018년 동안 그는 이 사업에서 나온 수입으로 넉넉한 생활을 하면서 노후 자금도 많이 모았다.

그런데 문제가 하나 있었다. 위장복 사업을 운영하는 게 별로 즐겁지 않았던 것이다. 그는 고객들을 상대하는 건 좋아했지만 위장복에 특별히 관심이 없었다. 사업을 시작하고 매출을 100만 달러로 늘리겠다는 초기의 목표를 달성하고 열정이 사그라들자 곧 다음에 할 일을 고민하게 됐다.

2015년 그는 개 목줄과 하네스 등 반려견 용품을 판매하는 맥스 앤드 네오라는 새로운 사업을 시작했다. 평소 개를 좋아해서 샤라라는 이름의 벨지앙 말리누아를 키우고 있었고, 유기견 보호소에서 임시 보호자 역할도 하는 등 동물 복지 분야에 관심이 많았기 때문이다. 한동안은 2가지 사업을 모두 운영했지만 맥스 앤드 네오가 세간의 관심을 끌자 위장복 쇼핑몰을 팔기로 했다. "한쪽 사업에는 열의가 있었지만 다른 쪽에는 그런 열의가 없었습니다. 그런 상태로는 2개의 사업 모두 성장시킬 수 없다는 생각이 들었죠."

황은 유기견 보호소에서 봉사하다 유기견을 입양하러 오는 사람들이 개 목걸이나 목줄을 준비하지 않은 채로 오는 경우가 많다는 걸 알아차렸다. 그러면 개가 보호소에서 하고 있던 개 목걸이와 목줄을 한 채로 가야 한다. 구조 단체에서는 구비해둔 개 목줄과 목걸이가 빨리 소진될 수밖에 없다. 맥스 앤드 네오의 비즈니스 모델은 이런 상황을 해결해준다. 누군가 이 매장에서 물건을 사면 맥스 앤드 네오가 똑같은 물건을 구조 단체에 기부한다. 지난 크리스마스에는 이 회사 직원 3명과 자원봉사자들이 유기견 입양자들을 위한 선물로 강아지 용품 4,000상자를 포장하기도 했다.

그의 아이디어는 인기를 끌었다. 현재 맥스 앤드 네오는 직원 3명을 두고 연간 500만 달러의 매출을 올리고 있다. 황의 말로는 워낙 기부를 많이 하다 보니 위장복 사업을 할 때보다 수익은 낮지만 그래도 괜찮다고 한다. "사업을 시작할 때부터 수익이 적으리라는 건 알고 있었습니다. 하지만 이 사업의 뿌리를 생각하면 그래도 상관없습니다. 우리는 유기견 구조를 위해 기부할 방법을 고민했고 그 모델을 중심으로 사업을 구축했으니까요."

당신만 모르는 '돈 되는' 사업들

부록 1의 데이터를 살펴보면 평범한 사람이 작은 사업으로 100만 달러 이상의 매출을 올릴 수 있는 7개의 광범위한 사업 범주를 발견할 수 있다(335쪽 참고). 이 산업 중 일부는 누구나 하고 싶다는 환상을 품거나 칵테일파티에서 수다를 떨 만큼 재미있는 사업인 반면 일부는 사업 중에서도 유독 재미없는 축에 속한다. 게다가 평범한 사무용 건물이나 산업단지, 창고 혹은 누군가의 집 안에 숨어 있기 때문에 매일 그 주변을 운전해 지나다니면서도 알아채지 못하는 경우가 많다.

그러나 이런 업계에는 자신과 고객을 위해 흥미로운 사업을 만들 방법을 찾는 창의적인 사업가들이 있다. 베터 낫 영거의 COO 아우구스토 모론토는 말한다. "저는 사업을 성장시키는 걸 좋아합니다. 모든 걸 하나로 모아 체계화하고 문제와 성장통에 대처하는 거죠. 저는 그 과정과 팀의 일원이 되는 게 좋아요. 거기서 기쁨을 찾습니다."

인구조사 자료와 내가 조사한 결과를 살펴보면 어떤 사업은 매우 전문적인 기술이 필요하거나 대부분 사람이 돌파하기 힘든 진입 장벽이 있기 때문에 목록 맨 위에서 최고의 사업을 고르는 건 의미가 없다. 또 어떤 사업은 대부분 사람에게 호소할 만한 매력이 없기도 하다. 보통 빠르게 부의 기회를 잡는 똑똑한 사람들이 가장 관심을 가질 만한 사업 분야에는 다음과 같은 것들이 있다.

돈 되는 사업 1　누구에게나 열린 문, 전자상거래

그레고리 베리처럼 기업이나 정부 혹은 일반 소비자에게 온라인상에서 제품을 판매하는 건 소규모 사업체로 100만 달러 이상의 매출을 올리는 이상적인 경로다. 많은 사람이 알다시피 전자상거래는 팬데믹 이후 소비자와 기업간거래B2B 시장 모두에서 급격히 성장했다. 소비자와 기업 구매자들 모두 온라인 구매에 적응했기 때문에 이런 추세는 더 빨라질 것이다.

한편 아마존과 경쟁하는 건 거의 불가능에 가깝기 때문에 사실상 이 분야에서 성공하는 사업체는 모두 틈새시장을 노린다. 고수익 온라인 판매자를 위한 온라인 커뮤니티 e커머스퓨얼e-commerceFuel의 설립자 앤드루 유더리언 Andrew Youderian 은 "최근 2~3년 사이에 전자상거래 경쟁이 훨씬 치열해졌고 광고비도 해마다 상승하고 있습니다. 여기서 경쟁하려면 마케팅을 엄청나게 잘하거나 차별화된 제품이 있거나 아니면 둘 다여야 하죠."라고 말한다. 게다가 실험을 통해 완벽한 틈새시장을 찾기 위해서는 시간을 투자해야 한다. 유더리언의 말을 빌리면 "전자상거래 분야에서 성공한 사업체는 결실을 맺기까지 수년간의 노력과 인내심"이 필요했다.

니콜 브라운Nicole Brown은 바로 그 증인이다. 브라운은 아이 4명을 키우면서 연 700만 달러 이상의 매출을 올리는 이지 앤드 리브Izzy&Liv라는 온라인 상점을 운영한다. 그녀는 사람들에게 영감과 힘을 주는 의류와 가정용품을 판매하는데 이 제품들은 모두 유색인종 여성들이 디자인한 것이다.

브라운은 기업 마케팅 분야에서 오래 일했지만 온라인 사업을 운영하게 될 줄은 몰랐다. "전 얼떨결에 사업가가 되었죠. 제 사업을 하겠다는 생각은 해본 적도 없습니다." 당시에는 몰랐지만 사실 그녀가 2003년에 흑인 여성을 위한 콘텐츠를 제공하는 무료 온라인 커뮤니티 마호가니 버터플라이Mahogany Butterfly, MaBu를 시작했을 때부터 이런 상점을 운영할 기회가 있었다. 브라운은 닷컴 붐 때 여성 커뮤니티 아이빌리지iVillage에서 일하며 배운 것들을 가지고 5년간 취미로 이 사이트를 운영했다. 하지만 아이가 3명으로 늘어나자 회사에서 풀타임으로 일하면서 커뮤니티까지 운영할 시간이 없어서 문을 닫았다.

2013년에 넷째 아이를 낳은 뒤에는 사업을 운영하는 일이 매력적으로 느껴지기 시작했다. 브라운은 임신 중에 건강이 심하게 안 좋아져서 예정일보다 4개월이나 빨리 아기를 낳았다. 딸 올리비아는 출생 당시 몸무게가 1.3킬로그램이었다. 이 연약한 아기는 출생 후 4개월 동안 병원의 신생아 집중 치료실 신세를 졌고 돌도 되기 전에 여러 차례 수술과 치료를 받았다. 크리에이티브 에이전시에 소속되어 소비재 상품을 판매하는 브랜드의 디지털 마케팅 매니저로 일하던 브라운은 아기를 돌보기 위해 직장을 그만둬야 했다. "아기 돌보는 걸 다른 사람에게 맡길 수는 없었어요. 제가 딸을 보살피면서 딸이 최고의 삶을 살도록 최선을 다하고 싶었습니다."

올리비아를 면회하러 왕복 90분씩 걸리는 병원을 오가고 다른 가족들도 돌보던 브라운은 스트레스를 해소할 방법을 찾기 시작했다. 문득 예전에 시작했다가 그만둔 온라인 커뮤니티가 떠올랐다. "그 커뮤니티를 사업으로 생각하고 운영했으면 어땠을까 생각하며 후회했어요. 흑인 여성들을 위한 사이트가 많지 않았거든요." 브라운은 자신이 느끼는 모든 감정을 새로운 커뮤니티를 만드는 데 쏟기로 했다.

2014년에 그녀는 딸 이사벨과 올리비아의 별칭을 딴 '이지 앤드 리브'를 시작했다. 이 사이트는 '자기 피부색을 아름답게 느끼고 사랑하자'는 등의 고무적인 메시지를 담은 콘텐츠로 방문객들을 끌어모았다. 그리고 2015년에는 약 1,000달러를 들여 페이스북에서 유료 광고를 한 뒤 쇼피파이에 매장을 내고 POD 회사를 통해 만든 티셔츠를 판매하기 시작했다.

POD 회사를 이용할 때 장점 하나는 창업 자본이 매우 적게 든다는 것이다. 이 회사는 고객에게 제품 비용을 청구하고 제품이 팔릴 때마다 일정한 몫의 수수료를 받으며 나머지는 사업주에게 전가한다. 이지 앤드 리브에는 고객들이 몰려들기 시작했고 그해에 5만 달러의 매출을 기록했다.

그 후 브라운은 모자 같은 액세서리, 베개나 샤워 커튼 같은 가정용 데코 제품으로 사업을 확장했다. 제품을 추가하고 대외 구매를 확장한 덕에 2016년에는 연 매출이 55만 달러로 늘었다. 이렇게 1인 사업을 할 때 브라운은 수익을 사업에 재투자해서 성장 자금을 마련해 매출을 100만 달러를 넘어 270만 달러까지 늘렸다.

가장 큰 성과는 2017년 2월에 브라운 슈가 박스Brown Sugar Box를 출시한 것이다. 지금도 회사의 베스트셀러 중 하나인 이 상품은 1개월에 39.95달러를 내면 특정 주제에 맞춰 제작한 티셔츠, 액세서리, 장식품 등이 들어 있는 상자를 받을 수 있는 구독형 상품이다. 상품 배송을 위해서는 물류 포장 센터를 이용한다. "회사 설립 후 몇 년 동안 고객을 모으려고 노력했기 때문에 이 박스를 출시했을 땐 따로 홍보할 필요가 없었어요. 상품 티저가 담긴 이메일을 보내자 관심을 보이는 사람들이 많았죠. 그다음 주에 바로 상품을 출시했어요."

2주 만에 등록한 구독자 수가 1,000명을 돌파하자 브라운은 자기가 올바른 결정을 내렸다는 걸 알게 됐다. 그녀의 회사 고객들이 구독 신청을 했던 것이다. 첫해 말이 되자 브라운 슈가 박스의 구독자 수는 1만 명에 육박했다. 이지 앤드 리브는 2017년 연 매출 300만 달러를 달성했다. 현재 이 회사는 직원 10명을 둘 정도로 성장했고 연 매출은 700만 달러가 넘는다. 이는 직전 해의 매출 600만 달러를 훌쩍 넘어선 것이다.

브라운 슈가 박스가 그토록 인기를 끈 이유 중 하나는 이 제품이 매달 우편함에서 꺼내보는 즐거움 이상의 역할을 했기 때문이다. 브라운 슈가 박스는 관심사를 공유하는 친구를 사귀는 방법으로까지 발전했다. 회원 수가 2만 명에 이르는 브라운의 페이스북 그룹 회원들은 매달 도착한 박스를 함께 풀어보기 위해 같은 도시에 사는 회원들에게 연락을 취했고 그들 자신을 '브라운 슈가 베이비'라고 부르기 시작했다. "정말로 놀라운 일이 일어났죠. 그건 제 전략이라고 말할 수 없어요. 그저 고객을 위해, 그들의 삶에 가치를 더해 즐겁게 해주고 싶은 마음에서 시작된, 자연스럽고 놀라운 기적이었습니다."

회사가 성장함에 따라 브라운은 팀을 관리하는 방법을 배웠다. 현재 이 팀에는 대외 구매를 도와주는 보조 구매자와 브랜드 매니저가 포함되어 있다. 브라운은 리더십 기술을 발전시키기 위해 2018년에 마스터마인드 그룹에서 만난 비즈니스 코치와 함께 일한다. 비즈니스 코치는 자신의 사업을 운영하면서 다른 사업가들과 함께 일하기 때문에 사업가들이 겪는 어려움을 잘 알고 있다.

브라운은 아이 4명의 엄마로서도 충실한 삶을 살고 있지만 만일 과거에 온라인 커뮤니티 구축을 위한 노력을 계속했다면 어떤 일이 벌어졌을지는 굳이 상상할 필요가 없다. 지금 매일같이 그 열정을 따르고 있기 때문이다. 자신이 좋아하고 가치 있게 여긴 커뮤니티를 중심으로 전자상거래에 접근한 브라운의 방식은 성공을 위한 방법이긴 하지만 물론 그것이 유일한 길은 아니다.

6070의 대반란! 온라인 사업에 늦은 나이는 없다

어떤 이들은 디지털 세대인 20~30대들만 전자상거래를 잘할 수 있다고 생각하지만 켄릭 황은 그렇게 생각하지 않는다. 그는 사람들이 나이에 대해 편협한 관점을 가지고 있다고 말한다. 전자상거래는 체력이 필요한 일이 아니기에 어느 연령대라도 성공하지 못할 이유가 없다. "컴퓨터만 있으면 됩니다. 키보드를 두드리고 마우스를 움직이는 건 누구나 할 수 있습니다."

그리고 온라인 사업을 운영하는 건 노후 자금을 모으느라 잃어버린 시간을 만회하는 방법이 될 수도 있다. "평생 일을 해온 사람은 매년 돈을 조금씩 저축하려고 합니다. 그런 사람들은 보통 노년을 대비해 20년 동안 어떻게 돈을 모아야 하는지 이야기하죠. 하지만 50대가 되어 너무 늦었다고 느끼는 사람도 2~3년 정도 비상금을 투자할 수 있습니다. 그 돈이 얼마나 빨리 불어나는지 보면 놀라울 정도예요."

71세인 요한 하팅은 아들 유진과 함께 에인트 잇 나이스라는 전자상거래 사업을 운영하면서 2020년에 250만 달러의 매출을 올렸다. 하팅은 예전에 건당 수수료를 받는 재무설계사로 일했는데 인생을 뒤바꿔놓은 의료 위기를 겪는 바람에 새로운 직업을 찾아야 했다. 2005년에 그는 고속도로에서 시속 112킬로미터로 달리던 중 갑자기 시야가 깜깜해지는 증상을 겪었다. 서둘러 가속 페달에서 발을 뗀 그는 시야가 정상으로 돌아올 때까지 5~10초 정도 간신히 차를 운전했다.

아슬아슬하게 위기를 모면한 하팅은 병원을 찾았고 뇌전증 진단을 받았다. 의식을 잃는 일이 계속되자 55세에 장애인 등록을 해야 했다. 그러나 2008년에 장애 보험금마저 바닥났고 프리랜서 작가인 아내 드리니와 함께 투자 소득에 의지해 생활을 꾸려가야 했다. 하지만 세계 금융위기 때문에 투자 포트폴리오 가치가 갑자기 하락하자 그가 신중하게 세워둔 계획도 수포로 돌아간 듯했다. "여러 가지 안 좋은 일이 겹치고 겹친 최악의 상황이었습니다."라고 하팅은 말했다.

나중에 뇌전증은 오진이었고 심장에 문제가 있다는 게 밝혀졌지만 그의 질병이 경력에 미치는 영향은 마찬가지였다. 어떻게든 변화를 꾀해야만 했다. 처음에 하팅은 크루즈 티켓을 팔았고 나중에는 국세청에서 야간 근무를 했지만 둘 다 그에게 맞는 일이 아니었다. 만성 기침을 앓던 하팅은 전화를 많이 걸지 않아도 되는 재택 사업을 인터넷에서 찾다가 마침내 답을 발견했다. 온라인에서 정원용품과 가정용 장식품 도매상을 보고는 이 회사 제품 몇 개를 아마존에서 판매하려고 2011년 7월에 에인트 잇 나이스라는 상점을 열었다. 그리고 사업 첫해에 10만 달러의 매출을 올리고 2만 달러의 이윤을 내겠다는 야심 찬 목표를 세웠다.

하팅은 재고 마련을 위해 700달러 정도를 투자해서 제품을 소량 구입한 뒤 판매했다. 도매상에서 상품 2,000개를 제공했지만 처음에는 그중에서 100개만 골랐다. 반품을 피하기 위해 아마존에서 리뷰 별점이 높은 제품만 입고했다. 놀랍게도 이 사업은 기대 이상의 성과를 거뒀고 2012년에 54만 달러의 매출을 올렸다. 이듬해에는 매출 100만 달러를 돌파했다.

하팅의 성공 비결 중 하나는 직접 만든 스프레드시트를 이용해 각 제품의 판매 성과를 엄격하게 추적해서 잘 안 팔리는 제품을 없앤 것이었다. 또 재고가 부족해서 가격을 변경해야 할 때가 되면 자동으로 알려주도록 스프레드시트를 프로그래밍했다. 그는 사업 운영과 관련된 지루한 작업을 대폭 줄이기 위해 아마존의 주문 처리 서비스를 이용해서 주문 물품을 포장하고 배송했다.

사업이 번창하자 하팅은 2014년에 해군에서 제대한 아들 유진에게 함께 일하자고 제의했다. 현재 이들은 속도를 늦출 생각이 없다. "우리는 끊임없이 작은 개선을 이루겠다는 경영 철학을 가지고 있습니다. 이 사업을 계속 키우고 싶어요. 1년에 10퍼센트씩 성장시킬 수 있다면 7년마다 규모가 2배로 늘어날 겁니다."

(돈 되는 사업 2) 내 재능이 남에게는 상품이 된다

소규모 로펌, 마케팅 회사, 엔지니어링 컨설팅 회사처럼 전문적인 서비스 회사를 운영하면 수익성이 좋을 수 있다. 의료 및 건강관리 시술 분야도 마찬가지다. 하지만 유능한 전문가를 고용하려면 비용이 많이 들기 때문에 이런 회사를 다른 업계만큼 수익성 있게 운영하기는 어려울 수 있다. 큰돈을 버는 사업을 하려면 창의적으로 생각해야 한다. 예를 들면 전문 계약자를 영입해서 당신이 하는 일을 확장해나가는 것이다.

이에 대해 MBO 파트너스의 진 자이노는 이렇게 말한다. "이건 노동력과 관련된 문제가 아닙니다. 단순히 노동력의 대가를 시간 단위로 청구하라는 게 아니에요. 공급과 수요 양측 모두에 '관계 IP'를 구축해서 가치를 전달해야 합니다. 즉 이 모든 게 레버리지 효과와 관련이 있습니다."

그러나 요금을 얼마나 부과하든 간에 사업 성장은 당신과 팀이 수행할 수 있는 서비스 업무의 양에 따라 제한된다. 그리고 오프라인 사무실이 필요한 회사를 운영한다면 상업용 부동산 임대료 같은 간접비가 발생할 수 있다. 이는 영양사 업무, 피트니스 트레이닝 서비스, 마사지 치료 같은 개인 서비스 사업도 마찬가지다.

그렇다면 어떻게 해야 높은 매출과 수익을 올리는 소규모 서비스 사업을 운영할 수 있을까? 유망한 방법 하나는 당신의 전문 지식을 이용해서 제품을 만드는 것이다. 그건 실제 소비자 제품일 수도 있다. 제5장에서 자금 조달과 관련해 소개할 스티븐 서델의 경우도 직접 제품을 만들었다. 캘리포니아 베니스 비치에서 물리치료사로 일하는 그는 환자들을 위한 괜찮은 경추견인기를 찾을 수 없자 직접 '넥 해먹'이라는 제품을 발명했다. 그리고 일주일에 32시간씩 환자들과 일하면서 온라인으로 넥 해먹을 팔아 2021년 초에 사업을 매각하기까지 연 300만 달러의 매출을 올렸다(그가 물리치료사로 일하면서 버는 것보다 훨씬 많은 돈이다).

서비스 사업을 운영하는 많은 전문가에게 또 하나 수익성 높은 경로는 유료 온라인 세미나나 강좌 같은 정보 제품을 주요 서비스 또는 부가 서비스로 만드는 것이다. 온라인 교육이 갈수록 붐비는 분야이긴 하지만 매우 독특한 걸 가르치거나 다른 이보다 잘 가르치는 사람은 여전히 승산이 있다. 팬데믹 때문에 온라인 학습에 익숙해진 사람들이 많기에 복잡한 시장을 뚫고 사람들이 시간과 관심을 쏟을 만한 걸 제시할 수만 있다면 잠재 고객이 훨씬 많아질 것이다.

제나 커처Jenna Kutcher는 혼자서 웨딩 사진 사업을 운영하며 배운 것들을 활용해 온라인 강좌와 본인이 운영하는 '골 디거 팟캐스트'The Goal Digger Podcast로 창의적인 사업 구축 방법을 알려주는 작은 제국을 건설했다. 그녀는 이메일 목록 작성, 온라인 마케팅, 소셜 미디어 전략, 팀 구성, 재무, 팟캐스트 운영 등 다양한 주제를 다루며 그녀의 회사는 연간 600만 달러 이상의 매출을 올린다.

커처의 사업 여정은 상사로부터 그녀의 승진 소식을 들었을 때부터 시작되었다. 당시 커처는 미네소타에 본사가 있는 대형 소매 체인의 임원 인사팀 리더로 일하고 있었다. 하지만 30년 동안 계속 같은 일을 했던 부모님과 매일 회사에서 영혼이 빠져나가는 듯한 기분을 생각하면 이 기회를 덥석 받아들여선 안 된다고 생각했다. "저는 승진을 원하지 않았어요. 승진하면 더 오랜 시간 일해야 하고 그 일에 남은 인생을 바쳐야 했을 거예요."

커처는 '안전한 길'로 가지 않고 직업을 바꾸기로 결심했다. 중고거래가 이루어지는 사이트인 크레이그리스트Craigslist에서 300달러에 카메라를 구입한 그녀는 사진을 독학한 뒤 2011년부터 부업으로 결혼식 촬영 사업을 시작했다. "1개월 동안 결혼식 25개의 예약을 받을 방법만 생각해내면 회사에서 받던 월급만큼 벌 수 있다고 생각했습니다." 그녀는 사진에 소질이 있었고 2012년에는 직장을 그만둘 수 있을 만큼 사업을 성장시켰다.

그러나 개인적인 일들 때문에 이 사업에 대해 다시 생각하게 됐다. 그녀와 남편은 가정을 꾸리려고 노력하고 있었는데 2번의 유산을 겪었다. 내내 사진 촬영만 하는 것도 지치는 일이었다. "결혼 시즌을 중심으로 가족계획을 세웠는데 상실감에 시달릴 때는 일도 즐겁지 않았습니다. 그러다 제가 제 소중한 시간을 돈과 맞바꾸는 사업을 하고 있다는 걸 깨달았죠."

커처는 온라인 제품을 만들어보기로 했다. 먼저 5주짜리 온라인 사진 강좌를 개발했다. 그리고 웨딩 사진 사업을 하면서 만난 사람들 수백 명의 이메일 목록을 통해 강좌를 마케팅했다. 그 결과 학생 25명을 유치할 수 있었다. 수업을 진행하고 학생들에게 일대일 교습을 하면서 개선의 여지가 있음을 깨달은 커처는 강좌 내용을 학생들에게 맞게 계속 조정했다.

또한 더 많은 걸 배우기 위해 온라인 마케팅 전문가 에이미 포터필드Amy Porterfield의 강좌 만드는 법 강의를 수강하는 데 수백 달러를 투자했다. 이후 몇 년 동안 여기서 배운 내용을 활용해 학생들에게 사진 사업체 설립 방법, 이메일과 소셜 미디어를 통한 소규모 사업체 홍보 방법, 팟캐스트 제작법 등을 가르치는 온라인 강좌를 개설했다. 그리고 이 무렵 골 디거 팟캐스트를 시작했다.

제품을 개발하면서 2015년부터 인스타그램에 자기 사진을 올리기 시작한 커처는 더 진지하게 사진을 고르고 설명을 달았다. 팔로워도 점점 늘어나서 10만 명이 넘었다.

그즈음 커처의 인스타그램 피드를 본 한 심술궂은 여자가 커처의 남편이 뚱뚱한 여자와 결혼해서 놀랍다는 내용의 불쾌한 메시지를 보냈다. 이에 대한 커처의 진심 어린 답변이 입소문을 타자 팔로워가 거의 하룻밤 새에 50만 명까지 치솟았다. 악플러가 자기도 모르는 새에 커처의 사업을 널리 홍보하고 매출까지 올려준 것이다. "전 우리 부부가 서로를 사랑하는 방식은 외모에 따라 달라지지 않는다고 말했습니다."

현재 커처는 91만 5,000명의 팔로워를 보유하고 있으며 강좌 수익 외에도 인스타그램에 스폰서 게시물을 올릴 때마다 그 대가로 1만 달러를 받는다. 그녀는 인플루언서가 되어 기쁘지만 자기가 정말 좋아하는 제품만 홍보한다고 말했다. 물론 직접 만든 제품도 아주 많아서 차라리 자신의 사업을 홍보할 수도 있었지만 인스타그램에 너무 의존하지 않도록 노력한다. 대신 게시물을 통해 팔로워들을 웹사이트로 이끌고 이들을 이메일 목록에 포함시킨다. "인스타그램은 인사를 나누는 곳이지 제품 구입을 권유하는 곳이 아니라고 생각합니다."

2016년 커처의 사업은 매출 100만 달러를 돌파했다. 2018년에는 350만 달러를 벌었고 2020년에는 600만 달러 이상을 벌어들였다. 우리가 마지막으로 얘기를 나눴을 때 그녀의 팀은 정규직 직원 5명과 계약직 직원 5명으로 늘어나 있었다. 커처는 재택근무 여성과 엄마들로 구성된 팀에 가장 적합한 방식으로 회사를 운영할 수 있어서 매우 만족스럽다고 말한다. "우리 회사는 아주 유연하게 운영되고 있습니다. 우리는 말로만이 아니라 실제로 가족과 함께 있을 수 있길 바라요."

노트북 1대로 나만의 제조 공장 세우기

대부분 사람은 제조업이라고 하면 제너럴 모터스General Motors 같은 대기업을 상상한다. 왜냐하면 최근까지는 그런 거대 기업이 제조업을 시도할 수 있는 유일한 사업체였기 때문이다. 이머전트 리서치의 스티브 킹은 "30년 전만 해도 제조업 분야에서 소규모 사업을 시작하려면 직접 제조 시설을 만드는 방법을 모색해야 했습니다. 오늘날에는 대기업들도 제조업을 아웃소싱하죠."라고 말한다.

오늘날 이 업계에서 번창하는 많은 소규모 사업체는 제조 공정의 다양한 부분을 아웃소싱해서 훨씬 큰 회사에 기대할 수 있는 결과를 얻는다. 뉴욕 레이크우드에 있는 제조 및 전자상거래 컨설팅 회사 B2B 테일B2Btail 설립자인 커트 앤더슨Curt Anderson 은 "작은 장치를 제조하고 싶으면 인터넷에서 시제품 제작이나 생산을 도와줄 제조업체를 찾을 수 있습니다. 그들의 기계와 공급망, 재고를 활용하면서 집 안 거실에서 모든 걸 조정할 수 있죠."라고 말한다.

중견기업들의 공급망 자동화를 지원하는 소프트웨어 회사 SMC 데이터 시스템즈SMC Data Systems 의 대니 캐플런Dani Kaplan 은 다른 소규모 사업체들은 주로 유통업체 역할을 한다고 말한다. "그들은 극동 지역에 가서 부품을 구입해 자기네 창고에서 조립합니다. 그리고 제조업체를 거치지 않고 바로 소매점으로 향하죠."

64세의 제프리 스턴은 1997년부터 작은 제조업을 운영하고 있다. 코네티컷주 페어필드에 있는 그의 회사 보이스 익스프레스는 내부 배터리로 주문형 오디오 또는 비디오를 재생하는 소형 장치를 이용해 대화형 인쇄 매체를 만든다. 빌드어베어 워크숍Build-A-Bear Work Shops, Inc. 도 그의 고객인데 그곳에서는 테디베어가 말을 할 수 있게 해주는 장치를 만든다. 스턴은 직원 2명과 함께 사업을 운영하는 방식과 일반 공급업체 및 계약업자로 구성된 팀에 의존하는 방식을 번갈아가며 사용한다. 이 사업은 1년에 약 400만 달러의 매출을 올린다.

젊을 때 증권사 연구원으로 일한 스턴은 기업 전산실의 화재 진압 시스템을 구축하는 사업을 시작하면서 창업에 첫발을 내디뎠다. 그러다 방위 산업체를 위한 시스템을 만들었고 새로운 시장을 찾고 있던 사람을 만났다. 이후 사업은 잘 운영됐지만 화재 진압용 화학물질에 사용되는 프레온 가스가 오존층을 손상시킨다는 사실이 밝혀지면서 1990년대 초에 접어야 했다.

생계를 위해 새로운 아이디어를 구상하던 스턴은 선물 주는 사람의 목소리가 녹음된 꽃집용 선물 카드를 고안했다. 그는 꽃집에 리본을 공급하는 사업을 하던 아버지를 통해 꽃집 사장 몇 명을 만나 그 아이디어의 전망에 관해 물어봤다. 그들이 긍정적인 반응을 보이는 듯하자 스턴은 캘리포니아 새너제이에서 선물 카드에 들어갈 음성 녹음 부품 설계를 도와줄 칩 제조사를 찾았다. 그리고 중국에 가서 그 칩 제조사가 인증한 하청 업체 중 1곳을 찾아냈다. "비행기를 타고 중국까지 날아가 셜록 홈스처럼 여기저기 찾아다니며 그 회사를 찾았죠." 그는 스타트업 자본 50만 달러 일부를 보이스 익스프레스의 견본 제품 제작에 투자했다.

이후 그래픽 디자이너, 패키지 디자이너, 비디오 제작자 등 인터넷과 주변 인맥을 통해 찾은 계약자 팀과 힘을 합쳐 음성 장치가 내장된 다양한 제품을 디자인했다. 아마존에서 판매하는 와인 병에 다는 선물용 태그, 제약 회사가 의사들에게 제품을 홍보할 때 자주 묻는 질문을 해결하기 위해 사용하는 녹음 카드, 마이클스Michaels 나 조안JOANN 같은 매장에서 판매하는 공예가들이 사용할 수 있는 음성 상자 등을 말이다. "적극적으로 나서지 않으면 아무 기회도 찾지 못합니다. 기회를 찾으려면 눈을 크게 뜨고 안테나를 높이 세워야 해요."

그가 거둔 가장 큰 성공 중 하나는 빌드어베어 워크숍을 고객으로 유치한 것이다. 스턴은 첫 번째 시제품을 만들면서 음성 녹음기가 선물이나 장난감 기능을 어떻게 향상시킬 수 있는지 보여주고 싶었다. 그리고 소리 외에 촉각과 시각적인 기능까지 갖춰 청각뿐만 아니라 다른 감각까지 자극해야 한다고 생각했다. "사운드 모듈을 장착할 수 있는 주머니가 달린 테디베어를 구한 다음, 이미지를 인쇄할 수 있는 작은 티셔츠를 찾았습니다. 세인트루이스에서 작은 티셔츠를 파는 공급자를 만났는데 그가 제 음향 장치를 다른 고객과 공유할 수 있느냐고 물어봤죠. 그가 말한 다른 고객은 당시 매장 4곳을 소유한 빌드어베어 워크숍 설립자 맥신 클라크Maxine Clark 였습니다. 현재 이 회사는 전 세계에 350개 이상의 매장이 있고 우리는 그들에게 5,000만 개 이상의 사운드를 판매했습니다."

빌드어베어 워크숍과 FTD, 스냅피시Snapfish 같은 대형 브랜드를 고객으로 영입한 스턴이 친구와 가족에게 구매 발주서를 보여주자 그들은 나중에 이자를 붙여서 상환하는 조건으로 자금을 빌려주었다.

여러 해 동안 사업에 종사해온 스턴이 놀랐던 사실은 제조 회사를 경영하는 게 그 어느 때보다 쉬워졌다는 점이었다. 이제 그는 필요한 모든 자원을 인터넷에서 찾을 수 있다. 그의 말마따나 지금은 회사를 설립하기에 좋은 시기인 것이다.

(돈 되는 사업 4) 현금다발이 몰리는 도매업의 세계

부록 1의 데이터를 살펴보면 상위 업체 상당수가 도매업체라는 걸 알 수 있다(335쪽 참고). 도매업은 독자적으로 또는 아마존 비즈니스 서비스 같은 플랫폼에서 소매업체와 산업, 상업, 기관, 기타 비즈니스 고객에게 식품이나 상품(곡물과 콩류, 종이, 자동차 부품 등)을 판매한다. 이런 업체의 고객들은 대부분 아주 많은 양을 주문하기 때문에 성공한 도매업자들은 수익이 매우 높은 경우가 많다. 하지만 그만큼 비용도 많이 든다. 스티브 킹은 도매업의 이익률이 산업별로 3~20퍼센트까지 다르다고 한다. 업계 간행물에 실린 벤치마킹 보고서를 확인하면 해당 사업의 잠재적인 업황을 파악할 수 있다.

31세의 아푸르바 바트라Apurva Batra 는 식품과 의약품 및 기타 제품을 위한 비닐 주머니를 판매하는 작은 도매업 틈새시장에서 시작해 고객을 위한 맞춤형 제조 분야로 진출했다. 휴스턴의 셰브론Chevron 에서 일하던 그는 B2B 전자상거래 회사인 플렉서블파우치FlexiblePouches 를 구상하고 2016년에 회사를 설립했다.

사업에 대한 아이디어를 고민하기 시작했을 때 바트라는 사실 회사를 잘 다니고 있었다. 그는 사무실에서 느끼는 연대감을 좋아했지만 자기 삶에 뭔가가 부족하다고 느꼈다. 종종 그는 이렇게 중얼거리곤 했다. "내 남은 인생을 남이 정한 시간에 남의 사무실에 가서 남을 위해 회의를 하면서 보내겠지. 그리고 보상은 사장에게 돌아가겠지."

그는 회사를 떠나고 싶어서 안달이 났지만 탈출하려면 계획이 필요했다. 그래서 언젠가 회사를 그만두고 사업가가 되기 위해 꾸준히 돈을 모으기 시작했다. 부양가족이 없는 20대긴 하지만 그래도 생활비는 필요했다. 바트라는 말한다. "누구나 미래를 걱정하고 계획합니다. 하지만 저는 미래를 스스로 만들어가야 한다고 생각합니다."

퇴근한 뒤에는 어떤 사업을 시작할지 조사하는 데 시간을 투자했다. 그는 몇 가지 기준을 세웠다. 자신이 설립할 스타트업은 수익이 높고 기회가 많은 B2B 분야여야 했다. 그리고 업무 일부를 자동화할 수 있도록 반복 가능한 프로세스를 기반으로 해야 한다. 또한 확장할 수 있는 기회가 있어야 한다. "현금 흐름을 창출하는 자산이 될 가치 있는 뭔가를 만들고 싶었습니다."

조사를 진행하면서 그는 제품뿐만 아니라 유용한 전문 지식까지 제공하는 제품-서비스 하이브리드라는 아이디어에 매료되었다. 서비스 사업은 시작하기 쉽고 제품 사업은 확장이 쉬웠다. 그리고 하이브리드 사업은 이 2가지 장점이 모두 있었다. 바트라는 중소형 브랜드에 적합한 가격으로 매력적인 소비재 포장 상품을 제공하기로 했다.

그는 살던 집을 정리하고 부모님 집으로 들어가 엔지니어로 5년간 일하면서 모은 2만 5,000달러로 사업을 시작했다. 우선 소싱 옵션을 조사하려고 중국으로 날아갔다. 그리고 재고 마련을 위해 1만 달러를 투자하고 명함을 인쇄한 뒤 고객을 모으러 무역박람회장으로 갔다.

바트라는 무역박람회에서 제품 판매를 시작했지만 유튜브 비디오 활용법을 독학하고 나서는 구글 광고와 다른 온라인 광고를 이용해 회사 웹사이트를 홍보하는 게 고객을 유치하는 가장 효과적인 방법이라는 걸 알게 됐다. 특히 중소기업들의 호응이 높았다. 바트라는 그들을 위한 제품을 공급하기 위해 본격적으로 사업에 뛰어들었다. 고급 디지털 인쇄 도구를 보유한 외주 제조 파트너와 협력한 덕에 규모가 매우 작은 인쇄 작업도 기꺼이 해준다는 명성을 빠르게 쌓을 수 있었다. 그는 융통성 있는 패키징을 위한 고품질 디지털 인쇄 기술의 등장으로 '게임 판도가 바뀌었다'고 말한다.

2020년에 바트라는 처음으로 정규직 직원 3명을 고용했다. 도와줄 풀타임 직원들이 생기자 바트라는 팬데믹이 모든 걸 중단시키기 전까지 세계여행에 대한 열정을 불태울 수 있었다. 그는 엔지니어라는 직업을 B2B 전자상거래 사업과 바꾼 것을 후회하지 않는다. "매일 아침 일어나 바깥의 교통 상황을 보면 회사 다니는 사람들이 전혀 부럽지 않습니다." 바트라는 창업 첫해에 100만 달러의 매출을 올렸고, 마지막으로 연락했을 때는 연 300~350만 달러의 매출을 올리고 있었다.

손 켈리도 도매업에 뛰어들어 빠르게 사업을 성공시켰다. 미국이 팬데믹으로 타격을 입었을 때 그는 저지 챔프스라는 회사를 운영하고 있었다. 2016년에 럿거스대학교 기숙사 방에서 스포츠와 래퍼를 주제로 한 운동 티셔츠를 온라인으로 판매했는데 이후 이 사업은 100만 달러짜리 1인 사업체로 성장했다.

팬데믹 위기 초반에 병원과 요양원에서 필요한 PPEPersonal Protective Equipment(개인 보호 장비)를 구하려다가 가격 폭등을 겪자 켈리는 회사 기술을 이용해 미국식품의약국FDA 또는 국립산업안전보건연구소 NIOSH의 승인을 받은 N-95 마스크와 니트릴 장갑, 기타 필요한 물품을 구해 합리적인 가격으로 팔았다. 그리고 관련 경험이 있는 파트너와 팀을 이뤄 델라웨어에 PPE 오브 아메리카라는 회사를 설립하고 도움이 필요한 병원과 다른 의료 기관을 찾기 시작했다.

그들은 주요 병원, 의료 기관 및 정부 기관, 경찰, 소방관, 응급 의료 서비스 같은 긴급 구조대의 조달 전문가들을 모아 네트워크를 구축하고 이들을 위해 주문품을 구했다. 때로는 PPE를 기부하기도 하고 오벨Orbel 개인용 손 소독 장치 같은 물품도 판매했다. 사업이 빠르게 성장한 이유 중 하나는 켈리가 아시아 지역 배송이 지연됐을 때 병원들이 공급망 문제를 해결할 방법을 찾도록 도와줬기 때문이다. 당시 많은 대형 병원과 주 정부는 돈을 지불하고도 제품을 받지 못했다.

나중에 켈리는 웹사이트 개발자와 고객과의 관계를 관리할 직원을 채용했고 모두 원격으로 일하도록 시스템을 구축했다. 2020년에 PPE 오브 아메리카는 1,500만 달러의 매출을 올렸다. 팬데믹 동안 PPE 판매에 뛰어든 이들이 많았지만 이는 고수익 사업이 아니다. 그러나 켈리는 이런 제품은 마진이 적지만 팔면서 코로나19 바이러스와 최전선에서 싸우고 있는 기관들을 도울 수 있었다고 말한다. 그는 제조업체와 유통업체에서 직접 제품을 공급받아 이런 제품의 가격을 낮출 수 있었다.

이제는 백신을 맞은 사람들이 늘어났고 앞으로 이런 사업의 판매 패턴에는 약간의 변화가 생길 것이다. 하지만 켈리는 괜찮은 편이다. 아직 그는 운동용 셔츠 판매를 중단하지 않았다. 또 스티브 아오키Steve Aoki라는 음악가가 로스앤젤레스에서 운영하는 매장에 스포츠 트레이딩 카드를 공급하는 새로운 사업 기회도 잡았다. 우리가 얘기를 나눌 무렵에는 이런 카드를 구하려는 투자자들의 열기가 뜨거웠다. 켈리는 "세계 최고의 마케팅 전문가이자 베스트셀러 작가인 게리 바이너척Gary Vaynerchuk이 소셜 미디어에서 이 사업을 정말 열심히 추진하고 있습니다."라고 말했다.

(돈 되는 사업 5) 개발자 없이도 핀테크 사업 할 수 있다

누구나 금융 서비스나 핀테크 분야에 진출할 수 있는 전문적인 배경과 인맥을 가진 건 아니지만 오히려 비전문가들에게 이 분야는 큰돈을 버는 작은 사업을 할 수 있는 잠재력이 많다. 부록 1의 표를 통해 알 수 있듯이 잘나가는 소규모 사업체 중에는 회계, 부기 및 재무 관리 회사, 재보험 회사 같은 사업체들이 눈에 많이 띈다. 금융 기술 회사들도 마찬가지다(335쪽 참고).

그레그 페시Greg Pesci는 이 분야에 기회가 많다는 걸 알게 됐다. 나는 편집 서비스를 제공하는 과정에서 거래처 대리인이었던 페시와 알게 됐는데, 그는 결제 분야의 회사에서 수년간 사장으로 일했었다. 페시는 다른 스타트업(프리랜서 커뮤니티)에서 일하던 2018년 1월에 멕시코에서 열린 블록체인 컨퍼런스에 참석했다가 갑자기 이런 생각이 들었다고 했다. 금융기관이 고객에게 SMS 문자로 송장을 보내고 대금을 받을 수 있다면 편하지 않을까? 그는 이 아이디어를 사업화하기로 마음먹었다.

페시는 타지에 있는 동안 기술 분야에서 일하는 친구에게 전화를 걸어 소프트웨어 개발자 2명을 구해달라고 부탁했다. "결국 제가 아는 분야로 돌아간 셈인데, 그곳에는 아는 사람도 많고 어느 정도 신뢰도 쌓아둔 상태였습니다."

개발자들은 훗날 메시지페이MessagePay라는 이름으로 선보일 기술을 만들기 시작했고 2018년 3월 말부터 9월 초까지 작업을 계속했다. 한편 이 분야에서 오랫동안 일해온 페시는 공인된 민간 투자자 3명과 오버스톡닷컴Overstock.com의 자회사인 기관 투자자 1곳을 통해 210만 달러의 자금을 조달했다. 오버스톡닷컴은 블록체인을 사용하는 사업체에 투자하는 걸 선호했고 페시의 회사가 바로 그런 곳이었다.

알파인 크레디트 유니온Alpine Credit Union이 이 기술을 사용하기 위해 합류하면서 페시는 2018년 10월에 첫 번째 판매를 완료했고 2019년 7월부터는 메시지페이가 완벽하게 가동되면서 결제를 처리했다. 페시는 2019년에 금융기관 3곳과 계약을 체결했다. 그러다 팬데믹 초반

몇 달 동안은 거래가 감소했다. 실망스러운 일이었지만 2020년 5월과 6월에 일부 사업체들이 다시 문을 열면서 금융기관 20곳과 추가로 계약을 맺었다. 2020년에 메시지페이의 연 매출은 100만 달러에 살짝 못 미치는 정도였고 직원 수는 6명이었다.

메시지페이 같은 핀테크 상품을 만드는 건 이전에 직장 생활을 하면서 익힌 금융 서비스 기술을 활용할 수 있는 사업 형태 중 하나에 불과하지만 MBO 파트너스의 진 자이노 회장은 고객 상당수가 전문적인 금융 서비스 사업에서 좋은 성과를 거두고 있다고 말한다. 그중 어떤 사람은 회생 전문가로 성공적인 사업을 운영한 덕에 수수료 기반의 소규모 사업체에서 연간 1,000만~1,300만 달러를 벌어들인다고 한다.

돈 되는 사업 6) 배달과 이동 수요를 공략하는 운송업

소규모 사업체가 빛을 발하는 또 다른 분야는 교통 분야다. 운송업계는 팬데믹 기간에 어려움을 겪었지만 백신이 생산되면서 다시 살아나기 시작했다. 대중교통이 회복되기까지는 시간이 걸릴 수도 있지만 부록 1의 표에서 볼 수 있듯이 이 업계에는 예전부터 민간 항공 운송, 화물 운송, 최종 소비자 배송, 운송 장비 등 다양한 서비스를 제공할 기회가 많았다.

60세의 재닌 이아나렐리Janine Iannarelli는 1997년에 텍사스주 휴스턴에 국제 업무용 항공기 마케팅 회사 파라비온Par Avion 을 설립하고 사업 경력을 쌓았다. 이 회사는 주로 기업과 개인에게 중고 항공기를 판매한다. 이아나렐리의 고객들은 대부분 그가 함께 일했던 자산 관리자나 변호사, 즉 신뢰할 수 있는 파트너를 통해 찾아온다.

그녀는 뉴저지에 있는 몽클레어 주립대학교에서 경영학 학사 학위를 받은 뒤 항공 분야에서 일을 시작했다. 졸업 직후 항공 분야에 중점을 둔 시장조사 업체에서 일하다 '흥미진진하고 역동적인 산업으로 통하는 창'을 발견했다. 이 관심사를 더 넓혀야겠다고 생각한 이아나렐리는 기업용 항공기의 판매와 인수를 전문으로 하는 국제 비즈니스 항공기 거래업체에서 영업과 마케팅 일을 했다. 이후 영업 및 마케팅 담당 부사장으로 승진했고 이때 독립을 결심하고 파라비온을 설립했다.

고수익을 내면서도 소규모인 사업체를 운영하는 다른 사업가들처럼 이아나렐리도 항공 마케팅의 특정 분야(중고 항공기 판매)를 전문으로 하며 복잡한 판매 분야인 국가 간 거래에 대한 전문 지식을 보유하고 있다. 이는 재정적 지식과 더불어 창의적이고 물류적 사고가 필요한 일이기 때문에 결코 쉽지 않다. 그녀가 초기에 진행한 프로젝트 중 하나는 남아프리카 끝에서 텍사스까지 팔콘 10/100 Falcon 10/100 항공기를 옮기는 것이었다. 비행기는 항속 거리 때문에 아프리카 대륙에서 몇 번이나 기착해야 했다. 이 말은 곧 전쟁으로 피폐해진 나라에 기착해서 휴스턴의 알리앙스 프랑세즈Alliance Française에서 배운 프랑스어로 현지 지상 지원군과 협상을 벌여야 했다는 뜻이다.

그녀가 틈새시장에서 성공할 수 있었던 건 상당 부분 마케팅 덕분이었다. 항공기 같은 고가의 상품을 판매할 때는 고객들이 정교한 영업 프레젠테이션을 기대한다. 평소 마케팅을 좋아하던 이아나렐리는 항공기 소유의 중요성을 전하는 판촉 자료를 인쇄물과 온라인 버전으로 개발하는 데 상당한 시간을 투자하면서 이 일에 전력을 쏟았다. "저는 광고의 힘을 잘 압니다."

이아나렐리의 고객은 대부분 일정이 매우 바쁜 CEO와 사업가다. 그녀는 그들에게 전용기는 가장 편리한 시간에 목적지에 도착하고 출발할 수 있게 해주는 '타임머신'이라고 강조한다. "시간을 되돌릴 방법은 없습니다. 하지만 시간을 절약할 방법은 하나 있는데 바로 업무용이나 개인용 전용기를 이용하는 것이죠."

이아나렐리가 모든 항공기를 혼자서 파는 건 아니다. 때로는 마케팅 파트너(주로 수십 년간 알고 지낸 업계 전문가)들과 팀을 이뤄 유럽 등의 시장에서 항공기 광고를 공동으로 진행한다. 이 방법은 그녀가 업계에서 활발하게 활동하면서 동료들과 관계를 형성하는 데 도움이 된다. 현재 그녀는 미국비즈니스항공협회NBAA, 유럽비즈니스항공협회EBAA, 국제 항공여성회, 미국마케팅협회 회원이다.

이아나렐리는 사업을 시작할 때부터 직접 자금을 조달했고 사업을 성장시키기 위해 돈을 빌린 적이 없었다. 오랫동안 1인 사업가로 활동하면서 재택근무를 해 간접비를 줄였고 직원들을 고용하기 시작했을 때는 차고 2층에 완벽한 설비를 갖춘 사무실을 지었다. 지금은 직원 1명이 그 사무실에서 일하고 있다. 그 외에는 계약직으로 고용한 고문단이 사업을 성장시키는 데 도움을 준다. 함께 일하는 1명의 직원은 사업을 처음 시작할 때부터 함께 일한 회계사다.

경제 상황에 매우 민감한 이 업계에서 급격한 변화가 발생한 최근 몇 년 동안 이아나렐리는 수십만 달러에서 100만 달러까지 매출을 올렸다. 그녀가 받는 수수료는 항공기의 순 판매 가격을 기준으로 하는데 보통 한 대를 팔 때마다 5만~50만 달러를 받는다. 그녀의 말로는 사업이 정말 잘 되는 해에는 수백만 달러의 매출을 올렸다. 팬데믹으로 많은 사업체가 타격을 받았을 때는 전 세계에 흩어져 있는 항공기를 휴스턴으로 옮겨놓는 등의 조치를 취해 시장이 다시 열리면 팔 수 있도록 준비했다. "지금은 항공기 중개업계에서 소규모로 사업하기에 더할 나위 없이 좋은 시기입니다."

(돈 되는 사업 7) **부동산 업계에는 불황이 없다**

신규 주택, 다세대 주택, 비주거용 상업 건물 건설도 소규모 사업체가 큰 영향을 미칠 수 있는 분야다. 큰돈을 버는 많은 사업체의 소유주들이 이 분야에서 오랫동안 일해왔고 그 과정에서 인맥을 쌓아 그들과 협력하는데 49세의 웨이드 하이너Wade Hiner 가 바로 그런 경우다. 하이너는 아이오와주 워키에 있는 데스티니 홈Destiny Homes 이라는 회사의 파트너가 되기 전에는 상업용 부동산 업계에서 판매 및 사업 개발 일을 했다. 모든 가격대의 주거용 주택을 짓는 데스티니 홈은 2008년에 그의 파트너들이 설립한 업체로 1명은 건설과 운영을 관리하고 다른 1명은 은행 자금 조달과 같은 다른 업무를 관리했다.

그들은 하이너가 직장을 그만둔 뒤인 2017년에 회사에 합류해달라고 요청했다. 영업을 도와줄 사람이 필요했는데 하이너가 적절한 영업 기술을 가지고 있다는 걸 알았기 때문이다. 하이너는 파트너십 조건을 협상해서 회사 지분을 받기로 했다. 그는 자신들이 다리가 3개 달린 훌륭한 의자라고 말한다.

하이너와 파트너들은 처음에는 20만 달러(지금은 주택 가격이 급등하는 바람에 28만 달러가 됐다)에 매력적인 주택을 공급하는 방법으로 회사를 차별화했다. 이 주택은 예산에 민감한 구매자들을 대상으로 하는 '스마트 시리즈'로 판매한다. 그들이 이 시리즈를 처음 선보일 때는 아이오와주에 이 가격대로 새집을 지을 수 있는 건축업자가 많지 않았다. 이를 성사시키려면 지자체 및 하청업체와 협의를 해야 했다.

"우리는 소매를 걷어붙이고 모든 관계자를 협상 테이블에 앉혔습니다. 몇 군데 지자체에 에이커당 건설 가능한 주택 수 규정을 다른 시각으로 봐달라고 설득했죠. 그래야 스마트 시리즈를 만들 수 있었으니까요. 일반적인 방법으로는 1에이커당 약 2.5채를 짓는데 우리는 에이커당 7.5채를 지을 수 있게 해달라고 설득했습니다." 그러자 과거에 주택 가격이 너무 비싸서 사지 못했던 소비자들이 몰려들었다. 그들은 '집 지을 구멍도 파기 전에' 52채를 팔았고 반응은 폭발적이었다.

기세는 한동안 이어졌다. 인터뷰 당시에는 연간 370채의 주택을 지었으며 직원도 20명 고용하고 있었다. 하지만 결국 따라 하는 이들이 나타났다. 경쟁이 치열해졌지만 오히려 다음 단계로 나아가겠다는 의욕을 불러일으켰다. 현재 그와 파트너들은 13만 5,000달러에서 17만 5,000달러에 새집을 제공할 방법을 모색하고 있다. 그는 모든 지역사회에 필요한 응급의료 요원, 교사, 소매업 종사자 같은 이들을 위한 주택 건설에 지자체와 하청 업체들이 협력할 수 있을 것이라고 낙관한다. 지자체들은 평상시라면 얻을 수 없는 추가적인 세입을 기대할 것이고 하청 업체들도 추가 수익을 원할 것이기 때문이다.

하이너는 주택 건설 사업을 하고 싶으면 인맥을 쌓으라고 조언한다. "저는 과거의 경험과 관계 덕분에 이 기회를 잡았습니다. 관계를 활용하는 게 정말 중요합니다. 그들이 반드시 당신이 진출하려는 업계에 속해 있을 필요는 없어요. 제 경우는 지금 저와 함께 일하는 이들의 귀에 누군가가 이렇게 속삭였다고 합니다. '이 남자를 영입해야 해요. 당신은 멋진 집을 짓지만 홍보하는 방법을 몰라요. 그러니 사람들에게 이야기를 전하고 사업을 확장할 누군가가 필요합니다.' 제가 그들을 찾아간 게 아니었어요. 그들이 절 찾아왔죠."

건축가 수잰 자르Suzanne Zahr는 2015년부터 워싱턴주 머서 아일랜드에서 자신의 이름을 건 주택 건설 회사를 운영하고 있다. 자르가 사업을 처음 시도한 건 2002년에 인테리어 디자이너와 팀을 이뤄 부티크 회사를 창업했을 때다. 그러나 문을 연 지 얼마 지나지 않아 불경기가 닥쳤다. "업계 전체가 절벽에서 굴러떨어졌죠. 마치 누군가가 수도꼭지를 잠가서 돈이 한 방울도 흐르지 않는 것 같았습니다." 2년간 고생한 끝에 그녀는 회사에 취직해서 아마존과 스타벅스 같은 대형 브랜드들과 함께 일했다. 유럽에 수백 제곱미터에 이르는 아마존 작업 공간을 짓는 프로젝트에도 참여했다.

하지만 독자적인 사업을 하고 싶다는 열망은 사라지지 않았다. 자르는 훌륭한 건축가들 밑에서 유급으로 일했고 많은 걸 배웠다. 이제는 과감하게 나서서 자신의 사업을 시작할 때라고 생각했다. 2015년이 되어 회사를 그만둬야 할 때가 됐다고 느낀 그녀는 부동산 변호사 2명과 협력해서 지금의 회사를 시작했다. 그녀는 다가구 주택 300개를 지었고 협업에 만족한 변호사들은 파트너 관계를 맺자고 요청했다. 그녀는 업무를 다각화해 설계뿐만 아니라 건설 관리와 부동산 업무에도 참여했다.

한편 회사를 운영하는 데는 투자가 필요했다. 가장 비용이 많이 든 부분은 사무실 공간을 증축하는 비용이었다. 그녀는 111제곱미터의 소매 공간을 짓는 비용을 충당하기 위해 대출을 받았다. 그리고 처음에는 인턴사원을 1명 채용해서 프로젝트 매니저 교육을 받게 했다. 그리고 현재는 직원 4명과 함께 연간 약 200만 달러의 매출을 올린다.

자르는 회사를 운영하면서 그녀가 좋아하는 '유기적인 현대식' 주택 개발에 집중할 기회를 얻었지만 그보다 더 중요한 건 고객들이 뭘 원하는지 이해하는 것이라고 말한다. 그녀는 건축 일을 하지 않을 때는 마케팅에 많은 시간을 할애하며 우리와 인터뷰할 무렵에는 홍보회사를 고용하려던 중이었다. "고객과 소통하고 일을 수주하는 게 사업주로서의 주된 역할"이라고 자르는 말한다.

올바른 사업을 택했다고 확신하더라도 모든 일이 항상 계획대로 되지는 않는다. 또한 삶에 문제가 생기고 노력이 수포로 돌아간다고 해서 성공적인 사업을 할 수 없는 건 아니다. 다행히 올인하기 전에 미리 상황을 살피는 방법이 많이 있다. 다음 장에서는 사업을 처음 시작할 때 미리 알고 있던 위험을 극복하는 방법을 살펴볼 것이다. 이 방법을 따르면 당신의 사업이 어떤 상황에 처했는지 파악해서 일을 진행하는 동안 세밀하게 조정할 수 있다.

제4장

성공까지 직진!
무조건 '되는' 사업의 기술

수영복 브랜드 핑크콜라다를 만든 젊은 CEO 애나 가비아는 원래 사업가가 될 계획이 없었다. 그녀가 2017년에 전자상거래 사업을 시작한 이유는 호주 라트로브대학교에서 족부의학 공부를 하면서 가욋돈을 약간 벌기 위해서였다. 공부하지 않을 때는 스케치와 디자인을 즐겼던 그녀는 자신이 좋아하는 비키니를 디자인해서 인터넷에서 팔아보기로 했다. 해변 동네에서 자랐기 때문에 스타일리시하고 내구성이 뛰어난 수영복을 직접 만들어보고 싶었다. 게다가 수영복은 드레스만큼 천이 많이 들지 않아서 샘플을 만드는 데 단돈 200달러만 투자하면 됐다.

제조 경험이나 인맥이 없었던 가비아는 수영복을 만드는 공장을 찾기 위해 구글에 검색을 했고 중국에서 열리는 박람회를 찾아가 납품 업체들을 만났다. 그러나 대부분 공장이 비용 대비 효율이 낮은 소량 작업은 원하지 않았다. 하지만 인터넷에서 찾은 공장 몇 군데에 연락해본 후 총액이 1,000달러 미만인 주문도 받아주는 중국의 작은 공장을 찾을 수 있었다. 그녀는 주문하기 전에 직접 공장에 가서 공장장을 만났다. 모든 작업이 윤리적으로 진행되는지 확인하고 싶었기 때문이다. 공장이 검사를 통과하자 가비아는 적은 예산을 들여 중간 사이즈의 샘플을 하나 주문하고 웹사이트에 사진을 올린 다음 이를 홍보하는 광고를 페이스북에 몇 개 게재했다(당시 페이스북 예산은 5달러였다). 그리고 인스타그램에도 수영복 이미지를 올렸다.

일주일 뒤 가비아는 쇼피파이에 개설한 전자상거래 상점을 통해 첫 판매를 시작했다. 번 돈으로는 비키니 100벌을 제작했다. 이후에는 광고를 더 많이 하면서 인스타그램을 통해 수영복을 예약 주문할 수 있게 했다. 예약 주문을 통해 받은 돈으로 제작비를 지불할 계획이었다.

다행히 비키니는 금방 매진됐고 그 디자인은 그녀의 영원한 베스트셀러 중 하나가 되었다. 처음부터 판매에 성공하자 가비아는 3가지 스타일을 더 디자인해서 샘플 사진을 웹사이트와 페이스북에 올렸다. 가비아가 페이스북에 수영복을 광고한 것은 댓글과 '좋아요'로 타깃 고객들의 반응을 알아보기 위함이었다. 그녀는 일관성 있는 비교를 위해 광고할 때마다 동일한 사람들을 대상으로 삼았다. 이 방법은 아무도 원하지 않는 상품에 투자하지 않을 수 있는 손쉬운 방법이었다. "작은 규모로 시작할 때는 팔리지 않을 물건에 돈을 투자하고 싶지 않은 법입니다. 그런 게 시행착오죠. 하지만 고객에게 뭘 원하는지 물어보면 리스크를 줄일 수 있습니다."

가비아는 브랜드 팔로워를 늘리기 위해 이벤트를 개최했다. 참가자가 그녀의 페이스북 페이지를 팔로우하고 친구 3명을 태그하면 추첨해서 비키니를 무료 증정하는 식이었다. 처음에는 10대들을 대상으로 했지만 나중에 18~45세 여성들이 주요 고객이라는 사실을 알게 되었다. 이후 그녀는 조금 더 나이 든 사람들을 고려한 스타일을 디자인해서 이 비키니를 입은 실제 여성들의 사진을 인스타그램에 공유하기 시작했다. 수영복이 더 많이 팔리자 그녀는 수영복 가격을 너무 낮게 책정했다는 걸 깨달았다. 이윤을 남기려면 그보다 높은 금액을 매겨야 했다. 그래서 가격을 조금 인상해서 더 지속 가능한 사업으로 만들어가고자 했다.

가비아는 학교에서 하던 연구를 중단하고 풀타임으로 사업에 매달렸다. 사업을 시작한 지 3년 정도 지나자 혼자 힘으로는 수요를 따라갈 수 없다는 걸 깨닫고 직원 5명을 고용해 고객 서비스와 창고 업무를 맡겼다. 또한 링크드인과 여러 사이트에서 찾은 10여 명의 계약직 직원들에게 콘텐츠 마케팅, 디자인, 재무 관리 등의 작업을 맡기고 원격으로 백오피스 업무를 처리할 팀원 6명도 고용했다. 이렇게 팀을 구성한 덕분에 사업을 계속 성장시킬 수 있었다.

현재 핑콜라다는 연 250만 달러 이상의 매출을 올리며 가비아는 마이크로소프트 팀즈Microsoft Teams와 이메일을 통해 전 세계와 소통하고 있다. 호주 멜버른에 거점을 둔 핑콜라다는 현재 미국 시장에도 진출했고 미국 전용 전자상거래 사이트를 운영한다. "우리는 기하급수적으로 성장하고 있습니다. 번 돈은 전부 사업에 다시 투자하고 있죠."

사업가를 도박꾼으로 여기는 사람들도 많지만 큰돈을 버는 사업체의 창업자들은 대부분 충동적이거나 무모한 도박꾼이 아니다. 대개는 가비아처럼 돈을 벌고 싶어 하며 쓸데없이 돈과 에너지를 소모하는 건 좋아하지 않는다. 그래서 이들은 작은 실험을 통해 제품의 매력이나 가격 책정 같은 세부 사항을 테스트한다. 초기의 직감이 통하지 않으면 재빨리 방향을 바꾸고 효과가 있는 부분은 계속 개선한다. "사업가는 위험을 감수하는 사람이 아닙니다. 그들은 위험을 회피하려고 합니다. 플랜 B뿐 아니라 C, D, E까지 가지고 있죠."《스케일 업》의 저자인 베른 하니시가 2021년 2월에 열린 스케일업 가상회담ScaleUp Virtual Summit에서 한 말이다.

사업을 시작하는 과정에서 생기는 위험을 완전히 제거할 방법은 없다. 새로운 직장에서 일할 때와 마찬가지로 전혀 예상하지 못했던 이유로 일이 잘 풀리지 않을 수도 있다. 이럴 때 새로운 사업 아이디어를 최대한 작은 규모로 테스트하면 상황을 아는 상태에서 일을 진행하고 투자금을 보호하면서 플랜 B, C, D, E를 정할 수 있다. 다음 사례를 통해 위험을 피할 수 있는 몇 가지 아이디어를 살펴보자.

(리스크 관리 1) 현장의 목소리만큼 확실한 답은 없다

40세의 제이슨 밴더 그린트Jason Vander Griendt는 처음부터 사업가가 될 계획은 아니었다. 그는 온타리오주에 있는 팬쇼 칼리지Fanshawe College에서 공학을 공부한 뒤 제르다우 롱 스틸 노스 아메리카Gerdau Long Steel

North America, 해치Hatch, 지멘스Siemens, SNC라발린SNC-Lavalin 등 여러 대기업에서 전공 분야의 일을 하며 승진 가도를 달렸다.

하지만 지금은 토론토에서 빠르게 성장하고 있는 제품 디자인 회사 제이캐드J-CAD Inc.를 운영하고 있다. 이 회사는 1년에 약 150만 캐나다달러(약 120만 미국 달러)의 매출을 올린다. 그는 세계 각지에 흩어져 있는 엔지니어 등 40명의 전문 계약자와 함께 사업을 운영하고 있다. 그는 적절한 사업을 찾기 위한 거창한 계획을 세우지도 않았다. 한때는 사람들이 선글라스를 살 때 도와주는 앱 사업을 하기도 했다(그는 취미로 선글라스를 수집한다). 이 일에 2만 5,000달러를 투자했지만 경쟁이 너무 치열하다는 걸 깨닫고는 시작하자마자 접었다.

그러다 2006년에 우연히 제이캐드를 운영하게 되었다. SNC라발린에서 일하며 가욋돈을 벌어 6만 캐나다달러라는 연봉을 보충하기 위해 엔지니어링 분야에서 프리랜서 설계 일을 시작했다가 그 일이 사업으로 발전한 것이다. 당시에는 온라인 마케팅이 아직 시작되지 않았기 때문에 토론토에 있는 용접 및 제조 공장에 광고 전단지를 배포해서 개념 설계를 개발하는 자신의 기술을 홍보했다. 놀랍게도 곧장 문의 전화를 받기 시작했고 심지어 일손이 바쁜 공장들은 바로 그날 밤부터 와서 도와주길 바랐다. 그린트가 일을 잘 해내는 걸 본 공장들은 또다시 일을 맡겼다. 사업이 성장하자 1년에 약 2만 5,000캐나다달러의 추가 수입을 올릴 수 있었다.

2011년이 되자 그린트는 부업에서 얻는 수익을 늘리기로 했다. 1개월에 2만 캐나다달러를 목표로 하고 일의 범위를 점차 확대해갔다.

"일을 신속하게 처리하면 한계를 넓힐 수 있다는 걸 깨달았습니다." 마침내 그는 본인이 정한 기준선에 도달했다. 하지만 안타깝게도 노트북 앞에 앉아 있는 것 외에는 자기 생활이랄 만한 게 없었다. 한 달 내내 일만 했던 것이다.

그는 업무 일정을 조정할 방법을 찾다가 생각 끝에 외주를 주기로 했다. 24시간 일하지 않고서는 맡은 프로젝트를 다 끝낼 방법이 없었다. 나중에 업워크에 흡수된 프리랜서 플랫폼 오데스크oDesk 에서 찾은 유능한 프리랜서들을 모아 안정적인 인력망을 구축했다. 그리고 계약직 직원들에게 어려운 임무를 맡기기 전에 간단한 프로젝트로 테스트했다. 그럼에도 일이 너무 많이 쌓이자 회사를 그만두고 제이캐드에서 풀타임으로 일하기 시작했다.

그린트가 구글 애즈Google Ads 전문가를 고용해 구글에 광고를 시작한 뒤부터 제이캐드의 비즈니스 모델은 한층 발전했다. 인지도가 높아지자 신제품을 만들려는 제조 시설부터 자기 집 차고나 부엌에서 일하는 초보 발명가에 이르기까지 다양한 부류의 신규 고객을 유치하게 되었다.

나중에는 로스앤젤레스에 있는 3D 인쇄소까지 고객이 되었는데 이 업체는 그린트의 웹사이트를 찾는 이들이 아주 많은 걸 보고는 연락해왔다. 그린트는 이 업체에 일을 워낙 많이 맡겼기 때문에 대량 할인율 협상을 할 수 있었고 그 결과 개별 고객들에게 더 저렴한 가격으로 서비스를 제공할 수 있었다. 이렇게 외주 서비스를 이용한 덕에 그는 수입을 2배로 늘리면서도 자신의 라이프스타일을 고수할 수 있었다.

"그들의 사업은 이미 자리를 잡은 상태입니다. 그러니 프린터가 고장 나면 그들이 알아서 하게 놔두면 됩니다."

사업이 잘되자 그린트는 사업 모델을 다시 조정하기로 했다. 그가 제품 프로토타입을 만들 때 종종 5만 달러어치를 주문하고 싶다는 고객들이 있었는데 처음에는 그런 서비스는 제공하지 않는다고 말했다. 하지만 결국 자신에게 똑같은 질문을 던지게 됐다. '안 될 게 뭐람?' 그는 인터넷으로 그의 사업을 알게 된 중국 제조 공장들로부터 함께 일하고 싶다는 이메일을 받고 있었다. 그래서 2015년에 중국으로 날아가 50개의 공장을 방문했고 그중 마음에 드는 곳을 찾아 3D 프린팅을 시작한 뒤부터는 매출이 5배나 늘어났다.

사업이 성장하는 동안에도 그린트는 끊임없이 새 아이디어를 떠올렸다. 따라서 이리저리 헤매지 않으려면 아이디어를 테스트할 방법을 정해놔야 했다. 이제는 새 아이디어가 떠오르면 1시간 안에 프로토타입을 제작하기 시작한다. 최대한 저렴하고 신속하게 테스트하는 게 목표다. 이를 위해 그는 도메인 등록 서비스인 고대디GoDaddy를 사용한다. 이곳에는 도메인을 구입하면 1개월 동안 웹사이트를 무료로 이용할 수 있는 프로그램이 있다. 도메인을 사서 30분 안에 웹사이트를 만들고 30분 동안 그 웹사이트로 트래픽을 유도하는 것이다.

그는 보통 1~2주 동안 아이디어를 홍보하는 온라인 광고를 진행한다. "반응이 좋으면 계속하고 그렇지 않으면 문을 닫습니다. 제가 지불한 비용은 도메인 구입비 10달러뿐이죠. 그게 사업입니다. 사람들은 아이디어 하나를 떠올리고는 대번에 홈런을 칠 거라고 생각합니다. 하지만 그런 경우는 거의 없죠." 이제 그린트는 어떤 사업을 시작하든 바로 돈을 벌 수 있다는 걸 알게 되었다. 그는 '5만 달러를 벌려고 대출을 받지는 않을 것'이라고 말한다. 유료 고객을 통해 사업 자금을 조달할 수 있는데 왜 굳이 돈을 빌리겠는가?

(리스크 관리 2) 1등이 아니면 의미 없다고 생각하라

전문 분야 또는 개인 서비스 분야에서 소규모 사업을 운영할 생각이라면 업워크, 프리랜서, 피플퍼아워PeoplePerHour 같은 위험 부담이 적은 온라인 프리랜서 플랫폼(또는 크리에이티브 전문가를 위한 99디자인99designs이나 콘텐츠 마케터를 위한 콘텐틀리Contently 같은 산업별 플랫폼)을 통해 사업 아이디어를 테스트해볼 수 있다(국내에서 활용할 수 있는 유사한 플랫폼으로는 크몽kmong.com과 숨고soomgo.com 등이 있다 -편집자). 물론 최종적으로는 입소문 등으로 마케팅하게 되더라도 말이다.

34세의 에반 피셔Evan Fisher는 애틀랜타에 사업계획서 작성 에이전시인 유니콘 비즈니스 플랜Unicorn Business Plans을 세우고 틈새시장을 찾아 사업 콘셉트를 테스트했다. 빌라노바대학교에서 금융과 국제 비즈니스를 공부한 피셔는 금융업계에서 경력을 쌓으면서 사업계획서를 작성해야 하는 스타트업이 계속 증가하고 있다는 걸 알게 됐다. 대학 졸업 후 스위스 제네바에 있는 부티크 투자은행에서 일할 때 사업계획서와 투자자 유치를 위한 설명 자료를 작성했다. 또 2015년에는 한 고객이 자금 조달에 도움을 받기 위해 피셔를 초빙하기도 했다. 그는 비슷한 문서를 계속해서 작성하면서 비즈니스 작문 능력을 키웠다.

피셔는 훌륭한 사업 계획에는 특정한 요소들이 필요하다는 걸 알게 됐다. "사업계획서는 특정한 청중을 대상으로 매우 명확한 이야기를 특정한 방식으로 전달해야만 합니다." 투자자의 경우 그 이야기를 통해 3가지 질문을 던져야 한다. 첫째, 비즈니스 모델이 타당한가? 둘째, 이 사업은 제품이나 서비스를 팔아서 돈을 벌 수 있는가? 셋째, 사업에 자금을 조달할 기회가 있는가? 이 3가지 조건이 맞으면 자본을 조달할 가능성이 매우 크다고 피셔는 말한다.

한편으로 투자자들은 사업계획서가 간결하기를 바란다. 100쪽짜리 사업계획서를 꼼꼼히 살펴볼 시간이 없기 때문이다. 따라서 수정 과정을 거쳐 관련성이 없는 부분을 쳐내고 계획을 명확하게 제시해서 잘못 해석되는 일이 없도록 해야 한다.

팀 페리스의 《나는 4시간만 일한다》를 읽고 영감을 받은 피셔는 마지막 직장에 입사한 지 2년이 지나자 독립해서 자기 사업을 하고 싶다는 열망을 품게 됐다. 그는 비즈니스 작문 기술을 활용할 수 있는 사업을 시작하고 싶었지만 가장 수요가 많은 기술이 뭔지 알 수 없었다. 그래서 사업을 시작하기 전에 거대 프리랜서 시장인 업워크를 조사해서 그가 세상의 눈에 띌 수 있는 틈새시장과 잠재고객이 원하는 서비스를 찾았다. 그러는 동안 업워크에서 사람들이 보편적으로 찾는 것이 무엇인지 파악할 수 있었다.

한편 피셔는 이 분야의 경쟁이 심해서 프로젝트 입찰이 치열할 수 있다는 걸 알고 있었다. 그러면 일부 프리랜서의 가격이 일을 지속하기 불가능한 수준까지 떨어진다. 이때 그는 큰돈을 버는 사업을 하고자 하는 사람이라면 누구나 새겨들어야 할 중요한 결론에 도달했다. 바로 '1등을 하고 싶은 틈새시장을 골라야 한다'는 것이다. "최고가 되기 위해 매일 노력하지 않는다면 결국 가격을 놓고 경쟁을 벌이게 됩니다." 예를 들어 구글 광고 관리 일을 하고 싶다면 모든 구글 광고에 대한 관리 기능을 제공하는 것보다는 화장품 브랜드의 구글 광고 관리 전문가로 자신을 마케팅하는 편이 낫다는 것이다.

프리랜서들이 업워크에서 자신을 마케팅하는 다양한 카테고리를 조사한 피셔는 비즈니스 작문 기술을 다른 곳에도 적용할 수 있지만 일단 사업계획서 작성에만 집중하기로 했다. 사업계획서에 대한 수요가 꾸준히 많았고 이미 계획서 작성 방법을 알기 때문에 학습곡선이 가파르지 않았다. 하지만 여전히 그는 반복 가능한 프로세스로 만들어 누구보다 좋은 결과를 제공할 수 있는 일을 계속 찾고 있다. '틈새시장을 좁혔을 때 내가 1등을 할 수 있는 곳은 어디인가?'

2017년 9월에 피셔는 유니콘 비즈니스 플랜즈를 설립하고 업워크에 프로필을 게시했다. 그리고 곧 프로젝트를 수주하기 시작했다. 사업 콘셉트가 괜찮다는 증거를 확보했고 직접 서비스를 제공할 능력이 있었던 덕분에 사업과 관련된 위험을 제거할 수 있었다. 또한 프로젝트를 효율적으로 실행하는 방법과 이를 완료하는 시스템을 만드는 방법도 배웠다.

물론 처음부터 모든 걸 완벽하게 처리할 수 있을 만큼 즉각적인 효과를 발휘하지는 못했다. 첫 번째 프로젝트는 긴장한 탓에 프로세스를 제대로 숙지하지 못해 거의 재앙이 될 뻔했다. 하지만 이 과속 방지턱 단계를 매끄럽게 넘어갈 수 있을 때까지 피셔는 계속해서 프로세스를 조정해나갔다. 더 많은 프로젝트를 수주하고 완료하는 동안에도 고객들에게 좀 더 좋은 평가를 받고 다른 고객들을 끌어들이기 위해 최선을 다했다.

또한 그는 판매하는 서비스 조합을 변경할 의향도 있었다. 최근 피셔와 얘기를 나눴을 때 그의 팀원들은 대부분 '시리즈 A 모금 라운드' Series A Fundraising Round(스타트업이 투자를 받을 때 기업 성장 단계에 따라 A, B, C 로 구분해서 투자를 받는데, A는 프로토타입 제작 및 시장 공략 단계, B는 시장에서 검증된 제품·서비스를 성장시키는 단계, C는 시장점유율을 늘리고 해외로 진출하는 단계에서의 투자라고 할 수 있다 – 옮긴이)를 위한 설명 자료를 만드는 일을 하고 있었다. 그 부분에 대한 수요가 높았기 때문이다. 그는 회사 이름을 유니콘 설명 자료로 바꿔야 할 판이라며 농담하기도 했다.

지속적인 개선에 초점을 맞춘 결과 유니콘 비즈니스 플랜은 첫해에 10만 7,000달러를 벌었다. 2년째에는 43만 8,000달러 그리고 3년째에는 120만 달러를 기록했다. 회사가 성장하면서 소프트뱅크SoftBank 같은 투자자들 앞에서 프레젠테이션을 하는 등 성공적인 실적을 기록하자 더 많은 일거리가 들어왔다.

피셔는 고객 선정 프로세스를 세밀하게 조정하면서 가격 책정 모델도 실험했다. 사업을 지속적으로 운영할 수 있을 만큼의 비용을 청구해야 했지만 시장이 감당할 수 있는 수준을 넘어서는 안 됐다. 처음 사업을 시작했을 때는 사업계획서 작성에 2,500달러를 청구했지만 곧 돈을 너무 적게 받고 있다는 결론을 내렸다. "재무 모델을 정하고 그와 관련된 계획을 세우려면 해야 할 일이 정말 많습니다. 제가 곧 지칠 거라는 사실을 깨달았죠."

그는 고객이 맡긴 사업계획서를 하나하나 충분한 시간을 들여서 작성하기 위해 점진적으로 가격을 올렸다. 최근 그의 고객들은 계획서 한 건당 1만 달러 이상을 지불한다. 그는 서비스에 대한 대가로 회사 지분을 받거나 고객과 가격을 협상하지 않는다. "가격을 정말 중요하게 여기는 이들에게는 우리 회사가 어울리지 않습니다. 스테이크를 먹으러 시즐러Sizzler에 가는 사람도 있고 값비싼 고베 소고기를 먹는 사람도 있지만 우리는 시즐러가 아닌 거죠."

한편 피셔는 새로운 마케팅 방법을 시도했다. 업워크에 올라온 회사에 대한 긍정적인 리뷰는 고객을 유치하는 데 도움이 됐지만 그는 더 넓은 그물을 던지고 싶었다. 따라서 저렴하고 효과적인 마케팅 방법을 찾아야 했다. 그와 팀원들은 줌 통화를 녹화해서 동영상 사례 연구를 만들었다. 그의 대행사가 작성해준 사업계획서로 자본을 조달하고 만족한 고객들을 인터뷰했고 이를 회사 웹사이트에 게시했다. 팬데믹 기간에 동영상을 공개했을 때는 매출이 80퍼센트 증가했다. "사업가들이 한 일들 중에는 정말 놀라운 일들도 많았습니다. 그게 우리에게 업무상 소개서 역할을 했죠."

또 입소문을 듣고 일을 의뢰하는 이들도 늘었다. "1,000만 달러를 조달한 이들이 받는 질문은 '누가 당신을 위해 일했는가?'입니다. 입소문이 믿을 수 없을 정도로 강력하다는 사실을 깨달았죠." 그 결과 지금은 업워크로 들어오는 거래가 전체의 절반도 되지 않는다.

피셔는 1인 사업으로 시작했지만 사업이 성장하는 과정에서 '고베소고기'를 계속 제공하려면 팀이 필요하다는 걸 깨달았다. 현재 그는 업워크에서 구한 프리랜서 15명에게 의지하면서 정기적으로 그들과 함께 일한다. 그가 맨 처음 고용한 팀원은 디자이너였다. 디자이너와의 협업 덕에 일이 쉬워졌다는 걸 안 후로는 회계와 백오피스 지원 업무를 할 사람들도 구했다. 그리고 결국 글 쓰는 것을 도와줄 사람까지 고용했다. "그때부터 사업이 본격적으로 성장하기 시작했습니다."라고 그는 말한다.

피셔는 여전히 모든 프로젝트의 최종 편집자 역할을 하면서 다들 적절한 재능을 가지고 있는지 확인한다. "모든 프로젝트에 시간을 할애해야 합니다. 모든 일에 직접 관여하고 확인해야 하죠. 이는 사업이 확장될 때 겪을 수 있는 문제입니다."

피셔는 팀원들이 어디에 있든 원격으로 프로젝트를 처리할 수 있도록 업무를 조정했다. 피지 해변에서 일한다고 해도 안정적인 와이파이 접속으로 고품질 작업물을 제공할 수만 있다면 어디든 상관없다고 그는 생각한다. 모두가 자기에게 맞는 최고의 장소에서 최선을 다하기를 바랄 뿐이다.

피셔는 사업 규모에 제한을 두지는 않지만 한동안은 고객 경험을 확실히 통제하기 위해 부티크 규모로 유지할 계획이다. 그래서 최대한 고객과의 관계를 긴밀하게 유지하려고 노력한다. 또한 그는 자녀들이 아직 어릴 때 함께 즐길 수 있는 시간을 갖고 싶어 한다. "인생에 한 번 뿐인 소중한 시간을 놓치고 싶지 않습니다."

시간만 잡아먹는 고객은 걸러내라

피셔가 사업을 할 때 위험을 줄이는 가장 중요한 영역 중 하나는 클라이언트 선택이다. 업워크에 처음 프로필을 올렸을 때는 고객이 될 만한 사업가와 프로젝트에 관한 얘기를 나누는 횟수가 주당 1~3회 정도였다. 하지만 회사 평판이 높아지자 주당 15회까지 치솟았다. 처음에는 그들 모두와 얘기를 나눴지만 이런 통화가 사업계획서를 쓸 시간을 앗아간다는 걸 깨닫고는 적합하지 않은 고객을 걸러내기로 했다.

그는 고객과 초반에 이메일로 대화를 나눌 때 더 많은 질문을 던지기 시작했다. 프로젝트를 몇 번 진행해보고 나서는 자신의 서비스가 1,000만에서 5,000만 달러 정도를 조달하려는 회사에 가장 적합하다는 걸 알게 됐다. 그래서 논의 초반부터 모금 목표액을 물어보고 그 범위에서 벗어나는 사업가들은 배제했다.

피셔는 고객과 처음 통화를 할 때 상대방이 사업 콘셉트를 어떤 식으로 얘기하는지 주의 깊게 경청한다. 이는 피셔가 고객을 위해 얼마나 잘 프로젝트를 수행할 수 있는지를 판가름하는 하나의 요소다. "서류상으로는 더없이 멋진 아이디어를 제시할 수 있을지 모르지만 자기 사업을 제대로 설명하지 못하거나 저를 이해시키지 못한다면 저와의 관계는 이미 끝난 셈입니다."

피셔는 사업계획서를 작성할 때 그 자신이 아닌 고객이 투자자들을 설득해야 한다는 걸 염두에 둔다. 업계 규정상 그가 고객을 대신해 투자자에게 전화를 걸 순 없기 때문이다. 스스로 좋은 인상을 줄 수 있는 고객을 골라야 그의 사업계획서가 적합한 사람의 손에 들어가서 자금 조달에 성공할 것이라는 확신이 생긴다.

그래서 그는 고객의 태도와 소프트 스킬에 주의를 기울인다. 그는 긍정적인 태도와 배우려는 의지가 있는 고객, 즉 자본 조달에 성공할 자질을 갖춘 고객만 받아들인다.

상황을 극적으로 만들 수 있는 모든 징후(프로젝트 흐름을 방해할 수 있는 것)는 위험 신호로 취급한다. 그렇게 되면 모든 일과 사람의 속도가 느려지기 때문이다. 고객이 너무 짧은 시간 안에 뭔가를 요구할 때도 매우 조심스럽게 일을 진행한다. 그는 자기 팀을 철저히 보호하며 팀원들에게 과도한 스트레스를 주고 싶어 하지 않는다. "기다리지 못하는 사람은 우리 고객이 될 수 없습니다."

피셔는 고객과 관계를 맺을 때 서로를 향한 기대치를 정하기 위해 처음부터 몇 가지 규칙을 공유한다. 그는 "당신이 규칙을 만들지 않으면 누군가가 당신을 위해 규칙을 만들 것이다."라고 말한다. 그는 자신과 팀원들 모두 퇴근 후에는 이메일, 문자, 전화에 응답할 수 없다는 사실을 분명히 밝힌다. "이런 기대를 품은 고객과는 함께 일하지 않습니다."

(리스크 관리 3) **고객 커뮤니티에 직접 묻고 듣기**

고객이 참여하는 온라인 커뮤니티를 개설하면 소규모 사업 아이디어를 테스트하기에 이상적인 실험실이 생긴다. 데일리 딜 사이트에서 선임 영업 컨설턴트로 일하던 티파니 윌리엄스도 자신이 곧 해고되리라는 사실을 알았을 때 이 방법을 썼다.

딜라드대학교에서 경영 및 마케팅 학사 학위를 취득하고 피닉스대학교에서 기술경영 MBA를 취득한 윌리엄스는 해고당할 것을 예상하고서는 부업을 시작해보기로 했다. 2012년 그녀는 티스프링(teespring.com)을 통해 인터넷에서 POD 티셔츠 사업을 시작했다. 티스프링은 온라인으로 제품을 판매할 수 있는 플랫폼이다.

윌리엄스는 반려견 프라다에게서 영감을 얻어 업워크와 파이버Fiverr 같은 프리랜서 플랫폼에서 그래픽 디자이너를 고용해 요크셔테리어를 주제로 한 티셔츠를 디자인해 팔았다. 당시에는 몰랐지만 그로부터 2주 뒤에 정말로 회사에서 정리해고가 단행되었고 윌리엄스는 풀타임으로 사업에 뛰어들었다.

다행히 그녀가 선택한 사업은 진입 비용이 저렴했다. POD 모델의 경우 사업자가 재고를 비축할 필요가 없으므로 선불금이 필요 없다. 티스프링 같은 플랫폼에 티셔츠 디자인을 업로드하고 판매 가격을 정해놓으면 고객이 해당 사이트에 대금을 지불한 뒤에 티셔츠가 인쇄된다. 플랫폼은 판매 대금의 일부를 수수료로 제한 뒤 그녀에게 수표를 보내거나 직접 입금한다. "사업을 시작하려면 은행에서 돈을 빌리거나 100쪽짜리 사업계획서를 작성해야 한다고 생각하는 이들이 많습니다. 하지만 대부분 그렇지 않아요. 지금의 위치에서 얼마든지 시작할 수 있습니다. 사업이 성장하면서 투자액도 늘어나는 거죠."

하지만 티셔츠를 만들고 팔 곳을 찾는 건 성공적인 사업을 구축하기 위한 첫 번째 단계일 뿐이다. 윌리엄스는 개를 좋아하는 이들에게 이런 티셔츠가 판매되고 있다는 사실을 알릴 방법도 찾아야 했다. 소셜 미디어를 즐겨 이용했던 그녀는 자기처럼 요크셔테리어를 키우는 이들끼리 대화를 나눌 수 있는 무료 페이스북 그룹을 시작했다. 같은 관심을 공유하는 사람들을 끌어들이기 위해 페이스북 광고에 150달러를 투자했고 새로운 디자인이 준비될 때마다 요크셔테리어 그룹에 보여주면서 판매했다.

그 페이스북 그룹에서 티셔츠를 구입하는 이들이 많았지만 그래도 당장 회사에서 받던 봉급만큼 벌지는 못했다. 하지만 그녀는 매일 노트북 앞에 앉아 일했다. 티스프링에서 한 실험이 사업가로서 성장하기 위한 중요한 과정임을 깨달았다고 그녀는 말한다. 윌리엄스는 계속해서 사업을 해나가며 배웠고 결국 사람들의 요청에 따라 토트백과 앞치마로 판매 영역을 확장했다.

2013년 윌리엄스는 추가 수입을 올리기 위해 과거 회사 생활과 실험을 통해 배운 것들을 활용해서 버즈 소셜 미디어Buzz Social Media라는 에이전시를 시작했다. 그렇게 2년간 수만 달러대의 수익을 올렸다. 그녀는 늘 속으로 이렇게 생각했다. '회사로 돌아가서 다른 사람 밑에서 일하고 싶지 않아. 그러니까 이 일을 잘 해내야 해.'

2014년에 그녀는 마침내 돌파구를 찾았다. 킨들Kindle의 온라인 스토어에서 전자책을 판매하거나 타깃과 월마트에서 판매하는 가정용품을 구입해 아마존에서 값을 올려 판매하는 등 새로운 수익원을 발견한 것이다. 이 방법을 통해 그해에 순수익이 35만 달러에 이를 정도로 사업을 성장시켰다. 비약적으로 도약한 한 해였다.

사업이 성장하자 윌리엄스는 그녀의 성공담을 듣고 직접 사업을 시작하는 데 관심이 생긴 다른 여성들의 얘기를 듣게 되었다. 처음엔 보험 회사를 그만두고 집에서 일하며 아이들을 키우고 싶어 하는 여성의 이야기를 들었는데 그녀는 윌리엄스가 어떻게 사업을 성공시킬 수 있었는지 알고 싶어 했다. 2주 뒤에는 다른 여성에게서 비슷한 질문을 받았다. 곧 질문이 눈덩이처럼 불어났다.

윌리엄스는 도와주고 싶었지만 그들 각각과 따로 얘기를 나누는 건 1인 사업가로서 비효율적이란 걸 깨달았다. "사업을 하면서 동시에 저를 찾는 모든 사람의 질문에 답하려니 시간이 생각보다 많이 들었습니다." 그녀가 찾은 해결책은 사업을 시작하고자 하는 여성들을 지원하기 위해 리치 걸 컬렉티브Rich Girl Collective라는 무료 페이스북 그룹을 만드는 것이었다. 여기서는 1번에 하나씩 모든 사람의 질문에 답해줄 수 있었다. 이로써 사업에 집중하면서도 기업가 커뮤니티에 보답도 할 수 있었다.

페이스북 그룹의 이름을 지을 때 그녀는 부가 물질적으로 풍요로운 것이 아니라 삶의 질을 더 높여주는 것이라는 생각을 강조하고자 했다. "리치 걸 컬렉티브의 '리치'는 제게 돈 이상의 것을 의미해요. RICH는 단어가 아니라 약자인데요. R은 관계Relationship와 가족을 나타내고 I는 기업가정신에 입각한 투자Invest를 뜻합니다. C는 커뮤니티Community, H는 건강Health과 웰빙을 나타내고요."

윌리엄스는 월요일부터 토요일까지 하루 3번씩 글을 올리면서 그룹을 매우 활발하게 유지했다. 또 회원들이 창업에 관한 질문을 할 수 있는 Q&A 이벤트를 생중계하기도 했다. 몇 년 사이에 그룹 회원 수는 1만 5,000명으로 늘어났고 기존 회원들은 친구도 가입해도 되냐고 물어보는 메일을 계속 보냈다.

윌리엄스는 사업에 초점을 맞추고 스팸 발송자를 막기 위해 기본적인 규칙을 정했다. 가입 신청을 할 때 창업을 진지하게 고려하고 있는지를 확인하는 질문에 답하게 했고 신청자의 페이스북 페이지를 확인해서 프로필이 진짜인지 꼼꼼히 살펴봤다. "프로필 사진이 없으면 우리 그룹에 가입할 수 없습니다."

시간이 지나자 윌리엄스는 이 사이트에서 오간 대화에서 공통된 주제를 발견하고 커뮤니티의 관심사에 맞춰 메시지를 조정했다. 하나는 일부 여성들의 완벽주의가 창업에 걸림돌이 되고 있다는 것이었다. 윌리엄스가 보기에 그들은 완벽한 로고와 완벽한 웹사이트를 만들려고 애쓰고 있었다. 그녀는 팔로워들에게 완벽주의를 버리라고 촉구하는 메시지를 만들었다. "물론 브랜딩은 중요합니다. 하지만 사업을 시작하기까지 몇 달이 걸릴 정도로 완벽할 필요는 없어요. 부족한 부분은 일을 진행하면서 배우면 됩니다."

한편 사업 아이디어가 너무 넘쳐나서 집중하는 데 애를 먹는 이들도 많았다. 윌리엄스는 그들에게 다음 사업으로 넘어가기 전에 먼저 1개의 사업부터 숙달하라고 했다. "우리는 열정이 넘치고 시작하고 싶은 사업도 많습니다. 하지만 저는 하나의 일부터 시작하라고 권합니다.

사업 하나부터 잘 풀리게 해놓은 다음에 다른 사업으로 진출하는 걸 고려해야 해요. 사업을 해본 적이 없는 사람은 처리할 일이 얼마나 많은지 모릅니다. 너무 많은 일을 벌여놓으면 그중 하나도 제대로 못 합니다."

그런데 사업가로서 잘 풀리고 있었던 37세 때 윌리엄스의 삶이 하룻밤 새에 뒤집혔다. 병원에 갔다가 초기 난소암에 걸렸다는 사실을 알게 된 것이다. "정말 충격이었어요. 우리 집안에는 난소암에 걸렸던 사람이 없었죠. 제 인생에서 정말 힘든 시기였습니다." 그녀는 4개월간 항암치료를 받으면서 처음에는 이 소식을 커뮤니티 사람들에게 알리지 않고 사업에 집중하기로 했다. 사람들이 자신을 전과 똑같이 대해주길 바랐기 때문이었다.

윌리엄스는 치료를 받는 동안에도 꾸준히 실시간 방송을 진행하면서 사업을 운영했다. 그리고 치료 마지막 날까지도 팔로워들에게 자신의 병에 관해 얘기하지 않았다. 끝까지 버티면서 일을 해내는 모습을 보여주고 싶었고 그것이 팔로워들에게 교훈이 되길 바랐다. 항암치료를 마치고 6개월 뒤 윌리엄스는 뉴올리언스에서 제1회 리치 걸 라이브 컨퍼런스를 이틀간 개최했다. "상황을 살펴보고 싶었기 때문에 컨퍼런스를 열기로 했습니다."

윌리엄스가 투병 생활을 하던 2016년과 2017년에는 사업이 정체됐다. 이 기간에 그녀는 일하는 시간을 줄이고 건강 회복에 집중하기 위해 실제 제품이 아닌 다양한 디지털 제품을 제공하는 실험을 했다. 티셔츠 업체 설립, 온라인 부티크 설립, 아마존에서의 상품 판매 등 그녀가 전문 지식을 갖춘 주제를 가지고 온라인 수업을 시작했다. "제가 해 보고 성과를 얻은 것들만 가르쳤습니다." 그렇게 시작한 디지털 제품 이 인기를 끌자 윌리엄스는 티셔츠를 비롯한 실물 상품들을 별로 중 요시하지 않게 됐다.

그녀는 온라인 강좌를 진행할 때 포디아Podia라는 플랫폼을 이용한 다. 포디아는 연 단위로 일정한 수수료를 받고 강좌나 다운로드, 월간 멤버십 그룹을 제공하게 해준다. 윌리엄스는 2018년에 팔로워들의 요 청에 따라 리치 걸 아카데미라는 라이브 교육 강좌를 시작했을 때 이 포디아 기능을 유용하게 활용했다. 플랫폼을 통해 매달 37달러의 수 업료를 받았으며 가입한 여성 사업가들에게 웹사이트 분석 같은 개별 적인 지원을 제공하는 것 외에도 매달 초청 연사를 불러 비즈니스 금 융, 신용, 정신건강 등을 주제로 얘기를 나눴다. "책임감 같은 또 다른 측면에서 도움이 필요한 이들이 많다는 걸 깨달았습니다. 또 밀어붙이 는 힘도 있어야 하죠. 다른 사람들이 하면 나도 할 수 있다는 사실을 깨달으려면 동지애도 필요합니다."

강좌 규모가 늘어나자 윌리엄스는 사업을 더욱 공식화했다. 리치 걸 컬렉티브라는 상표를 등록하고 아카데미 회원들을 위해 여학생 클럽 같은 느낌으로 운영되는 지부를 설립해서 7개 도시에서 분기마다 모 였다. 2021년에는 커뮤니티의 요구에 부응해서 전자책 쓰는 방법에 대한 무료 마스터 클래스를 제공했다. 클래스를 열자마자 1,300명이 넘는 여성들이 등록한 것을 보고는 실제로 수요가 있다는 걸 알게 됐 다. 윌리엄스는 여성들이 전자책 계획을 세우도록 도와주는 이지 이북Easy eBooks 이라는 디지털 플래너를 출시했을 때 알림을 요청한 여성들의 메일링 리스트를 작성하기 시작했다. "제 고객들은 플래너를 무척 좋아합니다."

윌리엄스는 사업을 성장시키면서 작업을 완수하는 방법과 관련해 더 많은 실험을 했다. 그녀가 사업을 키우던 처음 몇 년 동안 그녀의 어머니가 계약직으로 일하면서 다양한 프로젝트를 도와줄 수 있었던 건 행운이었다. "어머니는 이 사업의 모든 부분을 다 아세요. 저의 가장 큰 후원자이자 조력자죠."

더 많은 도움을 받을 수 있게 된 윌리엄스는 전략과 사업 개발에 집중하기 위해 몇 번씩 같이 일했던 계약직 직원들을 모아 팀을 구성했다. 나중에는 정기적으로 일을 도와주는 그래픽 디자이너, 개인 비서, 고객 등록 및 이메일 지원 담당자, 변호사, 홍보 담당자, 비디오 제작자 등 팀원이 6명까지 늘어났다. 이들 모두 원격으로 일하기 때문에 물리적인 사무실 공간은 필요 없었다. 이렇게 일을 위임한 덕에 윌리엄스의 페이스북 그룹에 가입한 여성의 수는 3만 9,000명으로 늘어났고 이메일 목록에도 3만 명이나 등록되었다.

윌리엄스는 자신의 역량을 확대하고 팀원들이 주어진 시간 내에 더 많은 일을 처리하도록 무료 또는 저가 앱과 소프트웨어 프로그램을 사용한다. 그리고 이런 플랫폼 구독을 위해 매달 약 1,500달러를 지출한다. 이 프로그램으로 할 수 있는 일을 사람을 고용해서 하려면 비용이 훨씬 많이 들 것이다. 현재 윌리엄스의 연 매출액은 100만 달러가 넘는다.

업무 자동화로 '나는 하루 4시간만 일한다'

소규모 사업체에서 일을 확장하는 가장 좋은 방법은 업무 자동화 기능을 이용하는 것이다. 사례에서 소개한 윌리엄스가 가장 선호하는 업무 자동화 도구는 다음과 같은 것들이다.

어도비 스톡 stock.adobe.com

웹사이트나 페이스북, 기타 디지털 자산에 사용할 고품질 스톡 사진을 구할 수 있는 공급원이다.

캔바 canva.com

윌리엄스는 캔바를 정말로 사랑한다. 그녀의 그래픽은 전부 캔바의 디자이너가 작업한 것이다.

클릭퍼널스 clickfunnels.com

윌리엄스는 이 온라인 마케팅 도구를 이용해 고객을 끌어들인다. 여기서 템플릿을 구입하거나 클릭퍼널스 작업을 다른 사람에게 의뢰한다. "저의 가상 비서가 저 대신 필요한 작업을 해줍니다."

컨버트킷 convertkit.com

크리에이티브 전문가들이 팬과의 관계를 돈독히 할 수 있는 이메일 마케팅 플랫폼이다.

포디아 podia.com

윌리엄스는 비전문가를 대상으로 하는 이 플랫폼을 이용해 강좌를 호스팅한다. 웨비나, 다운로드, 멤버십 판매에도 사용할 수 있다.

TXT180 txt180.com

이 마케팅 서비스는 문자 메시지를 이용해서 고객과의 연락을 유지한다.

윌리엄스는 이제껏 해온 모든 실험이 성공적인 회사를 일구는 데 꼭 필요했다고 생각한다. "사업을 시작하고 싶다거나 마케팅에 대한 도움을 받고 싶을 때 가장 먼저 리치 걸 컬렉티브가 떠오르길 바랍니다. 이 분야는 매우 경쟁이 치열하지만 병을 앓고 난 뒤부터 여성들을 돕는 일이 얼마나 중요한지를 알게 됐어요. 지금 제 임무는 최대한 많은 사람에게 영향을 미치는 겁니다."

다행히 윌리엄스는 현재 건강이 아주 좋은 상태라고 한다. 하지만 이제는 삶을 균형 있게 유지하려고 노력하고 있다. 여가 시간에는 지역사회 활동이나 운동을 하며 보내고 많은 시간을 2020년에 입양한 어린 딸과 함께 보내려고 노력한다. "다시 예전으로 돌아왔고 그 어느 때보다 건강합니다. 하지만 가족과 시간을 보내지도 못할 정도로 사업에 집중하고 싶지는 않습니다."

고객의 머릿속에 각인될 회사 이름 짓기의 기술

회사와 제품, 서비스 이름을 짓는 것은 사업가로서 내리는 가장 중요한 결정 중 하나다. 좋은 이름은 잠재고객과 즉각적인 유대감을 형성하지만 잘못된 이름은 외롭고 무시당하는 기분만 가져올 수 있다.

그렇다면 자신의 마음에 드는 이름이 남들에게도 사랑받을지 어떻게 알 수 있을까? 방문객이 있는 웹사이트가 있다면 전통적인 A/B 테스트를 사용해서 '옵션 A'와 '옵션 B'를 비교할 수 있다. 하지만 이런 테스트가 의미 있으려면 사이트 방문객이 어느 정도는 되어야 한다. 때로는 사이트 코딩을 바꿔야 할 수도 있다. 이 방법을 사용해본 몇몇 사업가의 말에 따르면 픽푸(pickfu.com)가 그 대안이 될 수 있다. 이 플랫폼에서는 사용자가 50~500명을 상대로 즉각적인 여론조사를 해서 브랜드 이름, 책 제목, 책 표지, 광고 배너, 이메일 템플릿 등에 대한 반응을 시험할 수 있다. 이때 조사는 당신이 원하는 대로 비공개로 할 수도 있고 공개적으로 진행할 수도 있다. 픽푸는 '어느 브랜드의 개 사료를 구입하겠습니까?' 같은 간단한 질문을 하고 2가지 이상의 대안을 나란히 게시한다. 내가 여기서 진행해본 2번의 여론조사를 보면 약 15분 안에 응답이 들어오고 응답자의 연령, 성별, 소득 수준, 교육 수준과 같은 인구통계 정보도 볼 수 있었다. 응답자는 모두 패널 회사가 제공하거나 픽푸가 직접 모집한 유료 패널들이다. 픽푸의 공동 창업자인 존 리 John Li 의 말로는 픽푸가 품질을 보장하기 위해 인간과 AI 감사 시스템을 활용한다고 한다.

픽푸는 2008년에 주말 프로젝트로 시작했지만 2013년 덕덕고 Duck-DuckGo 라는 검색엔진 설립자이자 픽푸 사용자인 게이브리얼 와인버그 Gabriel Weinberg 가 주변 사람들에게 픽푸를 알리면서 급격히 인기를 얻게 됐다. 사람들이 노력과 시간을 투자하기 전에 아이디어를 검증하는 게 도움이 된다는 걸 깨달은 것이다. 서비스 오픈 후 곧 자비출판 작가, 게임 개발자, 제품 관리자, 온라인 사업가들이 찾아와서 그들이 고려 중인 아이디어의 범위를 좁히려고 했다. 리의 말에 따르면 사업가나 작가는 대부분 아이디어가 부족해서가 아니라 너무 많아서 힘들어한다. 리는 사업에 사용할 이름과 제목을 테스트하는 사업가들을 위해 몇 가지 주의 사항을 일러주었다. 이는 픽푸를 사용하든, 아니면 비슷한 다른 서비스를 사용하든 상관없이 염두에 두어야 할 사항들이다.

1. 고객의 선호도를 인정하라

자신이 고안한 콘셉트가 마음에 들어도 고객은 그렇지 않다면 그 사실을 되도록 빨리 아는 게 좋다. 리는 "그렇다고 모욕감을 느낄 필요는 없습니다. 고객을 더 잘 알게 되는 기회로 삼으면 됩니다."라고 말한다.

2. 하나씩만 테스트하라

회사 이름과 로고 디자인을 동시에 테스트하면 사람들은 자신에게 가장 의미 있는 것에 반응하기 때문에 결과가 왜곡될 수 있다. "먼저 회사 이름부터 테스트한 후에 로고를 테스트하는 게 좋습니다."라고 리는 조언한다.

3. 평가를 꼼꼼하게 검토하라

설문조사 플랫폼이든, 대면 조사든, 포커스 그룹이든 이름을 테스트할 때 가장 중요한 부분은 사람들의 평가를 읽어보는 것이다. 리는 "브랜드명이 생각지도 못했던 어떤 의미를 함축하고 있을 수도 있습니다."라고 말한다.

4. 특정 고객층의 의견에 함몰되지 마라

누가 당신의 제품이나 서비스를 구매할지 짐작이 가더라도 그런 잠재 고객에게만 집착하면 돈을 낭비하게 된다. 여론조사를 통해 일반 대중에게 제품 구매를 위해 돈을 쓸 의향이 있는지 물어보면 타깃으로 삼을 수 있는 새로운 인구통계 집단을 만날 수 있다. 당신의 아이디어에 반응하는 이들에게 특정한 패턴이 있는지 살펴봐야 한다.

5. 광고비를 쓸 필요는 없다

클릭당 광고료를 지불해야 하는 방식으로 실험하면 비용이 많이 들 수 있다. 돈을 지불하기 전에 개별 광고를 시험해보면 현금을 절약하는 데 도움이 된다. 리는 "사람들이 구글과 페이스북 광고를 실제 광고 플랫폼에서 실행하기 전에 테스트하는 것도 봤습니다. 사람들이 제안을 어떻게 해석하는지 보고 요점을 파악하는 거죠."라고 말한다. 광고가 사람들에게 어떻게 인식되는지 알면 내용을 세밀하게 조정하거나 더 자신 있게 광고에 투자할 수 있다. 사업가들은 위험을 감수하려는 성향을 타고났을 수도 있지만 이미 아는 위험을 감수하는 게 아무렇게나 덤비는 것보다 훨씬 낫다.

판매 상품 바꾸기를 두려워하지 마라

지금까지는 제품과 서비스를 제대로 구현한 사업체를 살펴봤다. 하지만 첫 시도부터 그렇게 할 수 있는 사람은 많지 않다. 제품이 인기를 끌지 못하면 어떻게 해야 할까? 성공할 때까지 계속 방향을 바꿔야 할 수도 있다. 제프 사도프스키Jeff Sadowsky에게는 그 방법이 통했다. 사도프스키는 뉴욕 브루클린에 있는 집에서 파티 이노베이션Party Innovations 이라는 인터넷 상점을 시작했다. 원래 컴퓨터 컨설턴트였던 그는 처음 온라인 소매업을 시작했을 때 장식용 리본을 팔았지만 원하는 만큼 성공을 거두진 못했다. 그러던 중 한 문구 회사를 방문한 것이 그의 인생을 바꿔놓았다. 그 회사 소유주들이 지나가는 말로 자기네 회사의 주요 수입원은 고객들에게 생산자 직송으로 보내는 냅킨이라는 얘기를 한 것이다.

사도프스키는 냅킨을 판매하기로 하고 구글 애드워즈Google Adwords를 통해 냅킨 광고를 시작했다. 그의 실험은 첫날부터 성과가 있었는데 그전에는 그렇게 즉각적인 반응이 온 적이 없었다. 그게 약 13년 전의 일이다. 제품 구성과 마케팅 방식을 실험하고 유료 광고를 계속 관리해줄 사람을 계약직으로 고용한 결과 5~6년 전부터는 130~140만 달러 정도의 매출을 올리게 됐다. 그의 사업에 큰 타격을 준 팬데믹 기간을 제외하면 지금도 계속 그 정도 수준의 매출을 유지하고 있다.

그는 고객 서비스를 개선하고 검증된 고객 리뷰를 제공하는 쇼퍼 어프루브드Shopper Approved에 사용 후기를 올리도록 유도하는 등의 노력을 통해 매출이 회복될 것으로 기대하고 있다. "모든 고객을 유일한 고객처럼 대하는 것이 저를 차별화하는 방법이라는 걸 깨달았습니다."

(리스크 관리 5) 박리다매는 빛 좋은 개살구다

사업 리스크를 줄이고자 할 때 또 하나 중요한 부분이 가격을 테스트하는 것이다. 가격을 너무 높거나 낮게 매기면 고객이 제품의 매력을 느끼지 못할 수도 있다. 가격 책정은 사람들의 감정에 영향을 미치기 때문에 완벽하게 이성적이고 논리적인 과정은 아니다. 반복적인 판매와 지속 가능한 비즈니스를 구축하려면 소규모로 실험을 해보는 게 중요하다.

큰돈을 버는 사업체와 해당 업계에서 평균 수준의 돈을 버는 사업체의 차이는 특별한 가치를 제공하면서 프리미엄 가격을 부과하는 방법에 있다. 위스콘신에서 작은 염소 농장을 운영하는 30세의 프리랜서 카피라이터 데이나 데릭스Dana Derricks가 좋은 예다. 그는 시장이 감당할 수 있는 가격이 어느 정도인지 알아보기 위해 가격 책정에 대한 점진적인 실험을 진행했고 그 과정에서 100만 달러대의 매출을 올리는 사업을 키웠다. 남들과 경쟁하면서 프리랜서 프로젝트를 따내는 데 진력이 난 데릭스는 아마존 킨들 다이렉트 퍼블리싱Amazon Kindle Direct Publishing에서 POD로《전환 비결: 판매를 위해 비즈니스를 최적화하라》Conversion Secrets: Optimize Your Business for Sales라는 책을 자비출판했다. 이 책은 아마존에서 판매자로 활동하는 그의 고객들에게 광고 문안 작성 방법을 가르쳐주기 위한 것이었다.

그는 이 책을 한 권에 400달러라는 파격적인 가격에 팔았다. 그는 책이란 전달하는 지식의 가치에 따라 가격이 매겨지기에 자신의 책이 400달러를 받을 가치가 충분하다고 생각했다. 그리고 많은 사람이 그 생각에 동의했다. 그의 책은 71개 나라에서 약 1,600부가 팔렸다. 강연을 자주 한 것이 매출을 올리는 데 도움이 됐다.

뒤이어 데릭스는 초기에 활동했던 시장인 아마존 판매자들을 겨냥해 더 높은 가격의 책들을 선보였다. 《상승의 비결, 백엔드 장악 가이드: 리뷰와 수익을 극대화하라》Ascension Secrets, Back-End Mastery Guide: Maximize Your Reviews Profits는 온라인에서 긍정적인 사용 후기를 받는 방법에 초점을 맞춘 책이다. 그는 그 책의 가격을 권당 1,000달러로 정했고 총 243부를 팔았다. 또 다른 책 《고가 서적 판매 비결》High-Ticket Book Secrets 은 2017년에 출간되었다. 처음에는 가격을 2,500달러로 정해서 4권을 팔았다. 나중에 비즈니스 모델을 바꾸고 권당 25달러에 팔자 약 500부가 팔렸다. 데릭스의 말에 따르면 출판이 다른 제품 판매를 촉진하는 효과가 있다고 한다. 그가 말하는 제품 중 하나는 책을 써서 자비출판하는 방법을 가르치는 강좌다.

4번째 책인 《드림 100 북》The Dream 100 Book은 관심 분야에서 영향력 있는 주요 인사 100명과 관계를 맺는 방법을 설명한 책이다. 이 책은 2,000달러에 예약 판매를 했고 9권이 팔렸다. 데릭스가 전략을 수정해서 가격을 20달러로 조정한 뒤에는 5,500부가 팔렸다.

데릭스는 2010년부터 2017년까지 혼자 힘으로 데릭스 그룹이라는 회사를 운영했다. 그러다 책과 관련된 활동과 강연 활동이 활발해지자 직원 7명을 고용하고 매출을 100만 달러대로 늘릴 수 있었다. 하지만 기존 방식대로 직원을 관리하려면 스트레스가 심하고 주변에서 인재를 찾기도 힘들다는 걸 깨닫고(그는 전체 인구가 1,000명밖에 안 되는 마을에 살았다) 비즈니스 모델을 계약직 중심으로 바꿨다. 현재는 직원을 두지 않고 계약직 4명이 디자인, 캠페인 광고 문안 작성, 웹사이트 구축, 클릭 전환, 페이스북 광고 등을 담당하고 있다. 한마디로 '세계 각지에서' 인재를 구한 셈이었다.

고객과 가격 책정에 대해 논의하는 방법을 실험해보는 것도 중요하다. 에밀리 트라이언은 이 방법을 완벽하게 다듬었다. 46세인 트라이언은 애리조나주 스코츠데일에 있는 메디컬 스파 에스테틱 솔루션의 설립자이자 CEO다. 그녀의 팀은 전화로 가격을 제시하지 않는다. 에반 피셔처럼 그녀도 저렴한 곳을 찾아 헤매는 이들보다는 품질을 중시하는 이들의 구미를 맞추려고 한다. 트라이언은 팀원들에게 싼 것만 찾는 사람들에게는 "더 싼 가격을 원하시면 그루폰 Groupon으로 가세요. 여기는 관리를 잘 받아서 자기 외모에 만족하고 싶은 분들을 위한 곳입니다."라고 말하도록 교육했다.

노화 과정을 늦추는 보톡스와 필러를 사용해서 자연스러운 외모를 연출해준다는 그녀의 명성을 듣고 전 세계에서 고객이 몰려들었다. "필러를 너무 많이 주입해서 외모가 인공적인 느낌을 주는 사람들을 본 적이 있을 거예요. 하지만 제 고객들은 그렇지 않습니다. 우리는 미묘한 차이를 주는 과정을 통해 외모를 개선합니다."

트라이언은 사업을 시작한 지 5년째 되던 해부터 의사와 간호사에게 기술을 가르쳤다. 2013년에 고객용 의자 하나만 두고 시작한 이 스파는 외모를 자연스럽게 개선해준다는 입소문이 났고 덕분에 보조원 1명을 쓰면서 연 매출을 100만 달러까지 늘렸다. 지금은 고객 수요에 따라 5~10명의 직원을 두고 있다. 우리가 마지막으로 대화를 나눴을 때 그녀는 2024년까지 에스테틱 솔루션 사업을 스코츠데일에서 싱가포르까지 확장해 50개 지점을 내는 걸 목표로 삼고, 추가로 인수할 1인용 스파를 찾고 있었다.

에스테틱 솔루션을 시작하기 전 트라이언은 중환자실에서 12시간씩 야간 근무를 하며 여러 해를 보냈다. 그녀의 헌신이 환자들에게 도움이 되는 건 분명했지만 감정적으로 탈진할 지경에 이르렀다. 남편의 목숨을 구해준 중환자실 직원들에게 감사를 표하기 위해 한 여성이 찾아왔을 때 그녀는 변화가 필요하다는 걸 깨달았다. 그 여성이 눈물을 글썽이며 고맙다고 말하는데도 자신은 다음에 해야 할 일을 생각하고 있다는 걸 알아차리고 놀랐던 것이다. "그 와중에 '쓰레기를 치우고 서류를 작성해야지'라고 생각하고 있는 걸 깨닫고 정신이 번쩍 들었습니다. 중환자실을 벗어나 제 열정을 발휘하면서 스트레스는 덜 받는 직업을 택해야 한다는 걸 알게 됐어요."

트라이언은 간호사지만 에스테틱 기술 훈련을 받은 적이 없기 때문에 전 세계의 유명한 의사와 전문가들이 주최하는 워크숍에 참가해 기술을 배웠다. 그리고 2013년에 14제곱미터 정도의 공간을 빌려 스파를 열었다. 트라이언은 당시에도 병원에서 계속 일하고 있었기 때문에 사업 자금을 마련하고 생활비도 댈 수 있었다. "병원에서 12시간씩 교대 근무를 하고 소규모 사업까지 시작하려니 주당 80시간씩 일해야 했습니다."

또한 트라이언은 무료 비즈니스 네트워킹 행사에도 참석해 자신을 홍보했다. 낯선 사람들과 얘기를 나누고 그녀의 스파를 찾는 소수 고객에게 친구와 가족을 소개해달라고 부탁했다. 그리고 모임에 나갈 때마다 15년 동안 간호사로 일하면서 심혈관 분야에서 경험을 쌓았다는 걸 자주 언급했다. 하지만 찾아오는 고객들은 그녀가 의료계에서 쌓은 경험에 생각만큼 관심을 보이지 않았다. 그들이 흥미를 느낀 것은 사람들이 젊어 보이도록 도와주려는 그녀의 열정이었다. "우리는 전보다 더 오래 살고 삶의 질도 높아졌습니다. 그러니 제 서비스도 쉽게 받아들이는 것 같아요."

하지만 현금 흐름이 빠듯했던 2015년처럼 힘든 시절도 있었다. 이때는 2개월 동안 필요한 돈을 마련하지 못했고 누구라도 사업을 접었을 만큼 어려웠다. 하지만 사업을 반드시 성공시키겠다는 마음을 먹고 가격 책정이나 기타 문제와 관련된 모든 프로세스와 절차를 철저히 검토했다. 또 새로운 사업 기회 창출과 고객 추천을 위해 충분한 노력을 기울이고 있는지도 확인했다.

사업 성장에 도움이 된 변화 중 하나는 초기 상담료를 청구해서 상담 환자 수를 제한하는 것이었다. 그렇게 하면 그녀의 스파를 이용할 생각이 별로 없는 사람들과 1시간씩 앉아서 얘기를 나누느라 시간을 허비하지 않아도 되었다. 상담 예약을 하면 신용카드 번호를 요구하고 치료까지 받게 되면 수수료를 면제해준다. 이는 진지하게 치료받을 생각이 없는 이들을 걸러내는 좋은 방법이었다. 그녀의 말을 빌리면 상담료를 지불할 생각이 없는 사람은 "어떤 조언을 해줘도 절대 따르지 않는다."

고객이 예약할 때 신용카드 번호를 요청하는 등의 대화를 어떻게 진행하면 좋을지 직원들에게 알려주기 위한 스크립트도 만들었다. 트라이언은 이 스크립트를 신입사원을 위한 안내서에 넣고 종종 팀원들과 역할극을 시도해서 고객과의 소통이 일관성 있게 이뤄지도록 한다. 트라이언은 BMW, 노드스트롬Nordstrom, 리츠칼튼The RitzCarlton처럼 최고의 고객 서비스로 유명한 회사들을 열심히 보고 배운다. "루이비통 매장에 전화해서 지갑이 얼마냐고 묻는 사람은 없습니다. 그러면 그들은 '어느 지갑 말씀이신가요?'라고 묻겠죠. 이 업계도 다르지 않습니다. 전화로는 진단이 불가능해요."

수년간 사업을 하면서 자신의 전문 기술에 매우 능숙해진 트라이언은 2019년에 미국 전역을 돌아다니면서 의사와 간호사를 교육했다. 그녀는 최신 제품이나 기술을 잘 알고 있으며 의료 전문가들도 '안전이 가장 중요하고 아름다움은 2번째'라는 그녀의 방식을 좋아한다. 팬데믹 기간에는 여행을 중단하고 스파 기술을 업그레이드하거나 매장의 전시 공간을 다시 만들거나 고장 난 장비를 수리하면서 시간을 보냈다. "스트레스를 많이 받고 있습니다. 누구에게나 힘들 때가 있죠. 하지만 전 '에밀리, 이 상황을 기회가 아닌 어려움으로 받아들이는 이유가 뭐지?'라는 질문을 저 자신에게 끊임없이 던지고 있어요."

경기가 좋아지면 트라이언은 다른 살롱을 인수할 생각이다. 더불어 고객을 10대 때부터 미리 확보하는 데 주력하고 있다. 피부 건강이 안 좋아진 다음에 고치는 것보다 예방하는 게 훨씬 쉽기 때문이다. 그래서 그녀는 팬데믹 기간 동안 인스타그램 활동에 집중했다. "중요한 건 소셜 미디어 플랫폼에 뭘 올리느냐가 아니라 뭘 올리지 않느냐예요. 저는 '비포'와 '애프터' 사진을 수천 장씩 올리는 행동은 하지 않습니다. 자신의 진짜 삶에 관해 얘기하는 진짜 사람들을 올립니다."

트라이언이 하는 일은 사람들의 외모를 개선하는 것이지만 궁극적인 목표는 그들이 삶을 더 즐기도록 돕는 것이다. "심한 낭포성 여드름을 앓는 16세 소녀를 치료한 적이 있어요. 심부 레이저 치료 덕분에 그 소녀의 삶은 완전히 달라졌죠." 아름다움은 피상적인 것일 수도 있지만 멋진 모습을 갖게 된 덕에 인생이 달라지는 사람들도 많다. 트라이언은 그들을 돕는 걸 보람으로 여긴다.

적절한 제품이나 서비스를 판매하고 있고 적절한 브랜드와 가격을 찾았다는 확신이 들면 또 하나 중요한 문제가 생긴다. 바로 사업을 시작하고 성장시킬 자금을 구하는 것이다. 다음 장에서는 주변에 백만장자가 없는 보통 사람들이 어떻게 자금을 구할 수 있는지 알아보자.

TINY
BUSINESS
BIG
MONEY

제5장

자본금 0원으로
10억 사업의 문을 두드려라

스티븐 서델은 처음부터 발명가가 될 생각은 아니었다. 캘리포니아 베니스 비치에서 물리치료사 일을 하던 그는 수술 환자를 위한 효과적인 경추견인기를 찾지 못해 좌절했다. 대학 시절에 잠시 미식축구를 하는 동안 목 통증에 시달렸기 때문에 통증을 치료하는 게 얼마나 어려운지 알고 있었다. 어느 날 운동하다가 목을 다친 그는 임시로 주변에 있는 재료를 이용해서 문손잡이나 난간에 걸 수 있는 작은 멜빵처럼 생긴 시제품을 만들었다. 놀랍게도 대충 만든 이 시제품을 10분 정도 사용하자 목 통증이 사라졌다.

그게 2016년 초의 일이다. 1년 반 동안 산업 디자이너와 함께 아이디어를 짜낸 서델은 2017년 10월 '넥 해먹'이라고 이름 붙인 제품을 시장에 내놨다. 그리고 2021년까지 30만 개를 판매해서 연간 500만 ~700만 달러의 매출을 올렸다. 그는 넥 해먹 사업을 하면서 2013년에 직원 2명과 함께 시작한 물리치료소 일도 계속했다. 이 치료소는 스포츠 활동이나 크로스핏을 하는 이들을 위한 외래 정형외과 치료에 중점을 두고 일주일에 32시간씩 운영했다. "이 일은 제가 정말 좋아하는 일이기도 하고 엄청난 아이디어의 원천이기도 하거든요."

또한 그는 2015년에 고객 2명과 함께 스트레칭 스튜디오인 스트레치랩StretchLab을 시작했다. 처음에는 1개뿐이던 스튜디오는 프랜차이즈 사업자의 도움을 받아 전국에 220개 이상으로 늘어났다. "이곳에서는 고객이 누워 있으면 우리가 온갖 자세로 스트레칭을 하도록 도와줍니다. 훨씬 수동적인 운동이죠. 그래서 요가를 할 때는 할 수 없는 스트레칭도 가능하죠." 그와 파트너들은 2019년에 100만 달러대의 돈을 받고 사업을 매각했다.

2021년 1월 서델은 100만 달러 넘는 돈을 받고 넥 해먹 사업을 팔았다. 그는 시장에 넥 해먹과 같은 전자상거래 업체를 사들이려는 구매자가 많다는 걸 알고 있었다. 회사를 내놓은 첫날부터 무려 8건의 제안을 받았다.

넥 해먹 사업을 할 당시 치료소에서 계속 환자들을 돌보면서 사업체를 운영할 시간을 내는 건 결코 쉬운 일이 아니었다. 하지만 서델은 가족들의 위기를 통해 동기를 얻었다. 여동생의 백혈병이 재발했던 것이다. 그는 발명에 몰두하면서 무력감을 덜 수 있었다. "동생이 병실에 앉아서 고통을 겪고 있는데 전 아무것도 할 수 없었어요. 하지만 제가 도와줄 수 있는 사람들도 있었죠. 그리고 넥 해먹 같은 발명품을 통해 개별적으로 환자를 돌보는 것보다 훨씬 많은 사람을 도울 수 있었습니다."

그의 사업은 아마존에서 매우 빠르게 인기를 얻었다. 처음에는 계약직 2명과 함께 시작했던 일이 회사를 매각하고 다음 사업을 구상하기 시작할 무렵에는 직원 수가 거의 10명 정도로 늘어나 있었다. 그리고 다행스럽게도 우리가 이야기를 나눴을 때 그의 여동생은 4년간 완화된 상태를 유지하고 있었다.

이제는 훨씬 적은 인력과 현금을 가지고도 사업을 시작하기 쉬워졌지만 그래도 어느 정도 자금은 필요하다. 제품 관련 사업을 시작하는 많은 사람처럼 서델도 시제품을 만들고 테스트해서 시장에 내놓을 자금이 필요했다. 그에게는 사업 자금을 대줄 부유한 가족이 없었고 물리치료로는 비용을 모두 댈 수 있을 만큼 수입을 얻지 못했다. 그의 아이디어를 계속 추진할 수 있는 유일한 방법은 다른 자금원을 찾는 것뿐이었다.

다행히 사업 자금 조달을 위한 옵션들이 많이 생겨나고 있다. 아마 이 책이 나올 즈음에는 더 많은 옵션이 생길 것이다. 애리조나주 스코츠데일에서 활동하는 벤처 캐피털리스트 데이브 매클러그Dave McLurg는 "지금도 투입되고 있는 자금이 엄청나게 많습니다. 이렇게 열광적으로 자본을 투입하는 모습은 본 적이 없어요. 2020년에 우리가 겪은 일을 생각하면 다소 충격적이면서도 흥미로운 일입니다."라고 말한다. 일반적으로 사업가의 개인 신용도에 의존하는 전통적인 형태의 자금 조달이나 융자 외에도 디지털 시대에는 스타트업을 위한 신용카드처럼 개인보증이 필요 없는 새로운 형태의 자금 조달 방법이 생겨나고 있다.

그렇긴 해도 자금 조달에는 어느 정도 창의성이 필요하다. 서델은 자신이 발명한 의료 기기를 FDA에 등록하기 위해 제품 안전성과 내구성을 테스트해야 했다. 여기엔 돈이 많이 든다. 시제품으로 무장한 서델은 2017년 10월에 크라우드펀딩 사이트인 킥스타터에서 캠페인을 시작했다. 잘 모르는 이들을 위해 설명하자면 크라우드펀딩 사이트에서는 당신이 제조하려는 제품을 구입하고 싶은 사람이 예약 주문을 하면 그 돈으로 필요한 비용을 조달한다.

킥스타터를 조사하던 서델은 캐서린 크루그Katherine Krug란 사람을 알게 되었다. 그녀는 베터백BetterBack이라는 등받이 제품을 발명했고 크라우드펀딩 사이트에서 제품 캠페인을 성공적으로 진행했다. 서델에겐 그녀가 영웅이나 다름없었다. 크루그를 아는 한 고객이 그녀를 소개해주었고 서델은 그녀로부터 캠페인을 성공적으로 진행하는 방법을 배웠다.

서델은 소셜 미디어에서 아는 사람들에게 모두 연락해서 자신의 캠페인 소식을 전했다. 그리고 킥스타터에서 그의 제품을 예약 주문한 1만 2,354명의 후원자들을 통해 90만 1,058달러를 모았다. 하지만 제품이 아직 시장에 내놓을 만큼 만족스러운 수준이 아니었기 때문에 서델은 또 다른 크라우드펀딩 사이트인 인디고고에서도 캠페인을 벌였고 최종적으로 164만 달러를 모았다.

서델은 제품이 인기를 끌 수 있도록 모은 돈 일부를 페이스북 같은 사이트의 디지털 광고에 투자해서 그의 전자상거래 상점으로 사람들을 끌어들였다. 어느 시점에는 30일 만에 50만 달러의 매출을 올리기도 했다. "굉장했죠. 연말쯤이면 100만 달러 규모의 회사가 될 거라고 생각했습니다." 하지만 이후 페이스북이 알고리즘을 변경하는 바람에 매출이 급감했다. 설상가상으로 공장에 대량 주문을 해놓은 상태였다. 30만 달러 가까운 돈을 투자해서 넥 해먹을 5만 개나 만든 것이다. 그는 패닉에 빠졌다. 재고를 어떻게 처분해야 할지 알 수 없었고 재정 준비금도 늘려야 했다.

다행히 상점을 개설할 때 이용한 쇼피파이를 통해 10퍼센트 이율로 10만 달러의 단기 대출을 받을 수 있었다. 그리고 미국연방예금보험공사 Federal Deposit Insurance Corporation, FDIC에 등록된 중소기업 금융 서비스 업체인 블루바인BlueVine에서 3.5퍼센트의 이율로 7만 5,000달러의 단기 대출을 받았다. "그 돈이 다 필요한 건 아니었지만 돈이 없을 때는 돈을 벌기가 훨씬 더 어렵다는 걸 알고 있었습니다." 필요한 자금으로 무장한 그는 사업을 계속 키워나갔다. 그리고 넥 해먹 사업을 매각하기 전에 자신의 웹사이트와 아마존에서 광고했다.

지난 몇 년 동안 사업가 수천 명을 인터뷰한 결과 자금 조달 방식이 정확히 일치하는 사업체들은 없었다. 그러나 거의 모든 신생 사업체는 바로 소유주의 자원에 의존했다. 서델 역시 물리치료사 일을 처음 시작할 때 크로스핏 체육관과 제휴해서 체육관 위층에 있는 테이블을 이용한 덕분에 1만 달러도 안 되는 자금으로 일을 시작할 수 있었다. "체육관에 있던 장비를 대부분 활용했기 때문에 창업 비용을 절감할 수 있었습니다. 필요한 것들은 사업이 성장하면서 천천히 추가했죠."

전문적인 서비스 사업을 시작한다면 컴퓨터와 DIY 웹사이트를 찾는 것만으로도 충분할 것이다. 하지만 제품 기반 사업이나 부동산이 필요한 사업을 하려면 자금이 더 많이 필요하다. 이때는 급여나 저축, 상속받은 재산, 배우자나 파트너의 수입을 가져와야 할 수도 있다.

일단 사업을 실현해서 아이디어 단계를 넘어서면 사람들이 돈을 빌려주든, 투자하든 당신을 후원하게 하기가 훨씬 쉽다. 또 창업에 도움이 되는 자금이 주변에 많다는 것도 알게 된다. 그런 돈이 어디에 있고 어떻게 얻어야 하는지만 알면 된다. 높은 수익을 올리는 소규모 사업체들의 일반적인 자금 조달 방법을 알아보자.

(자금 조달의 기술 1) 크라우드펀딩으로 만들기 전에 판다

사업을 시작하기 위해 몇 달 동안 꼬박꼬박 돈을 모을 만한 여유가 없는 사람들도 많다. 당신도 그런 경우라면 서델처럼 크라우드펀딩 사이트를 통해 선주문을 받는 것이 적은 자금으로 사업을 시작하는 방법이다. 페블 타임 스마트워치Pebble Time Smartwatch, 쿨리스트 쿨러Coolest Cooler(블루투스 스피커와 얼음을 분쇄하는 블렌더가 내장된 아이스 박스), 카나리아Canary 스마트 홈 보안 장치는 크라우드펀딩을 통해 자금을 모은 유명한 스타트업이다.

킥스타터와 인디고고 외에도 펀더블(fundable.com), 포지블(pozible. com, 호주), 울룰레(ulule.com, 유럽) 같은 다른 보상 기반 사이트도 살펴보자(국내에서 활용할 수 있는 유사한 플랫폼으로는 텀블벅tumblbug.com과 와디즈

wadiz.kr, 크라우디crowdy.com 등이 있다-편집자). 게임 개발자를 위한 굿 셰퍼드 엔터테인먼트Good Shepherd Entertainment(예전 이름은 갬비셔스Gambitious) 같은 업계별 사이트도 있는데 이런 사이트는 타깃 검색으로 찾을 수 있다. 어떤 사업가는 이런 플랫폼을 이용하지 않고 직접 간단한 웹사이트를 개설해서 제품 선주문을 받기도 한다.

일반적으로 기부 기반의 크라우드펀딩 또는 보상 기반의 크라우드펀딩은 당신이 앞으로 만들 제품 가격을 고객이 미리 지불하고 제품이 준비되면 보내주는 방식이다. 간단하게 들릴지도 모르지만 사전에 계획을 잘 세워야 한다. 소셜 미디어에 팔로워를 늘리고 이메일 목록을 만들어두면 더 좋은 결과를 얻을 수 있다. 다른 사람들에게 캠페인에 대해 설명해서 투자를 받아야 하는데 당신이 지원을 부탁한 이들이 모두 그럴 의향이 있을 거라고 가정할 수는 없다. 또 인플루언서들에게 부탁해서 입소문을 퍼뜨리고 싶을 텐데 그런 작업은 제품을 출시하기 한참 전부터 해야 한다.

어떤 사업가는 메시지를 제대로 전달하기 위해 크라우드펀딩 캠페인을 전문으로 하는 마케팅 에이전시를 고용하기도 한다. 후원자들에게 주문해달라고 부탁하거나 기부를 요청할 올바른 방법을 찾는 게 중요하다. 사람들은 대부분 자기가 누군가에게 도움이 된다는 사실을 알고 싶어 하므로 '당신의 기부는 학생들이 새로운 게임을 통해 코딩을 배우는 일에 한 걸음 더 다가서게 해줍니다' 같은 표현도 고려해보자.

최대한 빨리 추진력을 높이려고 애써야 한다. 일부 사이트에서는 펀딩을 시작하고 처음 2, 3일 안에 목표액의 상당 비율을 채우면 사람들

'할 일 목록'으로 펀딩 목표를 달성하세요

자금을 모을 때 생산 일자를 맞추는 등 사전에 정해둔 목표를 달성할 수 있다는 걸 보여주면 후원자들의 신뢰를 얻을 수 있다. 이는 사업을 하면서 물리치료사로 일하던 서델의 경우처럼 다른 할 일이 있더라도 시간을 신중하게 관리해야 한다는 뜻이다.

서델은 이를 위한 가장 효과적인 방법은 화장실 거울에 화이트보드를 달아두고 매일 자신의 목표를 적는 것이라고 말한다. 그리고 그 밑에 해야 할일 목록을 추가한다. "이 작업을 꾸준히 하면서 해야 할 일 목록을 하나씩 지워나가는 게 목표에 집착하면서 전력 질주하는 것보다 더 도움이 됩니다. 일관성이 있어야 목표 달성이 쉬워집니다. 제가 가장 좋아하는 명언은 '열심히 일할수록 운이 좋아진다'입니다. 제게 운 좋게 들어온 많은 일이 사실은 열심히 일하면서 꼭 필요한 인물들과 지속적으로 대화를 나눈 덕분이라고 생각합니다."

눈에 잘 띄는 곳에 배치해준다. 따라서 친구와 가족에게 빨리 기부해달라고 부탁하는 것이 좋다. 어떤 사업가들은 뒷마당 바비큐 같은 행사를 개최해서 후원자들에게 감사의 마음을 전하고 캠페인에 대한 관심을 높이는 방법을 쓰기도 한다.

크라우드펀딩을 할 때는 후원자들과 계속 연락을 취해야 한다. 고객과의 커뮤니케이션이나 진척 상황을 알리기 위해 이메일 목록을 만들 어두는 것이 좋다. 문제가 생겨서 공장을 바꾸고 그 때문에 제품 도착이 늦어진다는 소식을 전해야 할 때도 있다. 이런 연락을 제때 하지 않으면 일부 후원자들이 크라우드펀딩 페이지나 소셜 미디어에 부정적인 의견을 게시할 수도 있다.

조사해볼 만한 다른 하이브리드 크라우드펀딩 플랫폼도 있다. 발명가들을 위한 사이트인 쿼키(quirky.com)에서는 로열티의 일정 비율을 제공하는 대가로 사업 프로젝트를 진행할 때 커뮤니티의 도움을 받을 수 있다. 패트리온(patreon.com)에서는 후원자들이 월간 구독권을 구입해서 당신을 지원할 수 있는데 이에 대해서는 제7장에서 자세히 설명할 것이다.

이 밖에 플랫폼 투자자가 당신 회사의 소유권 지분을 구입할 수 있는 주식형 크라우드펀딩도 있다. 주요 주식형 크라우드펀딩 플랫폼으로는 엔젤리스트(angellist.com), 에쿼티넷(equitynet.com), 펀더블(fundable.com), 마이크로벤처스(microventures.com), 시드인베스트(seedinvest.com), 위펀더(wefunder.com) 등이 있다(국내에서 활용할 수 있는 유사한 플랫폼으로는 크라우드넷www.crowdnet.or.kr과 펀딩포유funding4u.co.kr 등이 있다-편집자). 주식형 크라우드펀딩은 현금을 받는 대가로 회사 소유권 일부를 다른 사람에게 양도하는 것이므로 반드시 법률 자문을 받아야 한다. 아무리 자금을 더 조달하고 싶더라도 남는 게 거의 없을 정도로 많은 지분을 넘기고 싶지는 않을 것이다.

크라우드펀딩을 시도하는 사업가들은 다른 유형의 펀딩도 함께 이용한다. 시카고에 사는 41세의 사업가 팀 스윈들Tim Swindle도 그랬다. 그는 2011년 7월에 상업용 부동산 회사를 그만두고 포인트드라이브PointDrive라는 소프트웨어 스타트업을 차렸다. 2014년 1월에는 친구와 함께 플레이어들이 카드에 적힌 문구를 우스꽝스러운 악센트로 읽는 어터 넌센스Utter Nonsense라는 보드게임을 구상해서 그해 8월에 킥스타터에서 모금을 시작했다. 그들은 1만 6,000달러 조금 넘는 돈을 모금했고 이로써 추진력을 얻었다.

스윈들은 사업가로 일한 경험이 있었지만 어터 넌센스를 만들 때는 구글에 '카드게임 만드는 법' 같은 키워드를 검색해야 했다. 어떻게 만드는지 전혀 몰랐기 때문이다. 하지만 그 때문에 일을 중단하지는 않았으며 차근차근 만드는 방법을 배워나갔다.

게임 디자인에 관해서는 그가 지분을 매입한 예전 사업 파트너와 함께 전문가를 고용해 시제품을 만들기로 했다. 스윈들은 게임과 패키징 디자인을 해줄 그래픽 디자이너를 찾기 위해 전문가 인맥에 연락을 돌렸고 이 일을 도와줄 팀을 구했다. 그리고 즉흥 코미디 극단인 세컨드 시티Second City에서 일하는 친구들에게 추천을 받아 클럽의 심야 쇼에서 스태프로 활동하는 코미디 작가들을 고용해서 게임 콘텐츠를 만들었다. "이 모든 긱 이코노미Gig Economy가 하나로 합쳐졌습니다."

이후에는 델라노 게임즈Delano Games라는 제조업체를 고용해 상자를 비롯한 전체적인 시제품을 디자인하고 최종적으로 게임 제작에 들어갔다. "어떤 제품을 만들더라도 제작 과정을 전부 직접 해내는 경우는 거의 없습니다."라고 스윈들은 말한다. 미국에서 게임을 만드는 건 흔한 일이 아니다. 많은 사업가가 중국 제조업체에 의지하지만 스윈들과 파트너는 멀리 떨어진 공장에 일을 맡기는 게 불안했다.

사업을 시작하는 데는 총 4만 달러가 들었다. 킥스타터 캠페인을 시작하기 전에 파트너 2명이 2만 달러씩 투자했다. "돈을 잃을 수도 있지만 그래도 즐겁게 일할 수 있으니 괜찮다고 생각했습니다." 다행히 그는 돈을 버는 능력이 매우 뛰어났다. 킥스타터에서 어터 넌센스를 출시하고 선주문을 받기 시작하자 사람들의 관심이 커졌다. 지역 언론과 업계 매체들이 이 게임에 관한 기사를 쓰기 시작했다.

당시 독자적 홍보 및 마케팅 컨설턴트로 일하던 스윈들의 여동생이 장난감과 게임을 다루는 잡지에 이 제품을 홍보하자 타깃의 구매 담당자가 자기네 매장에서 팔겠다고 제안했다. 매우 신나는 제안이었지만 스윈들과 파트너에겐 생산량을 대폭 늘려야 하는 엄청난 도전이기도 했다. "제품을 수십만 개 단위로 만들어야 했습니다. 정말 어마어마한 양이죠."

스윈들은 타깃 측에 상황을 솔직히 털어놓기로 했다. 그러자 타깃에서는 매우 귀중한 정보를 알려주었다. "그들은 우리가 제기한 모든 이의에 귀를 기울였습니다. 그리고 나중에 와서 '이 유통업체를 만나보세요. 이들이 당신과 협력해서 우리 매장에서 판매할 게임을 만들 겁니다'라고 했죠. 이후에는 일이 매우 쉬워졌습니다." 2015년 3월부터 미국 전역의 타깃 매장에 어터 넌센스가 입고되었다.

풀타임으로 다니는 직장이 있었던 스윈들과 파트너는 모든 걸 아웃소싱할 수 있도록 설정했다. 이는 《나는 4시간만 일한다》의 저자 팀 페리스가 설명한 라이프스타일에서 영감을 얻은 것이기도 했다. 스윈들과 파트너는 게임 제작 작업을 대부분 아웃소싱했기 때문에 빠르게 성장하는 스타트업을 운영하면서도 자기들이 좋아하는 다른 일을 자유롭게 할 수 있었다. 스윈들 부부는 6개월간 세계여행을 다니기도 했다. "그동안 노트북으로 모든 작업을 했습니다. 덕분에 어디서나 일할 수 있는 자유가 생겼죠."

이 모든 일은 타깃과의 관계를 관리해줄 신뢰할 수 있는 유통업체를 고용한 덕분이었다. 스윈들은 "그들의 주문 처리 기술을 이용하고 그 대가로 돈을 지불합니다."라고 설명한다. 유통 문제를 확실하게 해결하자 다른 소매업체들도 접근해왔다. 아마존, 반스 앤드 노블Barnes & Noble, 북스어밀리언Books-A-Million에서도 곧 이 게임을 판매하기 시작했다.

프로젝트를 시작한 지 약 3년 만에 회사의 연 매출이 100만 달러를 돌파했다. 어터 넌센스는 2017년까지 약 4년간 스윈들의 여동생까지 합쳐 3인조 팀으로 회사를 운영했다. 그러다 장난감 회사인 플레이몬스터PlayMonster가 회사를 인수했다. 한편 스윈들의 소프트웨어 스타트업인 포인트드라이브는 2016년 8월에 링크드인이 인수했다. 스윈들은 포인트드라이브를 매각한 뒤 초기 투자 전문 벤처 캐피털 회사인 허버드 스트리트 캐피털Hubbard Street Capital을 설립했다.

스윈들은 어터 넌센스를 만들면서 배운 것들을 활용해 다음 벤처 사업을 시작했다. 2018년에는 브래디 피터슨Brady Peterson이라는 사업가와 손잡고 독자적인 장난감 및 게임 퍼블리셔 회사인 플레이태큘러Playtacular를 설립했다. 플레이태큘러가 소규모 시장과 전문점, 취미

사업 자금은 스스로 만들고 지켜라

팀 스윈들은 사업 자금 조달에 대한 방법은 시카고의 레스토랑 소유주이자 기술 사업가인 닉 조너스Nick Jonas로부터 큰 영향을 받았다고 말했다. 조너스는 아버지로부터 돈을 신발 상자 3개에 나눠 넣는 방법을 배웠다고 한다. "들어오는 돈, 나갈 돈, 나머지는 대학 등록금을 위해 저축합니다." 조너스의 말에 따라 스윈들은 자기가 가진 돈보다 더 많이 쓰지 않고 부트스트래핑boostt-raping(스타트업 초기에 외부 자금 유입을 최소화하고 자금 문제를 내부적으로 해결하여 향후 발생할 위험을 줄이는 것을 의미한다—옮긴이)을 통해 최대한 많은 자금을 조달하는 방법을 배웠다. 그 말은 곧 킥스타터에서 모금한 돈을 신중하게 써야 한다는 뜻이다. 그는 이것이야말로 지속 가능한 사업, 매력적인 인수 대상이 될 수 있는 사업을 구축하는 비결이라는 걸 알고 있었다.

용품 매장에 더 적합하다는 사실을 알게 된 그들은 규모가 더 작은 퍼블리셔 회사에 판매권을 넘겼다.

스윈들은 게임 회사를 운영하고 싶었기 때문에 그 거래를 마친 뒤 루트 비어 플로트 챌린지Root Beer Float Challenge라는 또 다른 가족용 게임을 만들어서 2019년 7월에 출시했다. 이 게임에서는 플레이어들이 루트 비어 플로트(식물의 뿌리나 열매 과즙을 탄산수와 섞은 음료에 바닐라 아이스크림이나 휘핑 크림을 올린 음료-옮긴이)를 만들기 위해 경쟁한다. 현재 이 게임은 타깃, 아마존, 월마트닷컴 등에서 판매되고 있다. 2019년에는 장난기 가득한 크리스마스 장신구를 판매하는 치키Cheeky라는 회사를 설립해서 약 35만 달러의 매출을 올렸는데, 나중에 우리가 얘기를 나눌 무렵에는 브랜드 이미지를 새롭게 변모시키는 작업을 진행하는 중이라고 했다.

스윈들이 피터슨과 함께 진행한 최근 프로젝트는 앨리 홉스터Alley Hoopster다. 이것은 인터뷰 당시 틱톡과 인스타그램에 500만 명의 팔로워를 보유한 위스콘신주 커노샤 출신의 파트너이자 유튜버인 티제이스TJass처럼 농구 묘기 슛을 할 수 있게 도와주는 키트다. 스윈들은 그의 새로운 사업 파트너와 함께 다시 한번 크라우드펀딩으로 눈을 돌렸다. 그들은 킥스타터에서 2만 125달러의 자금을 조달해 목표액을 35퍼센트 초과 달성했다.

한편 스윈들은 아내와 함께 여러 가지 사업을 하면서 아빠가 되었다. 아기는 다른 데서는 결코 느낄 수 없는 충만함을 그에게 주고 있다. "매일 아침 눈을 뜨면 그날 뭘 하고 싶은지 결정합니다. 정말 열심히 일하고 있지만 전부 제가 선택해서 만들어낸 삶이에요." 크라우드펀딩으로 만들어낸 제품들 덕에 그는 더욱 흥미로운 라이프스타일을 펼쳐나가고 있다. "전 사무 일은 되도록 피하려고 합니다. 사실 누구나 속으로는 자기 사업을 하고 싶은 생각들이 있을걸요."

(자금 조달의 기술 2) 좋은 거래처 하나가 은행보다 낫다

일부 사업가의 경우는 처음에 공급업체와 관계를 잘 다져두는 게 고객에게 의존하는 것보다 더 합리적이다. 제품을 만들 때 제조사와 지불 조건을 협상해서 고객에게 먼저 돈을 받은 뒤 나중에 공장에 지불할 수도 있다. 30세의 젊은 사업가 브라이스 윌리엄 몬키비치Bryce William Monkivitch의 경우가 그랬다. 그는 25세 때 가족들의 권유로 삼촌이 중국에서 운영하는 공장에서 일하게 되었다. 하지만 일은 뜻대로 풀리지 않았다. "삼촌은 제가 아직 성숙하지 못하다고 생각했죠. 그래서 집에 가서 더 배우고 오라며 저를 돌려보냈습니다."

호주 퀸즐랜드에 사는 몬키비치는 이 일로 자존심에 상처를 입긴 했지만 그래도 삼촌이 자기를 도와주려고 한다는 걸 깨닫고는 현실적으로 행동하기로 했다. 우선 실무 위주의 교육을 진행하는 TAFE(호주의 직업 교육 기관) 퀸즐랜드의 회계 과정에 등록했다. 하지만 공부를 시작한 지 6개월 만에 전자상거래 사업을 시작해보고 싶다는 생각이 들어 페이스북과 인스타그램에서 귀여운 강아지 모자를 팔기 시작했다. 공급업체는 알리바바를 통해서 찾았다.

모자를 쓴 사랑스러운 강아지 사진을 올리자 매출이 증가했다. 그는 곧 10대와 젊은 여성들에게 트렌디한 의류를 판매하는 모험을 감행했다. 프리랜서로 콘크리트 공사 일을 하면서 모은 5,000달러로 쇼피파이에 신시어 샐리Sincere Sally라는 온라인 상점을 열었다. 그때가 2018년 3월이었다.

어릴 때 코딩을 배운 몬키비치는 페이스북과 인스타그램에서 사람들과 대화를 시작하는 봇bot과 유사한 앱을 만들었다. 이 앱을 통해 사람들이 어떤 스타일을 좋아하는지 채팅하고 그들에게 어울리는 옷을 제안하고 할인 코드를 제공해 신시어 샐리로 끌어들이고자 했다. 앱을 사용하기 시작하자 매출이 증가했다. 현재 신시어 샐리는 호주 시장과 미국에서 옷을 판매하면서 내스티 갤Nasty Gal, 패션 노바Fashion Nova, 프린세스 폴리Princess Polly 같은 브랜드와 경쟁하고 있다.

과거 실적이 없었던 몬키비치는 처음에는 선불 결제가 필요한 공장과 협력해야 했다. 그런 상황이 1년 반 정도 지속되다 한 친구가 새로운 공급업체를 소개해주었다. 그 공장은 고객에게 선주문을 받기 위해 인터넷에 올릴 의류 샘플을 만드는 데 동의했다. 이 계약으로 그는 고객에게 돈을 받아 공급업체에 대금을 지불할 수 있었다. 현금 유동성을 개선한 이 계약을 맺을 수 있었던 건 이전에 공급업체에 제때 돈을 지불한 전력이 있었기 때문이었다.

공급업체를 잘 대우하면 결국에는 너도나도 함께 일하려고 경쟁하다시피 한다. 그런 협력 관계는 단순한 지불 조건을 넘어선다. 예를 들면 주문한 제품에 결함이 있는 것으로 판명되면 공급업체와 논의해서 처리 방법을 합의할 수 있다. 몬키비치는 "그들도 손실을 약간 감수하고 우리도 약간 감수하면서 다음번에 더 나은 결과를 얻기 위해 서로 협력합니다."라고 말한다.

돈을 벌기 시작하자 몬키비치는 입소문을 퍼뜨리기 위해 수입 일부를 유료 페이스북 광고에 투자했다. 다른 광고비가 갈수록 오르고 있어서 온라인 플랫폼을 조사해두었던 게 도움이 되었다. 2019년에는 견문을 넓히려고 다른 젊은 전자상거래 사업가 및 인플루언서들과 함께 전 세계를 여행했다. "저와 비슷한 일을 하는 사람들, 그리고 실제로 마케팅에 종사하는 이들과 어울린 덕에 훨씬 괜찮은 사업가가 될 수 있었습니다. 지금 저는 마케팅에 거의 집착하다시피 하고 있습니다. 제가 매일 하는 일 대부분이 효과적인 마케팅 기법을 찾아내는 일입니다."

몬키비치는 자신의 앱을 통해 이제 막 팔로워를 늘리고 있는 마이크로 인플루언서Micro Influencer(1~10만 팔로워를 보유한 인플루언서로, 팔로워의 허수 비율이 낮은 편이다-옮긴이)들을 끌어모았다. 그들은 인스타그램에서 잠재고객들과 대화를 나누기 시작했고, 우리가 2021년에 얘기를 나눴을 때 몬키비치의 마이크로 인플루언서 네트워크는 약 45만 명으로 늘어나 있었다. 그는 마이크로 인플루언서들에게 각자의 인스타그램 계정에 올릴 수 있는 할인 코드를 부여한다. 그러면 회사는 그들을 통해 올린 매출이 얼마인지 추적해서 수수료를 지불한다.

필리핀에서 활동하는 마이크로 인플루언서들이 특히 많았기 때문에 몬키비치는 직접 필리핀에 가서 팔로워를 늘리는 방법이나 제품 사진 촬영 기술 등에 대한 현장 교육을 실시하기도 했다. "우리는 그곳에 커뮤니티를 구축하고 있습니다. 그게 지금 우리가 급성장하는 이유이기도 합니다."

그는 처음 2년 동안은 혼자서 사업을 운영했다. 그러다 여동생 조이와 몇몇 인플루언서와 힘을 합쳐 운영하게 되었다. 팬데믹이 시작되었을 때는 사업이 위축될 것이라고 예상했다. 하지만 놀랍게도 팬데믹에 따른 지원금을 받기 시작하자 많은 고객이 그의 가게에서 새 옷을 사는 데 돈을 썼다. 매출이 급증했고 다행히 회계에 능한 그는 이 모든 것을 추적할 수 있었다. 신시어 샐리는 현재 연간 100만 달러 이상의 매출을 올린다.

자금 조달의 기술 3 **주변인에게 꼭 돈을 빌려야 한다면**

친구나 가족은 많은 사업가가 창업 자금을 마련하기 위해 가장 먼저 의지하는 이들이다. 사랑하는 사람들, 친한 사람들은 기꺼이 그들을 지원한다. 벤처캐피털리스트 데이브 매클러그는 이렇게 말한다. "돈을 빌려주는 이들은 '위험성이 높긴 하지만 적어도 아는 사람이니까 내 돈이 어디로 흘러가는지는 알 수 있겠지'라고 생각합니다."

친구나 가족과 함께 일할 때 좋은 점은 응원해줄 사람이 있다는 것이다. 단점은 그들과의 개인적인 관계가 비즈니스 관계 때문에 다소 달라질 수 있다는 것이다. 여러 해 동안 많은 사업가를 인터뷰한 결과 내가 해줄 수 있는 조언은 친구나 가족 등 개인적인 후원자들이 돈을 다 잃어도 분노하거나 원망하지 않을 경우에만 돈을 빌리라는 것이다. 당신이 아무리 훌륭한 사업가라도 팬데믹 같은 일이 난데없이 발생하면 급격한 재정적 손실을 입을 수 있다.

나이 든 부모의 저축이나 가장 친한 친구가 내년에 아이를 대학에 보내려고 모아둔 돈을 다 날리고 싶지는 않을 것이다. 상대방이 금전적으로나 감정적으로 어느 정도의 리스크를 감수할 수 있는지 모를 경우는 그들을 잘 아는 사람들에게 의견을 묻거나, 그 사람의 재무설계사 또는 조언자와 함께 이야기를 나눠보는 게 좋다. 특히 당신의 부탁을 거절할 수 없는 사람의 경우는 아주아주 조심해야 한다. 친밀한 개인적 관계는 무엇과도 바꿀 수 없는 것이며 창업 자금보다 훨씬 가치가 있다.

그렇긴 해도 위험을 감수하려는 성향이 강하고 어딘가에 투자하려는 여유 자금도 있으며 혹시 발생할지 모르는 비상사태에 대처할 수 있는 친구나 가족이 있다면 이상적인 후원자가 될 수 있다. 우선 그들은 전문 투자자들처럼 빠른 결과를 얻으려고 당신을 압박하지 않을 것이다. 그리고 사업이 마침내 성공하면 그들과 함께 성공의 결실을 나눌 수 있다.

29세의 얀 옌스Jan Jens에게는 이 방법이 효과가 있었다. 그는 마이애미에서 수백만 달러짜리 고급 빌라를 임대하는 회사인 자티나 그룹Jatina Group을 설립할 때 초기 자본을 마련하기 위해 아버지에게 의지했다. 22세 때 독일에서 미국으로 건너온 그는 어떻게 생계를 꾸려야 할지 몰랐다. 옌스는 가족이 하는 건설업에 종사했지만 오전 9시부터 오후 5시까지 규칙적으로 하는 일에는 별로 관심이 없었다. "전 그렇게 살고 싶지 않았습니다."

그는 사업가가 되어 휴가용 부동산을 임대하는 사업을 시작하기로 했다. 어떤 부동산이 수요가 많은지 알아보기 위해 인터넷으로 먼저 조사한 뒤 아버지를 설득해서 3만 9,000달러를 빌려 마이애미에 있는 침실 5개짜리 고급 빌라를 임대한 뒤 그걸 다시 임대하는 사업을 시작했다. 어떤 사업가들은 아버지에게 빌린 돈은 그냥 선물로 여기기도 하지만 옌스는 그렇게 생각하지 않았다. 그는 돈을 최대한 빨리 갚을 작정이었다. "솔직히 말해서 겁도 났습니다. 당시 제겐 무척 큰돈이었기 때문이죠."

옌스는 에어비앤비와 홈어웨이HomeAway 같은 사이트에 빌라 광고를 올렸다. 6일 만에 첫 손님이 예약했다. 신입 부동산 관리자인 그는 임대료를 너무 낮게 책정했다는 걸 깨달았지만 그건 중요하지 않았다. 그는 계속 움직였다. 빌라 예약이 가득 차고 투숙객들은 평균 4~5일 정도 머물렀기 때문에 옌스는 첫 달 안에 사업 성과가 나타나리라고 생각했다. 그리고 3개월도 안 되어 아버지에게 빌린 돈을 갚을 수 있었다.

그때가 2015년이었다. 그 후 1년 만에 100만 달러의 매출을 올렸다. 2017년에는 처음으로 직원 2명을 채용했다. 현재 이 회사는 22개의 부동산을 관리하고 있으며 직원은 14명인데 그중 11명이 정규직이다. 2020년에는 1,550만 달러의 매출을 올렸는데 이는 2019년의 1,030만 달러보다 늘어난 것이다.

팬데믹 기간에 뉴욕처럼 봉쇄된 주에서 마이애미로 탈출한 사람들이 많았던 것이 이 사업에 도움이 됐다. "지금 마이애미에서 사업이 얼마나 성장했는지 정말 놀라울 정도입니다. 한때는 숙소를 운영할 적임자를 찾지 못해서 업무를 잠시 중단해야 했죠. 데리고 있던 직원들은 한계에 다다랐습니다. 부동산 관리인 1명에게 집을 3채 이상 맡길 수는 없어요. 그러면 할 일이 너무 많기 때문이죠."

옌스가 아버지에게 빌린 돈을 빨리 갚을 수 있었던 건 그의 완벽주의 때문이었다. 마이애미의 태평스러운 비즈니스 문화 속에서 옌스는 시장의 최고 수준을 넘어서는 컨시어지급 고객 서비스를 제공해 두각을 나타냈다. 처음에는 고객의 요구에 부응하고 질문에 답하기 위해 일주일 내내 15시간씩 일해야 했다. 그렇게 일해야지만 그 자신과 고객이 만족할 만한 서비스를 제공할 수 있었기 때문이다. 자칭 '통제광'이라는 그는 항상 모든 상황을 파악하려고 한다. 모든 게 110퍼센트로 돌아가고 있는지 확인해야만 직성이 풀리는 성격이다.

그의 세심한 방식은 빠르게 입소문을 탔다. 곧 프로 스포츠 선수와 유명 인사 등 부유한 피서객들을 고객으로 맞이하게 됐다. 지금은 도와주는 팀원들이 있지만 우선순위가 높은 고객들은 직접 상대한다. "제게는 제 이름이 돈보다 중요합니다. 그래서 매우 중요한 일은 직접 처리하죠."

첫 번째 부동산 임대료를 너무 낮게 책정했다는 걸 깨달은 옌스는 단계적으로 가격을 올리기 시작했다. 마찬가지로 주중에 임대율이 낮으면 가격을 낮춰서라도 숙소가 모두 임대되도록 했다. "제 목표는 임대율이 90퍼센트에 도달하는 겁니다. 집 1채에 들어가는 비용이 월평균 1만 달러라면 전기세와 가스비 등 모든 비용을 포함해서 12일 이내에 손익분기점에 도달해야 합니다. 그 후부터 비로소 돈을 벌기 시작하는 거죠."

흥미로운 일들이 가득한 화창한 해변 도시에 사는 성공한 사업가라면 열심히 일해 번 돈을 마음껏 쓰고 싶을 것이다. 그러나 옌스는 임대료로 번 돈을 자신을 위해 쓰거나 더 재미있는 일을 하는 데 쓰지 않고 다음 부동산을 임대하기 위해 모았다. 또한 드라마틱한 사진으로 부동산을 소개하기 위해 웹사이트를 구축하고 구글 광고를 이용해 소문을 퍼뜨리는 방법도 배웠다.

그는 광고에 매달 1,000달러씩 투자하기 시작했고 지금은 광고와 검색엔진 최적화를 위해 매달 3,500달러를 쓴다. 그리고 온라인 인지도를 높이기 위해 만족한 고객들에게 숙소를 예약한 사이트에 자기 회사 리뷰를 올려달라고 부탁한다. 이는 높은 수준의 서비스와 프라이버시를 중시하는 부유한 고객들뿐만 아니라 부동산 소유주들과 신뢰를 쌓는 데도 필수적이다.

회사에 현금이 꾸준히 유입되자 옌스는 빌라를 빌려서 그 빌라도 다시 임대하기 시작했다. 그는 소유주들에게 빌린 주택 포트폴리오를 만들었다. 이렇게 사업에 꾸준히 재투자해서 현재 그는 관리 중인 22개 부동산 가운데 4개를 소유하고 있으며 나머지는 다른 소유주를 대신해 다시 빌려주고 있다. 현재 이 빌라들의 임대료를 살펴보면 포트 로더데일에 있는 방 4개짜리 빌라는 하룻밤에 950달러이고 산마르코 아일랜드에 있는 방 6개짜리 빌라 임대료는 하룻밤에 7,500달러가 넘는다.

고급 빌라를 빌려 마이애미에 휴가 온 손님들에게 다시 임대하는 사업은 점점 유기적으로 확장되었다. 마이애미의 이웃들이 옌스와 그가 하는 사업을 알게 되면서 자기 부동산을 임대하려고 찾아오는 이들이

프로젝트는 저글링이 아니다

지속가능한 사업을 구축하려면 동시에 다른 쪽으로 방향을 틀어 확장하고 싶더라도 1번에 1개의 프로젝트만 진행해야 한다. 옌스는 "한 걸음씩 단계적으로 사업을 운영하는 게 좋습니다. 4개의 파티에서 동시에 춤을 추려면 어렵죠. 새로운 집이 생기면 그 집을 A부터 Z까지 완성한 뒤에 그다음 집으로 넘어갑니다. 동시에 집 2채를 손보는 일은 없어요. 그러면 너무 산만해지거든요."

생겨난 것이다. 이웃이 처음에 집을 대신 임대해달라고 요청했을 때 옌스는 임대료의 25퍼센트를 수수료로 주면 해주겠다고 했다. 이웃의 요청으로 시작한 임대가 큰 성공을 거두자 이웃은 아예 그 집에서 나와 시내에 있는 비슷한 스타일의 다른 집에 살면서 원래 집은 1년 내내 세를 놓게 되었다.

옌스는 관리하는 부동산 포트폴리오를 확장하면서 회사에 현금이 계속 유입되도록 하는 방법에 대해 많이 배웠다. 처음에는 침실이 5개 이상인 큰 집에 관심을 기울였는데 그런 집들이 매우 시장성이 있다는 걸 알게 됐다. 예전에 그는 단체 고객은 비용을 나눠서 내며 그렇게 하면 호텔보다 저렴하다고 말했다. 하지만 몇 년 후 다시 연락했을 때는 방이 최대 4~5개 정도인 빌라에 집중하고 있었다. 집이 클수록 파티 손님들이 몰려와서 이웃의 단잠을 방해하곤 했던 것이다. "때로는 방 10개짜리 집에 18명이 묵기도 합니다. 우리는 이웃과 지역사회를 위해 최대한 평온을 유지하고 싶습니다."

빌라에 막대한 피해를 입힐 수도 있는 사람에게 집을 임대할 위험을 줄이기 위해 옌스는 자기 웹사이트에서 직접 빌라를 임대하는 걸 허용하지 않는다. 모든 고객은 예약하기 전에 그 또는 그의 팀원들과 상의해야 한다. "일이 잘 진행되도록 우리는 손님들과 얘기를 나누면서 그들이 뭘 원하는지 확인합니다."

옌스는 에어비앤비 같은 사이트를 통해 보험에 가입했지만 지금까지는 운이 좋았다. 그의 고객들은 다행히 배려심이 있는 이들이어서 여행 가방 때문에 벽에 얼룩이 생기거나 술잔이 깨지는 정도의 사소한 사고만 있었다. "대개는 고객이 물건을 파손하면 직접 비용을 지불합니다."

새로운 부동산을 계속 늘리기 위해 옌스는 임대 주택 시장을 위한 자금 조달을 전문으로 하는 텍사스주 오스틴의 대부업체 비지오 렌딩Visio Lending과 협력하고 있다. 대출금은 부동산에서 벌어들이는 월 수입을 기준으로 하는데 20~25퍼센트의 계약금만 내면 선택지는 '무제한'이다.

옌스는 일을 너무 좋아해서 1번에 2~3일 정도 자리를 비우기는 해도 장기 휴가를 가진 않는다. 지금은 그의 비전을 최대한 확장하는 데 주력하고 있다. 우리가 얘기를 나눴을 때 그는 빌라 패즈Villa Pads라는 새로운 회사를 통해 LA로 사업을 확장하고 있었다. "제 목표는 빌라

패즈의 연간 매출을 크게 늘린 다음 언젠가 에어비앤비 같은 곳에 한 꺼번에 판매하는 겁니다." 마이애미에서 열리는 파티에 참석하라는 유혹도 많이 받지만 밤의 유흥에 대한 그의 태도는 단호하다. "배가 고 파야 아침에 일찍 눈을 뜨고 자리에서 일어나 일할 수 있습니다. 어떤 사람들은 성공 비결이 뭐냐고 물어보지만 비결 같은 건 없어요. 그저 열심히 일할 뿐입니다."

(자금 조달의 기술 4) 은행 대출 창구 앞에서 망설이지 마라

일반적으로 창업 단계에서 은행 대출을 받기는 힘들다. 하지만 신용 관련 프로필을 제대로 구축한다면 시도해볼 수도 있다. 35세의 샤킬 프라슬라Shakil Prasla는 2013년에 텍사스주 오스틴에서 프로 클릭 벤 처Pro Click Ventures라는 회사를 설립하면서 계속 이 방법을 썼다. 그는 13개 전자상거래 업체의 포트폴리오를 점진적으로 구축해왔다. 대부 분을 은행 대출을 이용해 혼자 힘으로 경영하면서 100만 달러대의 매 출을 올렸고 매출의 최소 4분의 1 이상 순이익을 기록했다.

텍사스대학교에서 경제학 학사 학위를 받고 액튼 경영대학원에서 MBA를 취득한 프라슬라는 재무 컨설턴트로 일했다. 사업가가 되고 싶다고 생각했지만 누구나 겪는 딜레마에 직면했다. 어떤 사업을 시작 해야 할지 확신이 서지 않았던 것이다. 인터넷에서 사업 아이디어를 조사하던 그는 우연히 전자상거래 회사를 설립하는 방법을 알려주는 블로그를 발견하고 흥미를 갖게 됐다.

그는 전자상거래 상점들이 중국에서 상품을 수입하는 거대 플랫폼 알리바바를 알게 되었고 직접 중국에 가서 가능한 옵션을 조사했다. 그리고 약 1년 동안 검색엔진 최적화, 마케팅, 가격 책정 등의 주제를 독학해 사업의 기본을 익힌 뒤 창업에 뛰어들었다. "다른 사람들이 하는 일을 조사해 그대로 따라 하면서 사업을 익혔죠."

프라슬라가 만든 첫 번째 회사는 커프스단추와 다른 액세서리를 온라인으로 판매하는 프로커프스ProCuffs였는데 사업 자금은 그동안 모아둔 돈으로 댔다. 1년여 동안 사업을 진행하며 이것저것 자세히 배웠고 마침내 이익을 냈다. 좋은 기회도 찾아왔다. 우연히 콰이어트 라이트 브로커리지Quiet Light Brokerage라는 중개회사를 알게 된 것이다.

그들은 음료 냉각기를 판매하는 미스터쿨닷컴MisterCool.com이라는 회사를 매각하려던 중이었다. 프라슬라가 물어보자 그들은 사업설명서를 보내주었다. 사업설명서를 자세히 살펴본 그는 냉각기 회사가 마케팅에 많은 투자를 하지 않았다는 걸 발견했고 회사를 좀 더 제대로 운영하면 더 성장시킬 수 있다고 생각했다. 그는 일하면서 모은 돈 5만 2,000달러로 2015년에 그 회사를 샀다.

이 사업이 성장하자 프라슬라는 더 많은 전자상거래 업체를 인수했다. 그는 많은 투자자가 간과하는 분야에 초점을 맞췄다. 아마존에 판매를 의존하지 않는 1인 사업체나 소규모 사업체를 타깃으로 삼은 것이다. 프라슬라가 보기에 그런 사업체에는 잠재력이 많았다. "한 사람이 운영하는 사업체를 보면 종류에 상관없이 사업가가 모든 작업을 수행하죠. 일주일에 70~80시간씩 일하면서 남에게 일을 위임하지 않습니다. 그러니 에너지가 소진될 수밖에요. 그들은 새로운 기술을 배우기 위해 시간을 투자하지 못할 수도 있습니다. 저는 바로 그런 회사를 인수해서 여러 사람에게 업무를 위임합니다."

프라슬라는 저축한 돈으로 첫 번째 기업을 인수한 뒤 미국 중소기업청의 지원을 받는 은행 대출로 눈을 돌렸다. 하지만 평소보다 규모가 크고 돈이 많이 드는 거래를 할 때는 투자자들을 끌어들였다. 은행들은 일반적으로 부동산 자산이 없는 전자상거래 업체에는 대출해주려고 하지 않지만 중소기업청의 보증 덕에 위험 요소 일부가 제거됐다. "은행들이 중소기업청을 좋아하는 이유는 미국 정부의 지원을 받기 때문입니다." 사업가 입장에서는 대출 이자도 비교적 저렴했다. 당시 그의 일반적인 대출 금리는 우대 금리로 2.75퍼센트였다. 2021년에 인터뷰를 할 때는 8.25퍼센트를 내고 있었다.

은행에서 자금을 조달할 때 그는 인수하려는 기업이 최소 5년 이상 운영되었는지, 손익계산서나 대차대조표 같은 재무 기록이 모두 있는지 확인한다. 그래야 대출금을 갚을 수 있다는 확신이 생기기 때문이다. 또한 매년 순이익으로 인수 가격의 3분의 1을 메울 수 있는 거래를 찾는데 이를 통해 인수 위험을 줄인다. 프라슬라는 대출을 받아서라도 매우 수익성 높은 사업을 인수한다면 돈을 벌 수 있다는 걸 알았다. "10만 달러를 주고 뭔가를 샀다면 3만 3,000달러는 벌어야 합니다. 그러면 8.25퍼센트의 금리로 대출을 받더라도 수익률이 그보다 높으니까요."

그의 접근 방식에는 또 다른 이점도 있다. 중소기업청이 보증하는 대출의 경우 대출자가 10퍼센트의 계약금만 내도 기업을 인수할 수 있다. 프라슬라가 가장 비싸게 인수한 기업의 경우 500만 달러가 들었다는 걸 생각하면 상당히 편리한 방법이다(현재 이 기업의 연간 매출은 1,000만 달러가 넘었다). 게다가 인수 자금을 마련하기 위해 돈을 빌렸다가 집을 잃을 위험도 없었다. 텍사스에서는 주법에 따라 사업가들이 집을 담보로 잡힐 필요가 없기 때문이다.

프라슬라가 최근에 인수한 글로브즈닷컴Gloves.com까지 합치면 그의 사업체들은 현재 연간 약 2,500만 달러의 총 매출을 올리고 있다. 각 사업체는 프로 클릭 벤처에 관리 수수료를 지불한다. 이는 인건비 상승을 막는 데 도움이 된다. 프라슬라는 "해당 비용을 모든 사업체에 분산시킬 수 있습니다."라고 말한다. 보통은 원래 소유주가 3개월간 자리를 지키고 그 후 프라슬라가 고용한 비즈니스 관리자가 업무를 승계한다. 그리고 최종적으로는 모든 사업체를 현금화한다. 언젠가는 포트폴리오 전체를 사모펀드 그룹에 매각하는 것이 그의 목표다.

프라슬라는 이 모든 걸 어떻게 정리할까? 그는 연초에 3가지 목표를 세운다. 그런 다음 이를 매주 실행에 옮길 수 있는 실천 가능한 작은 항목으로 세분화해서 프로젝트 관리 시스템으로 추적해 진행 상황을 확인한다. 또한 그는 각 브랜드의 재무 현황과 고객 리뷰를 추적하는 대시보드에도 의존한다. "저는 데이터가 매우 중요하다고 생각합니다."

프라슬라는 이 분야에서 탄탄한 경력을 쌓았기 때문에 모든 재정 문제를 혼자서 처리하곤 했다. 하지만 이런 식으로 일하는 게 점점 복잡

해지자 공인회계사를 고용해서 모든 회사의 퀵북QuickBooks(회계 소프트웨어 패키지-옮긴이)을 관리하게 했다. "그가 저보다 일을 훨씬 잘합니다. 그렇게 해서 1개월에 5시간을 절약할 수 있죠." 회사는 각 브랜드의 매출과 이익에 대한 정보를 직원들과 공유하고 모든 팀원에게 요약 정보를 제공한다. 이렇게 하면 각 사이트에서 일이 어떻게 진행되고 있는지 알 수 있고 자기 업무 결과도 확인할 수 있다.

프라슬라는 팀을 잘 꾸렸지만 일상적인 업무에도 매우 많이 관여한다. 그가 프로 클릭 벤처에서 받는 수입은 그냥 가만히 앉아서 버는 게 아니다. "제가 소파에 앉아서 TV나 보고 있다면 사업이 제대로 운영될 리가 없죠. 전 매우 적극적인 운영자입니다. 이 시대에 사는 사람들은 모두 운이 좋습니다. 얼마 안 되는 돈으로 손쉽게 사업을 시작할 수 있으니까요."

전자상거래 사업을 시작하거나 인수하려는 사람들에게 그가 해주고 싶은 조언은 돈만 좇지 말라는 것이다. 자신의 관심사, 기술, 지식에 적합한 사업인지 꼭 확인하라고 그는 말한다. "재정 문제에 능통한 사람은 재고 관리를 제대로 못 하는 회사를 찾는 게 도움이 될 겁니다. 돈벌이가 된다고 무턱대고 사서는 안 됩니다."

(자금 조달의 기술 5) 보조금이 비처럼 쏟아지는 시대

보조금은 대출금처럼 상환할 필요 없으며 투자자에게 회사 지분을 양도하지 않아도 되는 일종의 현금 포상이다. 흔히 과학이나 기술 분야에서 보조금을 받곤 하지만 팬데믹 이후 소규모 사업체에 보조금을 주는 기관들이 늘어나기 시작했다. 특히 이제는 별로 유명하지 않은 설립자들이 운영하는 소규모 사업체나 팬데믹 이후 큰 타격을 입은 지역사회에 보조금을 주는 경우가 많다.

일반적으로 보조금을 신청하려면 신청서를 작성해야 한다. 많은 작업이 필요할 수 있으므로 시작하기 전에 규칙을 숙지하고 정말 보조금을 받을 자격이 되는지 확인하는 게 중요하다. 만일 받을 자격만 있다면 보조금은 최고의 자금원이 될 수 있다.

40세의 제시카 오초아 헨드릭스Jessica Ochoa Hendrix와 그녀의 친구 2명은 미국과학재단, 미국 정부의 중소기업혁신개발Small Business Innovation Research, SBIR 프로그램, 킥스타터의 크라우드펀딩을 통해 100만 달러 이상의 자금을 모았다. 그리고 이 돈으로 2016년 뉴욕에서 킬러 스네일스Killer Snails라는 어린이용 게임 회사를 설립해서 운영하고 있다. 이들은 그 뒤에도 총 310만 달러의 자금을 조달했는데 주요 자금 출처는 SBIR 추가 보조금 2건, 교육과학연구소 보조금 1건, 미국 국립보건원 보조금 2건, 킥스타터 캠페인 등이다.

보조금 지급을 요청하면 자금을 제공하는 측에서는 그 돈을 유용하게 사용할 수 있는지 알고 싶어 한다. 따라서 신청서에 자세히 기재할 수 있는 해당 분야의 확실한 자격증이 있으면 도움이 된다. 이 사례의 경우는 공동 설립자 3명 모두가 관련 자격증이 있었다.

CEO 겸 공동 설립자인 헨드릭스는 2003년부터 K-12(무상으로 교육

받을 수 있는 학년으로 유치원에서 한국의 고등학교 3학년에 해당하는 12학년을 가리킨다-옮긴이) 교육 분야에서 일했고 이전에는 비영리 차터 공립학교 네트워크인 언커먼 스쿨Uncommon Schools의 조직학습책임자였다. 공동 설립자인 만데 홀포드Mandë Holford는 헌터 칼리지와 뉴욕 시립대학교 대학원의 화학과 부교수이며 미국 자연사박물관과 웨일 코넬 메디슨Weill Cornell Medicine에서 과학 관련 직책을 맡고 있다(연체동물 연구가 그녀의 전문 분야 중 하나다). 이 회사의 최고학습책임자를 역임했고 지금은 노스웨스턴대학교 부교수로 일하는 공동 설립자 린지 포트노이Lindsay Portnoy는 거의 20년간 인간 발달과 학습을 연구한 인지심리학자이자 과학자다.

그들은 과학에 대한 사랑을 전파하려는 열정으로 함께 사업을 시작했다. 홀포드와 포트노이는 강의실에서 혁신적인 방법으로 기술을 활용하는 교수들에게 주는 연구비를 받으면서 서로를 알게 됐다. 홀포드는 나중에 브루클린에서 열린 시크릿 사이언스 클럽Secret Science Club 강연회에서 독달팽이에 대한 강연을 하다가 그 자리에 참석한 헨드릭스를 만났다. 시크릿 사이언스 클럽은 과학에 관한 비영리 강연과 예술 및 공연을 매달 개최한다.

헨드릭스와 홀포드, 포트노이는 특히 여중생들에게 관심이 있었다. 학생들을 가르친 경험을 통해 여중생들이 해양생물학을 좋아한다는 걸 알고 있었기 때문이다. "중학생 때 과학을 포기하는 아이들이 꽤 있는데 특히 여학생들이 그런 경우가 많습니다."라고 포트노이는 말한다. 부모, 교사, 박물관의 교육 전문가 등과 130차례 인터뷰한 그들은 학생들이 하는 과학 게임에 뭔가가 빠져 있다는 걸 깨달았다. 기존 게임은 과학 분야에서 경력을 쌓을 가능성이 있는 여중생들의 관심을 끌지 못했다.

그래서 그들은 '킬러 달팽이'에 대한 게임을 만들기로 했다. 달팽이는 무해하고 느리게 움직이는 생물이라고 생각하는 이들이 많지만 바다원뿔달팽이는 다르다. 이 포식자는 물고기, 벌레, 그 외 연체동물을 먹으며 먹이를 공격할 때는 매우 날카로운 이빨로 치명적인 독 칵테일을 전달한다. 헨드릭스와 공공 설립자들이 만든 카드게임 겸 비디오게임 '바다의 암살자'Assassins of the Sea의 주인공도 바로 이 바다원뿔달팽이다.

세 사람은 게임 디자인에 대해 잘 몰랐기 때문에 자기들이 만드는 콘셉트에 대한 외부의 의견이 필요하다는 걸 알고 있었다. 홀포드와 포트노이는 오전에는 뉴욕에 있는 미국 자연사박물관 캠프에서 학생들을 가르치면서 귀중한 피드백을 받았고 오후에는 캠프에서 함께 가르치는 게임 디자이너와 일했다. 홀포드는 이렇게 말한다. "아이들 덕분에 게임이 완전히 다른 차원으로 발전했습니다. 아이들은 자기들이 바로 이해하는 것과 이해하지 못하는 게 뭔지 알려줬습니다. 덕분에 카드 덱에 포함시킬 멋진 카드를 얻었죠."

이 팀은 얼마 안 되는 보조금으로 활동 자금을 댔다. 2014년에 홀포드가 미국 국립과학재단에서 받은 5만 달러의 I-Corps 보조금(대학 및 공공 연구실에서 나온 다양한 연구 성과를 신속하게 사업화하도록 돕기 위한 보조금-옮긴이)이 중요한 초기 자본을 제공했다. 그리고 2016년에는 헨드릭스가 책임연구원을 맡아 6개월간 15만 달러의 SBIR 보조금을 받았는데 그들은 이 돈을 제품 개발에 사용했다. 이후 그녀는 SBIR 프로그램의 열렬한 팬이 되었다. "이는 미국에서 가장 규모가 큰 초기 자금 공급원으로 이 돈으로 회사 지분을 100퍼센트 유지할 수 있습니다."

이들은 6개월 동안 '바다의 암살자' 게임을 테스트한 뒤 상자에 넣을 수 있는 시제품을 만들어 미국 자연사박물관을 통해 판매했다. 2016년 3월에는 킥스타터 캠페인을 통해 2만 5,000달러를 모금해서 모자란 보조금을 보충했다. '생물군계 만들기'Biome Builder라는 다음 게임을 제작할 준비가 되자 그들은 다시 킥스타터로 눈을 돌려 1만 9,313달러를 모금했다. 목표치인 6,000달러를 크게 초과하는 금액이었다. 그들은 2번의 캠페인을 성공시키기 위해 킥스타터 커뮤니티 관리자에게 자주 조언을 구했다. 헨드릭스의 말에 따르면 관리자들이 게임을 플레이하고 피드백도 해주었다고 한다.

세 사람은 킥스타터 캠페인 기간에 라이브 이벤트에 자주 출연했다. 헨드릭스는 "어느 날은 뉴욕 과학관에, 다음 날은 뉴욕 식물원에, 그다음 날에는 브루클린 어린이박물관에 갔습니다. 사람들이 많이 모이는 공공장소를 찾아가려고 했죠."라고 말한다. 이런 활동을 통해 팔로워들에게 킥스타터 캠페인의 근황을 전하고 바로 예약 주문할 수 있다고 말할 기회도 얻었다.

이들은 75만 달러 상당의 SBIR 2단계 보조금을 1번 더 받았는데 이번에도 헨드릭스가 책임 연구원을 맡았다. 또 '비즈니스 협력을 위한 기술력 향상 보조금'Technology Enhancement for Commercial Partnerships, TISA도 15만 달러 받았다.

이처럼 지원금도 많이 얻었지만 공동 창업자들은 많은 사업을 스스로 일구면서 예산을 늘려갔다. 인턴이 필요할 때는 뉴욕시가 현지 기업과 인턴을 연결해주는 프로그램인 뉴욕 테크 탤런트 파이프라인New York City Tech Talent Pipeline에서 인턴을 채용해 시간당 15달러를 지급했다. 또 브루클린 네이비 야드 개발공사Brooklyn Navy Yard Development Corporation와 뉴욕 중소기업부가 운영하는 브루클린 테크 트라이앵글Brooklyn Tech Triangle 인턴십 프로그램도 이용했다. 그들은 자체적으로 조달한 자금이 100만 달러를 돌파하자 개발자와 UI/UX 디자이너를 고용했고 2021년에는 100만 달러에 가까운 연 매출을 올렸다.

'바다의 암살자'가 잘 팔리자 그들은 다른 게임들도 선보였다. 2번째 게임인 '생물군계 만들기'는 아마존 열대우림이나 미국 대초원 같은 다양한 생물군에 서식하는 생물들에 대해 배울 수 있다. 가상현실 게임도 2개 구상했다. 플레이어가 산소 탱크가 바닥나기 전에 생물에 꼬리표를 붙이는 해양생물학자 역할을 하는 '스쿠버 어드벤처'Scuba Adventure와 가상현실을 이용한 생태학 교육과정 보충 프로그램인 '바이오 다이브'Bio Dive다.

바이오 다이브는 플레이어가 독이 있는 킬러 달팽이의 생태를 조사하는 해양생물학자로 활동하면서 디지털 기록을 남기는 게임이다. 이 게임은 26개 주의 중학교에서 시범적으로 운영되었다. "우리는 아이들이 평소 생활하는 곳에서 만나고 싶었습니다. 아이들은 스크린 앞에서 게임에 몰두하는 경우가 많죠. 그래서 게임을 통해 과학에 대한 흥미를 불러일으킬 수 있는 재미있고 유익한 콘텐츠를 제공하고 싶었습니다." 홀포드의 말이다.

팬데믹 기간에 이들은 3~5학년 학생들을 대상으로 새로운 증강 현실 및 디지털 저널링 게임인 '워터웨이즈'WaterWays를 시범 운영했다. 그들은 뉴욕 브롱크스의 한 학교에 다니는 영어 학습자들에게 이 게임의 첫 번째 테스트를 원격으로 실시했다. 시범 운영 후 설문조사를 했을 때 학생들 전원이 워터웨이즈에 관심이 있다고 말했다.

과학자가 아닌 사람들이 이들처럼 정부 보조금을 신청하고 싶다고 한다면 헨드릭스는 어떤 조언을 해줄까? 그녀는 강력한 팀을 구성하라고 말한다. 당신의 아이디어를 뒷받침하는 연구 논문을 찾으려면 관련 분야의 학력이나 연구 경력이 있는 사람이 필요하다. "보조금 지급 기관은 지원자가 확실한 교육적 틀을 갖추길 바랍니다."

· 10억 사업가의 꿀팁 ·

보조금, 놓치면 땅을 치고 후회한다

중소기업 보조금은 경쟁이 치열하고 엄격한 규칙이 적용되는 경우가 많지만 좋은 아이디어가 있다면 이런 기금을 살펴보는 것도 나쁘지 않다. 정부 보조금 프로그램 외에 민간 보조금 프로그램도 증가하고 있지만 일부는 자금이 고갈되고 있다. 따라서 사업 성장에 도움이 되는 자금원을 놓치지 않도록 분기마다 인터넷 검색을 통해 확인할 필요가 있다. 그리고 자금을 어떻게 썼는지 나중에 해명해야 하므로 보조금을 받으면 장부를 정확하게 기록해야 한다는 걸 명심하자. 다음은 종종 확인해봐야 하는 최신 보조금 소식과 관련된 정보 출처들이다(국내에서는 관련 정보를 인터넷 정부 서비스 포털 사이트인 정부24 gov.kr의 '보조금24' 게시판에서 찾을 수 있다. 또한 중소벤처기업부에서 운영하는 정부지원사업 통합 플랫폼 기업마당 bizinfo.go.kr에서 각종 정부 지원사업을 확인할 수 있다 – 편집자).

헬로 앨리스 helloalice.com
이 사이트는 뉴스레터를 통해 공공 및 민간 자금원과 관련된 최신 소식을 자주 제공한다.

중소기업 보조금[14]
공공 보조금 제공처들을 모아놓은 이 사이트는 자주 갱신된다. 매주 보내주는 주간 보조금 알림에 가입해서 최신 기회를 놓치지 말자.

미국 중소기업청[15]
연구 개발, 수출, SBA 수상 프로그램 지원금에 대해 알아보자.

상공회의소[16]
2021년에 상공회의소는 이용할 수 있는 확실한 정부 보조금 목록을 작성했다.

거래 계약서는 훌륭한 담보다

고객에게 주문을 받는 사업체의 경우 구매계약서 담보 융자는 제조비를 충당하기 위한 유용한 방법이 될 수 있다. 구매계약서 담보 융자는 평소보다 훨씬 많은 주문을 받아서 미리 물품 대금을 지불해야 할 때 도움이 된다. 이 경우 대출 기관은 주문 액수를 기존 대출이나 신용 한도의 담보로 사용한다.

이 방법은 몇 가지 단점이 있다. 부과된 수수료를 연간 이율로 환산하면 이율이 매우 높아서 25퍼센트를 넘을 때도 있다. 또 주문량을 채우기 위해 융자를 받아야 한다는 사실을 고객에게 알리고 싶어 하지 않는 회사도 있다. 때로는 고객이 구매 주문 대금을 당신 회사가 아닌 대출 기관에 지불해야 할 수도 있다.

라켈 그레이엄Raquel Graham 은 JP 모건 체이스JP Morgan Chase 에서 애널리스트로 일하다 시카고에 로크 이노베이션Roq Innovation 이라는 회사를 설립했다. 그녀는 무역박람회에서 스카프 대용품인 NEKZ 랩을 선보이면서 제품을 대량 수주하자 신속하게 자금을 마련해야 했다. 전미대학체육협회NCAA 상위 40위에 속하는 대학들의 상징색으로 랩을 만들어달라는 주문을 5만 달러어치 받았는데 그레이엄은 시카고의 패션산업을 지원하는 프로그램을 통해 자금을 조달했다. 이 프로그램은 작고한 리처드 드리하우스Richard Driehaus 라는 독지가가 자금을 댄 것이었다. 물론 이는 단기적인 조치였다. "그 돈은 3개월 뒤에 갚았습니다. 주문받은 물건을 배송하고 바로 갚았죠."

그 주문을 성공적으로 처리한 게 인지도를 높이는 데 도움이 됐다. 그레이엄은 혁신적인 중소기업 제품을 판매하는 전자상거래 사이트 그로멧Grommet과 2016년에 랩을 처음 출시했을 때 20분 만에 매진된 HSN에서 주문을 받기 시작했다. 현재 그녀는 천으로 된 마스크와 어두운 곳에서도 안전하게 달리기를 할 수 있는 충전식 LED 니트 모자, 머리띠 등을 팔고 있다.

그녀는 수년간 소액 대출 기관인 액시온Accion 같은 곳에서 자금을 조달했다. 2020년에는 매출이 160만 달러에 이르렀고 연말에는 임시직 직원을 9~12명씩 고용할 정도로 사업 규모가 커졌다. "제가 이런 일을 할 수 있고 사무실도 필요 없다니 정말 믿어지지 않습니다."

(자금 조달의 기술 7) 든든한 투자자 확보하는 법

성공한 사업체들은 대부분 소유주가 자금을 조달하고 은행이나 대출 기관을 통해 약간의 추가 자금을 얻는다. 하지만 성장을 가속화하고 싶다면 외부 주식 투자자를 끌어들여야 할 수도 있다. 성장에 필요한 현금을 받는 대가로 회사 지분을 제공하는 것이다.

사업이 완전히 초기 단계라서 돈을 거의 벌지 못하는 경우는 엔젤 투자자에게 의지해야 할 수도 있다. 이런 사람들은 지역 엔젤 네트워크나 시드 자금 조달을 위한 사업계획서 경진대회 같은 행사에서 만날 수 있다. 벤처 캐피털리스트 데이브 매클러그는 사업 실적을 쌓고

'이자, 세금, 감가상각비, 할부상환금'EBITDA 등을 제하기 전에 200만 달러 정도의 매출을 올리면 벤처 투자가들이 관심을 가질 것이라고 말한다. "매출이 그 이하인 경우는 자금을 조달하기 어렵습니다."

이런 자금들을 다 써봤다면 이번에는 모든 사업가를 지원하는 기업을 찾아 조사할 필요가 있다. 때때로 그들이 제공하는 막대한 자금은 대체할 게 없을 정도다.

사업에 필요한 자금을 조달하는 방법을 알면 이제 성공을 위한 시스템을 구축할 준비가 된 것이다. 다음 장에서는 성공한 사업체 운영자들이 어떻게 사업 시스템을 구축하고 있는지 살펴볼 것이다.

----- • 10억 사업가의 꿀팁 ⑤ • -----

투자자가 원하는 정보만 건네라

당신이 하는 사업에 숭고한 사명이나 훌륭한 스토리가 있더라도 투자자들은 회사를 지원할 때 기부를 하려고 하지는 않는다. 그들은 돈을 벌기 위해 투자한다. 그들이 매력적인 투자 수익을 얻을 것이라는 주장을 펼쳐야 한다.

그러면 어떻게 해야 할까? 벤처 캐피털리스트 데이브 매클러그는 25쪽짜리 사업계획서까지는 필요 없어도 확실한 계획과 이를 전달할 능력은 있어야 한다고 말한다. "사업 내용과 사업 계획을 실행할 방법을 명확하게 밝힐수록 '투자자들이' 힘을 합쳐 당신에게 필요한 것을 주고 적극적으로 참여할 겁니다. 대부분 사업체에는 그런 명확성이 없습니다. 자본을 얻으려면 방향을 명확히 해야 합니다. '이것이 우리가 수익성에 도달하는 길'이라는 걸 보여줘야 하죠."

매클러그는 사업의 목적은 고객을 찾고 유지하는 것이라는 피터 드러커의 철학을 굳게 신봉한다. 시장이 당신의 제품과 서비스에 관심을 보이고 돈을 쓸 것이라는 사실을 최대한 빨리 검증해서 보여주는 게 중요하다(특히 시장에 처음 선보이는 제품이나 서비스라면 더욱 그렇다). "현상 유지는 언제나 가장 큰 장애물입니다."

팬데믹 위기가 투자자들의 마음속에 생생한 요즘에는 현재의 환경에서 어떻게 변화에 적응할 수 있는지 보여주는 것도 중요하다. 매클러그의 말에 따르면 그것이 '새로운 규범'이다. 투자자들은 당신 회사의 간접비를 살펴보면서 속으로 '경영을 충분히 합리화했는가? 간접비를 많이 들이지 않고도 전환이나 변화가 가능한가?' 같은 질문을 던질 것이다. 플랜 B나 C로 성공할 수 있다면 플랜 A가 제대로 작동하지 않더라도 상관없다.

적은 돈으로 사업을 꾸려나가면서 진취적인 모습을 보일수록 투자자들은 당신의 노력에 감사할 것이다. 필요한 자금을 확보하면 사업을 성장시키기 위해 더 많은 일을 할 수 있다.

제6장

오늘부터 딱
4시간만 일하라

켈리 커드워스Kelly Cudworth는 2005년에 아버지가 운영하는 뉴 리프 오피스 솔루션NuLeaf Office Solutions의 브랜드인 PNWB 오피 스 프로덕트PNWB Office Products에 입사했다. 그때만 해도 이 회사는 워싱 턴주 시애틀에 있는 구식 사무용품 매장으로 지역 회사들을 직접 찾 아다니며 영업을 하는 영업사원이 3~4명 있었다.

급여를 줘야 하는 직원이 10명이나 되고 간접비도 많이 나가는 이 비즈니스 모델은 갈수록 커드워스에게 의미가 없어졌다. 게다가 경기 침체기에 신용 한도가 줄고 중소기업이 정부와의 계약에서 '우선 공 급업체' 지위를 얻지 못하면서 하루아침에 정부 거래 물량이 대폭 줄 어드는 등 위기가 계속 닥쳐왔다. 대형 할인 매장이나 웹사이트와의 경쟁도 여전했다.

그러나 커드워스는 사업을 성공시키는 게 가능하다고 믿었다. 2020년 아버지에게서 회사를 매입할 무렵에는 사무용품 판매를 위한 새로운 방법, 즉 마진을 적게 남기면서 많이 파는 전자상거래 모델을 시도할 준비가 되어 있었다. 커드워스는 자동화와 아웃소싱을 이용해 간접비를 줄이면 각 제품에서 얻는 이윤이 낮아도 돈을 벌 수 있다고 생각했다. "자동화할 수 없는 일은 하지 않습니다. 제 목표는 주문 처리나 재고 조사를 수작업으로 하지 않는 사업을 운영하는 거예요."

그는 전자상거래 모델을 시도할 때 필요한 기술을 오랜 시간 조사했다. 당시엔 이용할 수 있는 전술서가 없었지만 특별히 복잡하거나 값비싼 기술이 필요하지 않다는 사실을 알게 되었다. 예를 들면 전자상거래 상점을 만들 때는 클라우드 기반 기술인 7카트7cart(온라인 상점, 카탈로그 또는 서비스 플랫폼을 구축하기 위한 프로젝트)에 투자했다. 그의 IT팀은 판매 효율을 높이기 위해 공급업체에 주문을 전송하는 등의 작업을 처리하는 어플리케이션을 설치했다. 그리고 팀의 수고를 줄이기 위해 고객이 발주한 주문 내역이 공급업체에 곧바로 전송되도록 사이트를 프로그래밍했다. 공급업체는 고객에게 직접 제품을 배송하고 물품을 보낸 뒤 커드워스의 회사에 대금을 청구한다.

커드워스는 간접비 지출도 합리적으로 줄였다. 회사 서버를 없애고 데이터 저장소를 클라우드로 이전해서 관리형 IT 서비스를 중단했다. 또 전화 시스템을 훨씬 저렴한 디지털 시스템으로 업그레이드했다. 이 2가지 방법만으로도 1개월에 2,000달러 이상을 절약할 수 있었다.

이렇게 시스템을 바꾸기까지는 시간이 걸렸지만 그러고 나자 1개월에 고작 몇백 건이던 거래량이 약 8만 건으로 늘어났다. 기존 오프라인 거래처가 줄어들자 영업사원들도 서서히 정리했다. 지금은 카탈로

그 관리와 고객 서비스를 지원할 정규직 직원 2명과 시간제 회계 장부 담당자만 있으면 된다. 팬데믹 기간에 직원들은 재택근무를 시작했다. 그렇게 해도 회사가 원활하게 잘 돌아갔기 때문에 커드워스는 최근 이전한 사무실로 직원들을 다시 출근시킬 계획이 없다.

매우 간소화된 전자상거래 모델에 베팅한 커드워스의 결단은 성과를 거뒀다. 이전까지 최대 연 매출액이 550만 달러였던 회사가 2020년에는 950만 달러를 돌파하고 흑자를 냈다. 마지막으로 얘기를 나눴을 때 그는 2021년에 1,200만~1,500만 달러의 매출을 올릴 것으로 예상했다.

성장세를 유지하기 위해 그는 프리랜서 비즈니스 컨설턴트와 코치를 하나로 합친 원격 CFO(최고재무책임자)를 매주 만난다. 그들은 매일 전화로 얘기를 나누고 수요일마다 직접 만난다. "제게 가장 중요한 건 운영 방식을 간소화해서 성장을 극대화하고 필요할 때 신속하게 전환하는 겁니다. 전 에너지가 넘치는 사람입니다. 아이디어를 빨리 실행에 옮기고 싶어서 참을 수가 없습니다. 운영을 간소화하면 이런 작업을 매우 빠르게 수행할 수 있는 유연성이 생기죠."

단순히 돈을 버는 것만이 목적이 아니다. 커드워스는 열정을 발휘할 시간을 갖고 싶어 한다. 인터뷰 당시 그는 80킬로미터 트레일 러닝을 위해 훈련하고 있었다. 그와 아내 멜리사는 다양한 대의명분을 위해 기금을 모으는 누호프 스트리트NuHope Street라는 비영리 단체를 공동 설립했다. 그에게 특히 의미 있는 프로젝트는 입양한 딸 마리가 태어난 콩고에 고아원 건설 자금을 지원한 것이었다. 그는 비영리 단체의 이사진들과 협력하면서 삶에 새로운 차원의 가치가 생겨났음을 알게 됐다. "그 일을 하면 마음이 평온해집니다. 함께 소통할 수 있는 사람들이 있다는 건 좋은 일이에요."

커드워스의 이야기에서 알 수 있듯이 100만 달러 이상을 버는 사업을 구축하는 일은 목표에 대한 비전을 설정하는 것(그의 경우 대규모 거래를 하는 전자상거래 사업으로 전환하는 것)에서부터 시작된다. 그런 다음 목표에 도달할 수 있는 방식으로 사업을 조직하는 게 중요하다(커드워스는 많은 프로세스를 자동화해서 이윤 폭이 낮아도 수익을 창출할 수 있도록 했다).

자신의 사업 목표가 뭔지, 목표를 달성하기 위해 어떤 전략을 사용할 수 있는지 정확히 모른다면 커드워스처럼 코치나 컨설턴트와 협력하는 것이 좋다. 비전과 전략이 명확해지면 상황을 역설계해서 어떤 조치를 취해야 하는지 판단할 수 있다.

생산성이 극대화되는 운영 모델 5가지

소규모 사업체는 성공을 위한 준비를 할 때 정교한 인프라가 필요 없다. 그리고 당신의 예전 상사와 똑같은 방식으로 일을 처리할 필요도 없다. 사실 이런 사업을 하고 싶다면 과거 직장에서 배운 일하는 방법 중 일부는 당신에게 불리하게 작용할 수도 있다. 아마 눈치챘겠지만 이 책에서 소개하는 사업체들은 대부분 매우 간소하게 운영되고 있다. 사업가들은 대부분 비전 달성을 위해 다음 5가지 기본 운영 모델을 사용하며 이를 혼합해서 사용하는 경우도 종종 있다.

1. 자동화 모델

이 책에 나온 사업가들은 소프트웨어, 어플리케이션, 기타 기술적 도구를 사용해 더 많은 작업을 수행한다. 대부분 자동화는 사업가들의 작업을 줄여주는 첫 번째 단계다. 자동화 기회가 모두 소진되면 다른 방법으로 넘어간다.

2. 프리랜서 및 계약직 모델

기술을 이용해서 자동화 작업을 수행할 수 없다면 프리랜서, 계약직, 컨설턴트 등 인력을 고용하는 것을 생각해봐야 한다. 이는 일이 없을 때도 급여가 되는 일거리를 주겠다는 약속을 하지 않고도 작업을 해낼 방법이다. 비정규 독립 근로자들은 대부분 다른 고객이 있으며 당신이 항상 일거리를 줄 거라고 기대하지 않는다.

3. 아웃소싱 모델

일부 업계에서 전자상거래 사업을 하는 경우는 아마존 주문 처리 서비스 같은 외부 업체에 업무를 맡기면 일을 간편하게 처리할 수 있다. 대부분 사업체에서는 부기簿記 전문 회사나 청구 및 수금 대행사 등에 백오피스 업무를 위탁할 수 있다.

4. 전통적인 고용 모델

풀타임으로 일할 인재를 구할 때는 안정적인 급여와 복리후생을 제공해야 한다. 그러지 않으면 정부에서 고용주-고용인 관계의 법적 정의에 따라 규정을 준수하라고 압박해올 수도 있다. 이런 경우는 직원들이 급여 및 세금 신고서를 제출하고 싶어 하지 않더라도 정식으로 급여를 지급해야 한다.

5. 파트너십 모델

다른 비즈니스 파트너와 협력하면 직원이나 프리랜서를 따로 고용하지 않고도 파트너의 자원을 활용해서 업무를 확대할 수 있다. 예를 들어 누군가가 당신의 회사 운영과 관련된 업무 일부를 수행한다면 그에게 회사 소유권 지분을 제공할 수 있다. 또는 다른 회사가 당신 회사를 홍보해주는 경우 매출액 일부를 지급할 수도 있다.

이 장에서는 5가지 기본 모델이 실제 사업가의 운영 현실에서 어떻게 구현되는지 살펴보고 그중 하나를 이용해 팀을 관리하는 방법을 설명할 것이다. 앞으로 보게 되겠지만 사업가들은 이 모델을 조금씩 다르게 활용한다.

그뿐만 아니라 사업가들은 이 모델들을 이용할 때 선형적인 경로를 따르지 않는다. 어떤 소규모 사업체는 동시에 모든 모델을 다 사용한다. 어떤 사업체는 때에 따라 다른 모델을 사용한다. 예를 들면 기술 사업가인 라제시 스리바스타바Rajesh Srivastava의 경우처럼 제품을 만들 때는 계약직 근로자를 이용하다가 나중에 자동화 모델로 전환하는 식이다. 아니면 사업이 호황일 때는 전통적인 고용 모델로 확장하고 비용을 아껴야 할 때는 다시 계약직 중심으로 규모를 줄일 수도 있다. 제4장에서 소개한 카피라이터이자 염소 농장주인 데이나 데릭스가 그런 경우였다.

자신에게 적합한 모델을 찾을 때까지 이 모델들을 다양하게 실험해보는 것도 좋다. 실험을 통해 소프트웨어나 기계, 다른 사람의 도움을 받으면 더 좋은 결과를 얻을 수 있는지 확인해보자. 미국 중소기업청 지원국의 조사에 따르면 급여를 받는 직원이 없는 비고용 사업체의 연 매출은 평균 4만 7,000달러라고 한다.[17] 반면 직원을 둔 고용주들은 평균적으로 1년에 약 600만 달러를 번다(이때 내 계산에 따르면 평균에 해당하는 고용주는 직원을 약 21명 고용하고 있는데 이는 이 책에 나오는 가장 큰 회사보다도 약간 많다). 자동화, 프리랜서, 아웃소싱을 폭넓게 활용하는 비고용 사업체들(내 첫 번째 책과 이 책에서 소개하는 사업체들)은 소유주 1~2명이 할 수 있는 일을 다양한 방식과 도구를 써서 확장함으로써 그보다 훨씬 나은 재정적 결과를 얻을 수 있다.

직원 없이도 업무가 된다

그러면 이런 모델이 작동하는 방식과 이를 업무에 활용하는 방법을 알아보자. 우선 당신이 하는 일을 확장할 수 있는 가장 쉽고 리스크가 낮은 방법은 바로 일부 작업을 자동화할 수 있는 소프트웨어와 어플리케이션을 찾는 것이다. 기술과 소프트웨어를 활용하려면 비용이 발생하지만 사람을 고용하는 것보다는 적게 든다. 적은 돈으로 사업을 운영하고 있고 앞으로 돈을 얼마나 벌지 모른다면 고려해볼 가치가 있다. 자동화는 무료가 아니라는 걸 명심하자.

서비스형 소프트웨어 기술Software as a Service, SaaS을 사용하려면 비용이 든다. 그러나 적절한 투자를 통해 인건비를 절감할 수 있다. 업무를 자동화하기 위해 자체 기술을 개발할 때도 개발 비용이 발생한다. 하지만 이 경우는 귀중한 지적 재산을 개발하고 있을 가능성이 크다. 다른 기업에 라이선스를 부여하거나 언젠가 판매할 수 있다.

라제시 스리바스타바의 회사 프라이스시리즈priceSeries는 거의 자동화에 의존해서 운영되는 회사다. 실리콘밸리에서 엔지니어로 오래 일한 스리바스타바는 주식과 옵션거래를 좋아했다. 빅테크 기업에서 25년 이상 근무한 그는 회사를 차리기로 마음먹고 몇몇 계약직의 도움을 받아 자신이 하는 유형의 투자자들을 도와줄 오픈소스 웹 기반의 거래 분석 소프트웨어를 개발했다.

2015년에 그는 캘리포니아주 서니베일에 있는 자택에서 프라이스시리즈를 세우고 이 소프트웨어 제품을 판매하기 시작했다. 그리고 트레이더들이 시장을 분석하고 대응할 때 참고하는 보고서도 판매했다. 직원을 고용해서 회사를 성장시킬 수도 있었지만 팀을 구성하려면 비용이 많이 들고 외부 자본을 조달해야 했다. 그는 그런 길을 가고 싶지 않았다. "이 회사를 언제까지 운영하든 계속 자동화 체제로 갈 겁니다."

스리바스타바는 회사에 다니면서 습득한 기술을 활용해 대부분의 기술 업무를 직접 수행한다. 그는 계약직 몇 명의 도움을 받아 프라이스시리즈 플랫폼을 구축하고 이를 이용해서 제품을 만들고 제공하는 방법을 자동화했다. 예를 들면 매일 시장에서 무슨 일이 일어나고 있는지 보여주는 차트를 만들어 이를 회사 홈페이지에 자동으로 게시하도록 소프트웨어를 프로그래밍했는데 이 새롭고 자주 갱신되는 콘텐츠는 검색엔진에서 그의 웹사이트 순위를 올리는 데 도움이 되었다.

사이트를 방문한 이들은 그의 플랫폼 월간 구독권을 구입할 수 있다. 예를 들어 1개월에 29.99달러를 내면 S&P 500 주식에 대한 시간별 주가 분석을 제공하는 웹 기반 거래 분석 플랫폼인 MACD바이저MACD Visor에 가입할 수 있다. 구독 양식을 작성한 구독자는 데스크톱이나 모바일 장치를 통해 그의 플랫폼에 액세스할 수 있다. 액세스 비용은 자동으로 청구된다. "그렇게 하면 일을 줄일 수 있습니다."라고 스리바스타바는 말한다.

그는 사업을 하면서 이미 있는 걸 굳이 다시 만들려고 하지 않는다. 작업 자동화에 도움이 되는 기존 제품을 찾을 수 있다면 그걸 사용한다. 한 예로 그는 구독 기반 사업용으로 설계된 어멤버aMember 라는 고객 관리 소프트웨어를 통해 마케팅 메시지를 보낸다. "사업을 시작했을 때는 적은 예산으로 모든 일을 처리해야 했습니다. 다른 소프트웨어도 몇 개 써봤는데 결국 여기에 정착했죠. 일을 유연하게 해주고 결제 시스템과도 통합됩니다." 페이팔PayPal과 스트라이프Stripe를 이용해서 결제를 받으면 안전한 지불 처리 시스템을 따로 구축하는 번거로움을 줄일 수 있다.

이런 업무 자동화 덕에 스리바스타바는 사업을 성장시키는 데만 집중할 수 있었다. 이제는 아주 단기적으로 독립 계약직에게 일을 맡긴다. 그의 회사는 연간 약 100만 달러의 매출을 올리면서 전 세계로 확장하고 있다.

당신의 시간과 에너지를 아껴줄 '테크 히어로'를 찾아라

라제시 스리바스타바처럼 기술력이 없어도 자동화된 사업을 운영할 수 있다. 프리랜서 플랫폼을 통해 프로그래머나 개발자를 고용하면 자동화의 이점을 활용할 수 있고 장기적으로 투자금을 회수할 수 있다. 다음은 이 책에 나온 사업가들이 기술 인재를 찾기 위해 이용한 사이트 중 일부다(개발 분야에 특화된 국내 프리랜서 플랫폼 사이트로는 위시켓wishket.com와 원티드 긱스 wanted.co.kr/gigs 등이 있다ー편집자).

- 파이버(fiverr.com)
- 업워크(upwork.com)
- 톱탈(toptal.com)
- 업스택(upstack.com)

방구석에서도 마케팅을 할 수 있다

100만 달러대의 매출을 달성한 소규모 사업체의 소유주는 대부분 아웃소싱, 계약직이나 프리랜서 고용과 더불어 자동화를 이용한다. 네바다주 리노에서 최종비용보험Final Expense Insurance을 전문으로 하는 보험 대리점 초이스 뮤추얼Choice Mutual을 운영하는 38세의 앤서니 마틴Anthony Martin도 그랬다. 최종비용보험과 같은 유형의 보험은 장례비용을 보장하기 때문에 가족이 비용을 지불할 필요가 없다. 지급액은 보통 1만~3만 달러 사이이다. 마틴은 1인 사업자로 시작했지만 수요가 증가하자 2020년부터 사람을 고용하기 시작했다. 지금은 사무실 관리자, 정규직 영업사원 3명, 프리랜서 웹 개발자 3명, 프리랜서 보험 대리인 등을 쓰고 있으며 2022년에는 500만 달러의 매출을 예상하고 있다.

그전에 마틴은 전통적인 직장을 다니고 있었고 일을 하는 중에 사업을 시작할 기회를 발견했다. 캘리포니아 로즈빌에 있는 보험 대리점에서 관리자로 일하던 그는 업무 방식을 좀 더 개선하고 싶었다. 이 업계의 일반적인 업무 프로세스를 개선할 방법이 여러 가지 있다는 것을 알게 된 그는 2013년에 대리점을 그만두고 자기 집에서 최종비용보험을 판매하는 사업을 시작했다. 이 상품은 예전 직장에서부터 잘 알고 있었던 상품으로 수요가 많을 뿐만 아니라 다른 보험에 비해 경쟁이 치열하지도 않았다.

마틴은 자기가 판매하는 제품에 대해 잘 알았지만 마케팅 경험이 없었기 때문에 외부의 도움을 받았다. 그는 구글에서 좋은 검색 순위를 차지하고 잠재고객을 불러들일 웹사이트를 구축하기 위해 셀텀라이프닷컴SellTermLife.com이라는 리드 생성 전문 회사를 고용했다. 그리고 2016년 6월에 웹사이트를 개설했다. 하지만 안타깝게도 이 웹사이트는 즉각적인 성과를 거두지 못했다. 구글에서 단 1명의 잠재고객을 얻기까지 6개월이 걸렸던 것이다.

하지만 마틴은 사업을 키우는 데 전념하면서 기꺼이 인내심을 발휘하기로 했다. 이 일을 장기전으로 여기고 매일 책상 앞에 앉아 웹사이트를 손보았다. 셀텀라이프닷컴을 통해 사람들을 사이트로 끌어들이려면 고품질의 유익한 콘텐츠를 제공하는 게 중요하다는 사실을 알게 되었기 때문이다.

마틴은 평일 내내 그리고 주말에도 5~8시간씩 시간을 내서 최종비용보험에 대해 사람들이 자주 묻는 질문에 대한 글을 작성했다. 마틴의 글은 예전부터 그가 판매하는 제품에 관심이 많았던 방문객들을 끌어모았다. 그리고 이로써 잠재고객이 검색엔진에 입력하는 니즈를 담은 질문인 롱테일 키워드Long Tail Keyword(2~3개 이상의 단어를 조합해서 사용자의 의도를 구체적으로 표현한 키워드를 의미한다-옮긴이)를 비롯해 관련 검색어 키워드를 얻을 수 있었다.

독자들이 마틴이 쓴 '정부 규제 생명보험', '89세 생명보험', '부모님을 위한 보험' 가입 같은 실용적인 주제에 관한 글을 클릭하면서 구글에서 그의 사이트 순위가 서서히 상승하기 시작했다. "이런 유형의 보험을 취급하는 사이트 중 이만큼 심층적이고 정확한 정보를 얻을 수 있는 곳은 없습니다."라고 마틴은 말한다.

그는 특히 콘텐츠에 태그를 붙일 때 세심한 주의를 기울였다. 어떤 키워드가 가장 중요한지 알아내기 위해 글로벌 디지털 마케팅 솔루션 기업 SEM러시(semrush.com)와 구글의 키워드 플래너[18] 등에서 자주 사용되는 키워드가 무엇인지 조사했다. 또 그는 이 유형의 보험을 오랫동안 판매해왔기 때문에 사람들이 어떤 용어를 사용하는지 잘 알고 있었다.

마틴이 이 사이트를 통해 첫 번째 잠재고객을 확보하고 약 2개월이 지나자 독창적인 고품질 콘텐츠를 제작하기 위한 그의 초기 투자가 효과를 발휘해 매일 새로운 고객이 유입됐다. 현재 이 사이트는 매일 더 많은 잠재고객을 끌어들이고 있다. "즉시 보험에 가입할 준비가 된 고객들이 끝없이 유입되고 있습니다."

최근 몇 년 사이에 마틴은 유료 광고 쪽으로도 진출했다. 그는 실험을 통해 자기 업계에서는 유튜브 광고가 최고의 투자라는 걸 알게 됐다. "페이스북은 리드 광고당 비용이 저렴하지만 우리 업계에서는 페이스북이 포화 상태입니다." 게다가 페이스북에서는 그가 원하는 고객을 공략하기도 어렵다. 구매자의 의도를 좁혀서 파악할 수가 없기 때문이다. 하지만 유튜브에서는 이 작업이 훨씬 쉽고 구매나 가입 전환율도 더 높다.

마틴은 유튜브 광고를 제작하는 전문 마케팅 대행사를 고용해서 업무를 아웃소싱했다. "저는 검색 마케팅과 구글 마케팅 전문가입니다. 그런 일은 혼자서도 잘하기 때문에 다른 사람을 고용하지 않죠. 하지만 페이스북과 유튜브 광고 전문가는 따로 있습니다. 물론 저도 그 분

아에서 전문가가 될 수 있겠지만 그러려면 시간과 경험이 필요합니다. 다른 일에 시간을 쏟기보다는 그 과정을 잘 아는 사람에게 돈을 주고 맡기고 싶었습니다."

마틴은 웹사이트를 방문한 이들을 구매자로 전환하는 프로세스를 자동화했다. 초이스 뮤추얼 사이트에서는 방문자가 양식을 기입해서 보험 가입을 신청할 수 있는데 이는 고객이 보험 가입을 진지하게 고려하고 있음을 나타낸다. 잠재고객은 판매 계약 플랫폼인 바닐라소프트 VanillaSoft가 운영하는 마틴의 고객관계관리Customer Relationship Management, CRM(이하 CRM) 시스템으로 자동 전송된다. 이를 통해 마틴은 누가 그의 사이트에 접촉했는지 추적할 수 있다.

그는 잠재고객에게 전화를 거는 게 그들을 구매자로 끌어들이는 가장 좋은 방법이라는 걸 알게 되었다. 고객이 신청서를 작성하고 상품 구입을 결정하면 그는 모든 보험사가 시행하고 있는 원격 신청 절차를 통해 전화로 고객을 안내했다. 때로 고객들은 보관용 사본을 자동으로 보내주는 도큐사인DocuSign 같은 프로그램을 이용해서 문서에 서명하기도 한다. 또 전화기의 음성 서명을 사용하는 경우도 있다. 대부분 보험 대리점은 이런 서명은 직접 만나서 하는 걸 선호하지만 마틴은 차를 몰고 여기저기 다니는 게 비효율적이라고 생각한다. "거래를 체결하기 위해 고객을 직접 만난 적은 없습니다. 모든 과정은 원격으로 진행됩니다."

마틴은 영업 기회를 최대한 활용하기 위해 최근에 접속한 잠재고객에게 먼저 전화를 건다. 그들이 상품을 구입할 준비가 되어 있다고 여기기 때문이다. 그의 CRM을 사용하면 여러 가지 이유로 처음에는 잘 드러나지 않았던 잠재고객을 찾을 수 있다. "판매로 이어지지 않은 잠재고객이 있으면 그들은 '드립 캠페인'Drip Campaign(여기서 드립 캠페인은 그가 작성한 이메일을 정해진 간격으로 전송하도록 시스템을 프로그래밍했다는 걸 뜻한다)에 포함되어 주기적으로 다른 이메일을 받게 됩니다." 그는 또 기존 고객의 생일이 가까워지면 보험 상품을 업데이트할 수 있다는 알림을 보내도록 바닐라소프트를 프로그래밍했다. 이는 사업을 계속 성장시키기 위한 또 하나의 방법이다.

이렇게 자동화된 잠재고객 확보 방법 덕분에 마틴은 사람들을 쫓아다니면서 영업할 필요가 없다. 그는 보험 판매 분야에서 매우 독특한 위치에 있다. "사실상 영업은 하지 않습니다. 지금 저는 그냥 주문만 받는 출납원에 가깝죠."

마틴의 업무 방식은 팬데믹이 시작되자 더욱 유용해졌다. 그는 사업 방식을 바꿀 필요가 없었다. 당시 업계의 많은 사람이 사업 모델을 완전히 바꿀 수밖에 없었다. 큰 피해를 입은 이들도 많았고 상당수는 결국 상황을 극복하지 못했다.

지인들은 그에게 메디케어Medicare 보충 보험이나 암 보험을 팔라고 권했지만 그는 거절했다. 대신에 그는 상조 보험 판매 시스템을 더욱 완벽하게 다듬는 걸 선호한다. 그가 이 분야에서 성공한 건 이런 유형의 보험과 관련해 최고의 전문가가 되는 데 집중했기 때문이다. 다른 영역의 보험에 가입하려는 사람에게서 문의를 받으면 마틴은 신뢰할 수 있는 업계 동료를 소개해준다.

마틴은 상호 추천을 기대하지 않는다. 그렇게 추천을 받고 찾아온 잠재고객들은 대부분 자신의 웹사이트를 통해 들어온 이들만큼 구매 의향이 강하지 않다는 걸 알기 때문이다. "'전 신청할 준비가 됐어요. 가입시켜 주세요'라고 하는 고객과 아직 물어볼 게 남은 추천 고객 중 1명을 골라야 한다면 가입을 신청한 고객을 선택합니다. 지금은 추천 고객을 통해서는 돈을 많이 벌지 못합니다. 그래서 주변 사람들에게 고객을 소개하지 말라고 하죠. 저는 가입할 준비가 된 사람에게 제 시간을 냅니다."

온라인에서 긍정적인 평가를 많이 받은 것도 고객을 유치하는 데 도움이 되었다. 그는 트러스트파일럿Trustpilot이라는 디지털 리뷰 제공 업체를 통해 자동으로 고객에게 리뷰를 요청한다.

2017년에 마틴은 로즈빌을 떠나 지금 살고 있는 리노로 회사를 옮겼다. 리노는 사업에 전념할 수 있는 환경이었다. 그는 리노에 있는 사무실을 1개월에 3,200달러에 임대했다. 그리고 급여를 제외한 나머지 간접비를 1개월에 약 2,000달러 선으로 유지한다. 과실 및 누락 보상 보험료, 라이선스 비용, CRM 이용료 등이 모두 포함된 금액이다.

2020년까지 마틴은 자동화, 아웃소싱, 프리랜서 노동력에 전적으로 의존했지만 더 이상 혼자 힘으로 모든 영업 기회를 최적화할 순 없었다. 이제는 영업팀을 구축해야 했다. 그가 직원을 고용하는 기준은 그 비용만큼 돈을 절약할 수 있느냐는 것이다. "직원 채용과 관련해 제가 하는 유일한 질문은 '영업사원을 더 둘 만큼 영업 기회가 많은가?'뿐 입니다."

사업을 원활하게 운영하는 시스템을 구축한 덕분에 마틴은 개인적인 삶을 누릴 시간이 생겼다. 그는 일주일에 5~6일은 매일 아침 출근하기 전에 근력 운동을 하고 일주일에 2~3회 농구를 한다. 그리고 집에 가서 아침을 먹고 아침 7시 30분쯤부터 사무실에서 전화를 걸기시작한다. 주말이면 마틴과 아내 크리스텔은 반려견 베어와 올리브를데리고 야외 활동을 하는 걸 좋아한다. "물론 잠을 더 잘 수도 있습니다. 하지만 사업이 급속히 성장하는 지금 시계 알람을 끄고 싶지는 않습니다."

10억 사업 시크릿 노트

업무를 단순하고 빠르게 만들 도구는 많다

업무 자동화에 뛰어들 준비가 되었는가? 일상 업무에서 귀찮은 작업을 1~2가지 없애줄 수 있는 어플리케이션이나 소프트웨어, 프로세스를 찾아보고 새로운 것들을 추가해보자. 어디서부터 시작해야 할지 잘 모르겠는가? 기존에 사용하고 있는 기술을 통해 그런 기회를 찾아보자.

예를 들면 회계 소프트웨어에 수동으로 거래 내역을 입력하고 있다면 해당 거래가 자동으로 입력되도록 소프트웨어를 은행 계좌와 연동시키는 것이 좋다. 또 고객과 약속을 잡기 위해 이메일을 주고받는 대신 캘린들리Calendly나 스케줄원스ScheduleOnce 같은 프로그램을 사용해보자. 직접 만날 약속을 잡는 경우는 애퀴티 스케줄링Acuity Scheduling 같은 일반 앱이나 해당 업계를 대상으로 하는 앱을 사용하는 것도 좋다.

이렇게 한 다음에 이런 자동화를 더 발전시킬 방법을 찾아야 한다. 예를 들어 스케줄링 앱으로 약속을 알려주는 문자 메시지를 받거나 이메일 소프트웨어와 연동시키는 서비스를 활용할 수도 있다.

자동화를 최대한 활용하려면 1년에 1번(사업 성장 속도가 빠른 경우에는 1개월에 1번) 회사에서 하는 모든 업무를 나열해보자. 주요 업무에는 새로운 아이디어 생성, R&D, 시제품 제작, 시장조사, 검색엔진 최적화, 아이디어 테스트, 제품 또는 서비스 마케팅, 가격 책정, 웹사이트 업그레이드, 소셜 미디어 관리, 고객과의 상담 준비, 공급업체에 대한 주문, 결제 등이 포함된다. 그런 다음 각 카테고리에 대해 온라인 검색을 수행해서 자동화할 수 있는 도구가 있는지 확인한다. 업계 잡지, 협회, 산업별 팟캐스트는 해당 업계의 신제품에 대해 알려주는 유용한 정보 출처 역할을 한다. 서비스형 소프트웨어의 연간 요금제에 가입하기 전에 시험적으로 몇 달간 사용하면서 계속 쓸 만한지 확인해야 한다. 앱 설치에 익숙하지 않은 경우는 온라인 플랫폼에서 숙련된 프리랜서를 고용해 도움을 받자.

사용하는 프로세스 목록을 작성할 때는 지금 사용 중인 소프트웨어를 유료 버전으로 업그레이드하는 게 좋을지 생각해보자. 때로는 이 방법을 통해 많은 시간과 돈을 절약할 수 있다. 예를 들어 일할 때 녹취가 필요하고 줌으로 회의하는 경우는 중소기업 구독 프로그램으로 업그레이드할 수 있다. 이 글을 쓰는 시점을 기준으로 AI를 이용한 자막 기능이 포함된 프로그램의 연간 구독료는 199.90달러다. 정기적으로 녹취 타이핑 비용을 지불하고 있다면 이 프로그램 구독료가 통상적인 비용보다 훨씬 저렴할 수 있다.

시간을 돈과 맞바꾸지 마라

서비스업에 종사하는 이들은 정보 제공 제품을 만들어내면 장시간 일하지 않고도 더 많은 돈을 벌 수 있다는 걸 알게 된다. 판매를 도와주는 자동화 도구를 사용하면 이에 수반되는 작업을 줄일 수 있는데 특히 도구 사용법을 잘 아는 프리랜서의 도움을 받으면 더욱 좋다. 51세의 카피라이터 로라 벨그레이Laura Belgray는 그녀의 소규모 사업 매출을 100만 달러대로 늘리기 위해 이 방법을 썼다.

TV 홍보 작가였던 벨그레이는 뉴욕에서 오랫동안 카피라이터로 일했다. 그녀는 매우 뛰어난 카피라이터라서 고객에게 받는 수수료를 시간당 250달러에서 500달러로, 이후 750달러로, 나중에는 950달러까지 올릴 수 있었다. 그렇게 높은 요금을 받는데도 불구하고 벨그레이가 2009년에 설립한 토킹 슈림프Talking Shrimp에는 고객이 계속 몰려들었다. 그들은 훌륭한 카피를 통해 돈을 벌 수 있다면 값비싼 비용을 지불할 의향이 있었던 것이다. 결국 그녀는 요금을 시간당 1,450달러로 올렸다.

벨그레이의 성공 비결은 사업가이자 베스트셀러 작가인 마리 폴레오Marie Forleo를 비롯해 유명한 고객들과 함께 일했다는 것이다. "폴레오와는 힙합 수업에서 만나 친구가 됐습니다. 그리고 몇 년 안 되어 그녀는 온라인 강좌 업계의 상징적인 인물이 됐죠."

폴레오가 주최한 사업가를 위한 라이브 이벤트에 초대되어 카피라이팅에 대해 이야기한 이후로 전화 상담을 하는 사업가 고객들이 더 늘어났다. 그때 얘기한 주제는 '불쾌하지 않은 카피의 5가지 비밀'이었다. 어떤 이들은 그녀가 제시하는 프리미엄 가격에 매료된 것 같았다. "그 정도의 돈을 지불하면 최고의 결과를 얻었다고 확신하는 것 같아요. 사람들은 돈을 많이 내고 얻은 것일수록 높게 평가합니다."

처음에 벨그레이는 사업이 잘되어 매우 기뻤다. 하지만 결국 달력을 보면서 압도되는 기분을 느꼈다. 그녀는 사업가들의 독특한 목소리에 맞는 카피를 쓰는 게 전문이었고 고객들을 좋아했지만 점점 지쳐가고 있었다. 벨그레이는 자신과 남편을 위한 시간을 확보하기 위해 월요일과 금요일을 제외한 주중의 다른 요일에 회의 일정을 잡기로 했다. 그리고 가격을 올린 뒤에는 수요일에만 약속을 잡으면 어떨까 생각하기 시작했다.

하지만 이렇게 일정을 줄였는데도 불구하고 그녀는 고객과의 약속을 생각하면 불안해졌다. 그녀에게 시간당 1,450달러를 지불한 고객들은 많은 걸 기대하고 있었다. "가격을 올리기 시작하자 더 많은 고객을 받아들일 수 있는 감정의 한도가 줄어들기 시작했습니다. 그래서 일을 더 많이 받을 수가 없었죠. 그랬다가는 압박감에 미쳐버릴 것 같았습니다."

벨그레이는 일대일 고객 미팅을 포기하고 그 수입을 대체할 방법을 찾기 위해 비즈니스 코치 론 라이히Ron Reich를 찾았다. 그의 조언에 따라 그녀는 매출이 100만 달러를 돌파한 후부터는 고객과의 일대일 만남을 대부분 중단했다. "가끔 고객이 1시간 상담이 가능하냐고 물어보기도 하지만 그런 고객은 받지 않습니다."

소프트웨어로 하루치 업무를 줄이자

어떤 업무를 자동화해야 하는지 알려주는 최고의 출처는 당신이 이미 사용하고 있는 소프트웨어다. 회계나 고객관계관리 소프트웨어 공급업체는 앱 공급업체와 제휴를 맺는 경우가 많다. 예를 들어 회계 소프트웨어인 프레시북스FreshBooks는 다음과 같은 분야의 파트너들과 통합되어 있다.

- 미수금
- 부기
- 고객 일정 관리
- 고객관계관리
- 고객 지원 및 교육
- 이벤트 관리
- 비용
- 파일 보관
- 일반 우편
- 재고 관리
- 구인 게시판
- 지불
- 프레시북스를 다른 온라인 서비스와 연결해주는 자피어Zapier 같은 유틸리티

- 급여
- 프로젝트 관리
- 제안서
- 온라인 리뷰 받기
- 배송 및 추적
- 세금 관련 도움
- 팀 커뮤니케이션
- 타임 트래킹
- 웹사이트 관리
- 영업 기회 추적
- 마케팅

특정한 회계 소프트웨어를 사용하지 않더라도 통합된 기능이나 파트너가 나열된 페이지를 잘 확인해서 자동화할 수 있는 부분을 찾아보자. 프레시

북스 외에 퀵북스QuickBooks와 제로Xero도 확인해보자.

자동화를 통해 일주일에 하루는 일하지 않아도 되는 걸 일차 목표로 삼고 이 목표를 차츰 하루 반, 이틀… 이런 식으로 늘려가자. 팀원들이 있는 경우에는 팀원들이 시간을 절약하는 데 도움이 되는 앱도 찾아야 한다. 고객 서비스 전문가에게 필요한 기술은 회사 소유주인 당신이 사용하는 기술과 조금 다를 수 있다. 모든 사람이 효율적으로 일할 수 있도록 도와주면 고용에 투자한 성과가 더욱 커질 것이다.

라이히가 해준 가장 중요한 조언 하나는 '미니 강좌' 판매를 늘리라는 것이었다. 이것은 벨그레이가 직접 개발하고 디자이너의 도움을 받아 깔끔하게 꾸민 뒤 2016년부터 그녀의 웹사이트에서 조용히 판매하던 PDF 상품이었다. 벨그레이는 2017년부터 60분짜리 메이크오버 카피라이팅 미니 강좌(99달러)를 제공했고 2018년에는 회사 소개와 전문적인 약력 작성법 강좌(199달러)도 시작했지만 제대로 홍보한 적은 없었다.

라이히는 벨그레이가 만든 강좌와 제품을 더 많이 판매하려면 카피라이터의 재능을 살려 이메일 리스트와 소셜 미디어를 통해 적극적으로 마케팅해야 한다고 조언했다. 이것이 비즈니스 자동화를 시작하는 방법이다. 또한 라이히는 고객들에게 일주일에 1번 보내던 메일을 3번으로 늘리라고 조언했다. 이 조언을 받아들이자 제품 매출이 2배로 늘었다.

벨그레이는 나중에 '수신함 히어로! 이메일 카피라이팅 강좌'라는 상품을 추가했는데 이 상품은 2019년 그녀의 50세 생일에 첫선을 보였다. 여기에는 카피를 수정하기 전과 후의 모습이 100페이지 넘게 담겨 있다. "시간을 충분히 투자해서 만들고 싶었습니다. 그런 작업은 여기저기서 조금씩 할 수 있다고 느꼈어요."

벨그레이는 사업을 성장시키기 위해 자동화를 시작하면서 자신이 프리랜서가 아닌 사업가라는 생각을 받아들였다. "전 '사업가'라고 하면 사라 블레이클리Sara Blakely(여성 의류 브랜드 '스팽스'의 창립자 – 옮긴이)처럼 보정 속옷을 입은 사람을 말하는 거라고 생각했어요." 하지만 온라인 시대에는 디지털 제품을 만드는 사람들도 블레이클리나 실리콘밸리의 창업자들처럼 사업가라는 사실을 깨달았다.

강좌 판매가 성공했음에도 불구하고 상품 판매를 통해 기존 수입을 완전히 대체할 수는 없었다. 그래서 벨그레이는 또 한 차례 중요한 걸음을 내디뎠다. 등록 신청을 한 회원 20명을 대상으로 6개월간 진행되는 라이브 멘토링 파티인 슈림프 클럽을 시작한 것이다. 회원들은 일주일에 2번씩 그녀와 통화하면서 조언을 들을 수 있다. 또 1개월에 2번 화요일에 실시간 '핫시트'Hot Seat(집단 작업) 세션을 마련해서 회원들의 질문에 실시간으로 답하고 1개월에 1번은 미리 제출한 질문에 대한 답변을 녹음해서 제공한다. 현재 이 클럽 회원들은 가입비로 1만 5,000달러를 내며 벨그레이는 이메일 주소 목록과 인스타그램 게시물을 통해 슈림프 클럽을 홍보한다.

슈림프 클럽을 카피라이팅을 위한 마스터마인드 그룹이라고 여기는 이들이 많지만 클럽 회원들 중에는 전문 카피라이터와 사업가, 서비스업 자영업자 등 다양한 분야의 사람들이 포함돼 있다. 벨그레이의 회원들 중에는 음식 전문 블로거, 일본 자동차를 호주로 수입하는 공급업자, 심리치료사, 그래픽 디자이너도 있다. "온갖 종류의 공동 작업이 가능하죠. 우리는 이를 '슈림프 온 슈림프'Shrimp on Shrimp 활동이라고 부릅니다."

벨그레이가 모든 업무를 자동화에만 의존하는 건 아니다. 회사 관리나 전략 관련 업무는 비즈니스 관리 업체로서 가상 비서와 연결해주는 애니 올드 태스크Any Old Task를 운영하는 샌드라 부커Sandra Booker에게 위탁하고 새로운 강좌를 설계할 때는 디자이너나 웹 개발자와 협력한다. 이런 방법을 통해 직원 관리에 대한 부담 없이 다른 사람의 재능을 활용한다.

부커와 계약할 때는 약간의 실험이 필요했다. "부커는 제가 고객과 예약한 일을 처리할 수 있게 도와주었습니다." 가상 비서인 부커는 팀원들과 함께 고객 서비스 및 이메일 마케팅 업무를 담당해 벨그레이의 시간을 확보해주었다. 이로써 그녀는 100만 달러 매출을 달성할 수 있었다. "부커가 도와주지 않았다면 절대 그런 수치를 달성하지 못했을 거예요."

벨그레이는 서비스업에 종사하는 다른 전문가들에게 슈림프 클럽 같은 제품과 프로그램을 추가하면서 효과적인 홍보 방법을 찾아보라고 조언한다. "일대일 작업을 통해 원하는 만큼의 돈을 버는 건 정말 어려운 일이거든요."

벨그레이가 시간을 많이 확보하게 된 건 좋은 일이다. 우리가 마지막으로 얘기를 나눴을 때 그녀는 《최악의 상황: 가장 최악일 때 최고의 삶을 사는 법》Tough Titties: On Living Your Best Life When You're the Fucking Worst 이라는 회고록을 쓰고 있었다. 이 집필 작업은 그녀가 사업상 하는 글쓰기에서 벗어나 머리를 식힐 수 있게 해주었다. "교육적이거나 권위적인 내용의 책이 아닙니다. 그런 책은 쓰고 싶지 않아요. 물론 곳곳에 나름의 의미는 담겨 있겠지만 그게 교훈적일 필요는 없습니다."

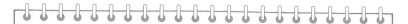

10억 사업 시크릿 노트
업무 자동화 트렌드로 돈과 시간 아끼기

자동화 툴은 매일 변화를 거듭하고 있다. 이런 도구를 선별해서 소개하는 생산성 전문가 몇 명을 팔로우하면 유용한 최신 정보를 얻을 수 있다. 관련된 팟캐스트를 몇 가지 소개하면 다음과 같다.

팀 페리스 쇼 tim.blog/podcast
당신의 생산성과 성과를 높여줄 세계 최고의 사상가들을 계속해서 팟캐스트에 초대하고 있다.

오토메이트 앤드 그로우 automategrow.biz
이 팟캐스트는 자동화 대상에 대한 새로운 아이디어와 최신 정보를 제공한다. 클라우드와 앱 컨설턴트인 마이크 데벨라노Mike Devellano는 많은 게스트를 초대해 체계적인 홍보 캠페인 진행 방법, AI를 이용한 마케팅 계획 수립, 구독을 통한 디지털 제품 수익화 방법 등에 관해 이야기를 나눈다.

레스 두잉 lessdoing.com/podcast
아리 마이젤Ari Meisel은 사업의 모든 부분을 최적화, 자동화, 아웃소싱하는 데 매우 다재다능한 전문가다. 그의 팟캐스트는 당신의 발목을 잡는 귀찮은 업무를 앱과 소프트웨어에 맡길 수 있는 아이디어를 끊임없이 제공한다.

영원히 혼자 일하는 사업가는 없다

이 책에 나오는 거의 모든 사업체는 똑같은 이유로 프리랜서, 계약직, 컨설턴트에게 도움을 청했다. 사업 규모가 커지면서 혼자서 모든 일을 할 수 없었기 때문이다. 본인이 모든 일을 다 처리하겠다고 완고하게 버티던 사람도 결국은 알게 된다. 어떻게 외부 인력을 쓰는지 도저히 배울 수 없거나, 배울 수는 있지만 잘 실행하지 못하거나, 하기 싫거나 시간이 너무 많이 걸리기 때문에 미룬다는 사실을 말이다.

어떤 사업체 소유주는 몇 년 동안 계속 프리랜서 모델만 고수하는 반면 어떤 소유주는 프리랜서는 일부만 남기고 결국 고용 모델로 전환하기도 한다. 프리랜서 채용의 장점은 리스크가 낮다는 것이다. 프리랜서가 일을 잘하지 못하면 그를 해고하지 않고도 언제든 다른 사람을 고용할 수 있다. 그리고 정식 직원을 채용하지 않는 이상 대차대조표에 고정비용으로 포함되지도 않는다.

------------------------ • 10억 사업가의 꿀팁 💰 • ------------------------

프리랜서 고용 시 이 점을 조심하세요

ᴖᴖᴖᴖᴖ

프리랜서를 고용하는 경우 직원 분류에 대한 국가 정부의 규칙을 모두 알아야 한다. 계약자나 프리랜서를 직원처럼 취급하면 문제가 발생해서 벌금을 물 수도 있다. 미국인사관리협회(shrm.com)에서는 〈종업원 분류 정책: 고용 범주〉Employee Classification Policy: Employment Categories 같은 문서 정보를 제공한다. 국세청에서도 〈독립 계약자: 자영업자 아니면 직원?〉Independent Contractor: (Self-Employed) or Employee? 이라는 유용한 가이드를 제공한다.[19]

미국 이외의 지역에서 계약직이나 프리랜서를 채용하는 경우는 해당 국가의 법률이 적용되므로 반드시 현지의 고용 전문 변호사와 상담하거나 프리랜서 플랫폼을 통해 규정 준수 문제를 처리해줄 변호사를 고용해서 일을 진행해야 한다.

근로자 분류는 매우 뜨거운 주제다. 근로자를 분류하는 방식은 정치적 흐름에 따라 바뀌는 경향이 있으므로 '근로자 분류'라는 용어에 대한 검색엔진 알림을 설정해서 변화에 대비한 계획을 세우는 것도 괜찮은 생각이다. 이 문제는 많은 나라에서 논란이 되고 있지만 법이 제각기 다르기에

반드시 해당 국가의 노동부나 현지 법인 같은 국가별 기관을 통해 알아봐
야 한다.

100퍼센트 아웃소싱 달성법

100퍼센트 프리랜서 팀에 의존하는 사업체를 살펴보자. 온라인 강좌
를 판매하는 카피라이터 브라이언 딘Brian Dean은 이 방법을 잘 활용해
서 100만 달러대의 사업을 일구었다. 덕분에 뉴욕에 사는 그는 회사를
운영하면서도 베를린과 리스본에 장기 여행을 갈 수 있었다.

약 10년 전에 프리랜서 카피라이터였던 딘은 유럽을 배낭여행하면
서 재능을 활용할 수 있으면서도 생계를 위해 아등바등하지 않아도
되는 사업을 구상하려고 했다. "제 꿈은 구글에서 높은 순위를 차지하
는 웹사이트를 만들고 그 사이트를 통해 일하지 않고도 돈을 버는 것
이었습니다."

딘은 어떤 사이트가 가장 많은 관심을 끄는지 알아보기 위해 다양한
사이트를 개설했다. 그러다 포커스 그룹과 소비자 조사 연구에 참여해
서 돈을 버는 방법을 알려주는 사이트를 만들었을 때 마침내 원하던
반응을 얻었다. 기본적으로 소비자와 조사 연구 사이의 통로 역할을
하는 이 사이트는 빠르게 발전했다. 딘은 이 사이트를 통해 검색엔진
에서 가시성을 높이는 방법을 배웠고 그 내용을 블로그에 공유했다.
그중 한 게시물(구글이 사이트 순위를 매길 때 고려하는 200가지 요소에 대해

썼다)이 입소문이 났고 이는 딘에게 큰 교훈을 안겨주었다. "제가 게시하는 모든 글이 그 정도로 훌륭해야 한다는 걸 배웠습니다."

2013년에 딘은 검색엔진 최적화와 링크 구축 방법을 가르치는 백링코Backlinko라는 1인 사업체를 설립했다. 백링코에서는 그가 개발한 몇 가지 강좌를 판매한다. 그의 첫 번째 강좌인 '효과적인 SEO'SEO That Works(SEO은 검색 엔진 최적화Search Engine Optimization의 약자다―옮긴이)와 2020년에 그의 팀이 새롭게 출시한 '수익성 있는 강좌 만들기', '유튜브용 SEO'다. 이 강좌는 약 8년 전에 개발자가 그를 위해 만든 플랫폼에서 진행된다. "당시에는 티처블Teachable이나 코세라Coursera가 없었습니다." 이들 강좌는 2,000~5,000달러 정도에 판매되며 그의 기존 고객들이 새로운 강좌를 구입하는 경우가 많다.

딘은 1개월 동안 진행되는 단기 강좌 내용은 본인이 직접 작성하지만 강좌에서 사용할 워크시트를 만드는 것 같은 일은 프리랜서 작가들에게 맡긴다. 프로그램을 하나 만드는 데 드는 비용을 모두 합치면 1만 5,000달러에서 2만 달러 정도 된다. 그는 "사람들은 주말에 몇 시간만 투자하면 뚝딱 강좌를 만들어낼 수 있다고 생각하죠."라며 웃는다.

딘은 이 일을 하기 위해 8~12명의 계약직에게 글쓰기, 디자인, 관리, 웹 개발을 맡긴다. 그들 중 일부에겐 프로젝트별로 돈을 지불하며 정기적으로 일을 맡기는 이들에겐 매주 일정 개수의 성과물에 대해 정액 요금을 지급하는 방식으로 전환했다. 그렇게 해야 일을 효율적으로 처리하는 사람들이 불이익을 당하는 일이 없어진다고 생각하기 때

회의 지옥에서 벗어나면 자유로워진다

전통적인 직장에서는 일을 완수하려면 회의가 꼭 필요하다고 배운다. 브라이언 딘은 모든 사업체가 다 그런 건 아니라는 걸 보여주는 살아 있는 증거다. 딘은 회의를 싫어하기 때문에 되도록 하지 않으려고 한다. 대신 그와 팀원들은 노션(notion.so)이라는 앱으로 의사소통을 한다. "이건 협업용 툴인 아사나Asana와 슬랙Slack을 합친 것 같은 앱입니다."

브라이언은 이 플랫폼에 방을 2개 개설해 백링코와 익스플로딩 토픽스 Exploding Topics 를 운영한다. 이것이 기존의 회의 시스템을 완전히 바꿔놓았다. 노션 시스템을 이용하면 팀원들이 시간 날 때 디자인 같은 창의적인 자료를 검토할 수 있기 때문에 이메일을 계속 확인할 필요가 없다. 불필요한 회의를 하지 않으면 일단 업무 비용을 절감할 수 있다. 프리랜서가 줌 회의에 참석해서 다른 팀원들이 모두 들어올 때까지 기다리는 시간에 대해 비용을 지불하지 않아도 된다.

문이다.

딘이 소규모의 유동적인 팀을 활용해서 사업을 성공적으로 성장시킬 수 있었던 이유 중 하나는 그가 구독자 18만 명의 이메일 목록을 작성했기 때문이다. 이 이메일 목록은 딘의 강좌 판매를 위한 강력한 엔진이다. "이만한 효과를 내는 게 없습니다. 페이스북 광고, 트위터,

웨비나 등도 시도해봤지만 결국 이메일 목록과 이메일 품질이 모든 걸 좌우하죠."

그의 이메일 발송 규칙은 구독자와의 관계를 은행 계좌로 여기는 것이다. 그는 가치 있는 무료 정보를 제공할 때마다 그 계좌에 예치금이 쌓인다고 생각한다. 뭔가를 팔려고 할 때는 그 돈을 인출한다. 딘은 영감을 얻기 위해 《아주 작은 습관의 힘》의 저자 제임스 클리어가 자기 웹사이트에서 취한 접근 방식을 연구했다. 그리고 2019년 말에 영국의 비즈니스 파트너인 조시 호워스Josh Howarth와 함께 새로운 트렌드에 초점을 맞춘 2번째 사업 익스플로딩 토픽스를 시작했다. 우리가 마지막으로 얘기를 나눴을 즈음 이 사이트에서 크게 관심을 끈 주제는 휴대용 비데, 재사용 가능한 큐팁Q-tip 면봉 대체제, 분산형 금융 등이었다.

딘은 프리랜서 팀에 의존해 사업에 성공했다. 백링코는 2020년에 120만 달러의 연 매출을 올렸고 그사이에 익스플로딩 토픽스도 주목을 받기 시작했다. 1개월에 47달러를 받는 익스플로딩 토픽스의 뉴스레터는 이미 유료 구독자가 400명이나 된다.

이제 딘은 매우 효율적인 방식으로 사업을 운영한 덕에 포르투갈을 여행하거나 테니스를 치는 등 인생을 즐길 시간도 많이 생겼다. "여기 날씨는 정말 좋습니다. 꼭 캘리포니아 남부 같아요."

인재는 한 우물에서만 찾지 마라

———

36세의 알렉스 밀러Alex Miller는 신용카드 포인트를 최대한 활용하는 방법을 알려주는 업그레이드 포인츠Upgrade Points라는 사이트를 설립해 100만 달러대의 매출을 올렸다. 이 사이트의 성공 비결 중 하나는 글의 품질이다. 이 사이트는 다른 사이트처럼 12~25개의 짧은 글을 올리는 게 아니라 3,000단어짜리 글을 하루에 최대 3번씩 올리는 것으로 유명하다.

독자들이 기대하는 양질의 깊이 있는 글을 작성하기 위해 밀러는 15에서 16명의 전문적인 계약직 팀에게 의지하면서 슬랙과 프로젝트 관리 소프트웨어인 트렐로Trello를 통해 그들과 소통한다. 밀러는 이런 보석 같은 인재들을 어떻게 찾았을까? "마법 같은 걸 부린 게 아닙니다. 인터넷에는 당신이 원하는 훌륭한 인재를 한 번에 찾을 수 있는 곳이 없습니다."

그래서 밀러는 모든 곳에서 인재를 찾는다. 그가 운영하는 사이트에는 구인 페이지가 있는데 그쪽으로도 간혹 문의가 들어온다. 그가 특별 프로젝트 책임자를 만난 건 그 둘이 회원으로 가입된 젊은 기업가 협회를 통해서였다. "당신이 속한 업계에 열정을 가진 사람을 찾고 있다면 그 업계에 관해 얘기하고 싶어 하는 이들을 위한 페이스북 그룹을 살펴보는 게 가장 좋습니다."

2020년에 여행 업계가 침체되면서 사업이 부진해졌지만 밀러는 대규모 팀을 그대로 유지하면서 바쁘게 일했다. 2021년에 얘기를 나눴을 때는 유료 회원 사이트를 개설하고 뉴스 기사를 소개하기 시작했다고 했다. "우리는 언젠가 여행이 재개될 거라는 사실을 알고 있었습니다."

걱정 끝! 정규직 활용의 기술

사업이 성장해서 더 많은 일을 하게 되면 전통적인 의미의 직원을 들이는 게 합리적이다. 때로는 직원을 채용하는 게 계약직과 협력하는 것보다 비용 효율이 높다. 10시간짜리 프로젝트를 진행할 때는 재능 있는 그래픽 디자이너에게 시간당 150달러를 지불하는 게 타당하다. 하지만 같은 디자이너를 일주일에 40시간씩 무기한으로 써야 한다면 고정 소득을 보장하는 대가로 급여 협상을 할 수 있을 것이다.

대규모 프로젝트 또는 주문을 수주하거나 사업 확장을 꾀하는 경우 직원들이 있으면 훨씬 수월하게 진행할 수 있다. 마이애미에 본사를 두고 아마존에서 15달러 미만의 패스트패션 주얼리를 판매하는 파보이의 공동 창업자 탈 마시카는 "1인 사업가가 규모를 확장하는 것은 더 많은 사람을 고용하고 역량을 갖춘 팀을 구축할 수 있는 능력에 크게 좌우됩니다."라고 말한다.

마시카와 그의 친구 지크 아라키는 둘 다 보석상 주인의 아들로 1명의 직원도 없이 회사 매출을 500만 달러까지 늘리는 데 성공했다. 아마존에 등록한 제품 목록을 최적화하고 가격과 품질 면에서 브랜드 인지도를 높이면서 사업의 모든 측면을 자동화하고 아웃소싱하는 전문가가 되었기에 가능한 일이다. 하지만 아라키의 말마따나 개인이 할 수 있는 일에는 한계가 있다. 특히 팬데믹 기간에는 할 일이 더 많아지면서 그들도 지치기 시작했다.

처음에는 데이터 과학자와 운영 관리자, 다음에는 광고 관리자 등 정규직을 고용하기 시작했다. 현재 이 회사에는 5명의 정규직 직원이 있다. 마시카와 아라키는 인맥을 통해 알게 된 이들이 이렇게 작은 회사에서 기꺼이 일하려고 한다는 사실에 놀랐다. "모든 사람이 구글에서 일하고 싶어 하는 건 아닙니다. 어떤 이들은 뭔가를 만드는 일에서 동기를 얻죠. 소규모 사업체에서는 훨씬 더 많은 영향력을 발휘할 수 있습니다." 마시카의 말이다. 그는 팀원들이 계속 회사에 남아 있도록 급여를 넉넉히 지불하고 일과 생활이 균형을 이루도록 업무 시간을 조정하게 한다. 아라키는 적합한 인력을 배치한 덕에 사업이 성장할 수 있었고 물건을 팔던 2명의 남자가 제대로 된 사업가로 성장할 수 있었다고 말한다.

고용주–고용인 관계를 규율하는 정부 정책과 법 조항이 많기 때문에 직원을 고용하는 건 계약직를 고용하는 것보다 더 공식적인 절차다. ADP 페이롤ADP Payroll, 구스토Gusto, 페이첵스Paychex 같은 급여세 산정 회사를 이용하는 게 가장 편리하다. 이들 회사는 급여에서 세금을 얼마나 공제해야 하는지, 실업 보험과 근로자 보상을 어떻게 처리해야 하는지 등 많은 세부 사항에 정통하기 때문이다. 급여 지급을 아웃소싱하려면 비용이 들지만(팀 규모에 따라 다르지만 일반적으로 1개월에 50에서 200달러 정도다) 아마 시간을 많이 절약할 수 있을 것이다. (그 외에도 고용세에 대해 잘 아는 회계사에게 조언을 구하자. 이러한 도움 없이 실수하면 엄청난 벌금이 부과될 수 있다.)

또 직원을 고용할 때는 급여를 얼마를 지불해야 하고 어떤 혜택을 제공해야 하는지 등 결정해야 할 사항이 많다. 경쟁력 있는 급여 수준과 상황이 좋든 나쁘든 지속가능한 수준 사이에서 균형 있게 급여를 책정한다. 당신은 본인이 정한 날짜나 주에 근로자들에게 급여를 지급해야 할 법적 의무가 있다. 그렇게 하지 않으면 세무 당국과 문제가 생길 수 있다. 급여가 너무 높아 지속적으로 지급할 수 없을 때는 직원을 해고해야 할 수도 있다. 직원과 그 가족이 당신에게 의지하고 있다면 매우 가슴 아픈 경험이 될 것이다.

직원을 고용할 때의 좋은 점은 단번에 모든 사람을 고용할 필요가 없다는 것이다. 프리랜서와 직원으로 구성된 하이브리드 팀을 활용하다 차차 정규직 직원을 고용하는 기업으로 전환할 수도 있다. 아이다호주의 보이시에서 앱이볼브라는 회사를 운영하는 제이슨 마틴과 패트릭 팰비의 사례를 살펴보자.

2016년 말에 프리랜서 플랫폼인 업워크에서 사업을 시작한 마틴과 팰비는 20~25명의 프리랜서 기술 전문가를 모아 팀을 구성했다. 그들은 전부 업워크를 통해 일하는 이들이었다. 그들을 기반으로 사업을 성장시킬 준비가 된 마틴과 팰비는 2020년에 첫 번째 직원인 사무실 관리자를 채용했다.

앱이볼브는 2인 사업체로 시작되었다. 마틴과 팰비는 기술 스타트업에서 함께 일하면서 만났고 둘 다 산악자전거를 좋아했다. 함께 장거리 라이딩을 다니는 동안 둘 다 직접 회사를 운영하고 싶다는 꿈을 갖고 있다는 걸 알게 됐고 곧 아이디어가 떠올랐다. 그들은 예전 직장에 다니면서 고객관계관리 소프트웨어인 세일즈포스Salesforce와 통합되는 웹 어플리케이션이 많지 않다는 걸 알게 됐다. 하지만 이 앱에 대한 수요는 상당해서 고객들이 자주 요청했다. 마틴과 팰비는 이런 기술 제품을 만드는 데 능숙했기 때문에 다른 회사들을 위한 앱 개발을 하는 사업을 하기로 했다. "우리는 성공에 필요한 걸 모두 갖추고 있었습니다."

그들은 2016년 말에 대형 프리랜서 플랫폼인 업워크에서 소프트웨어 개발 에이전시를 시작했다. 고객에게 그들을 알리고 브랜드의 진정성을 전달하기 위해 회사의 업워크 페이지에 게시할 전문가다운 프로필 사진과 동영상에 돈을 투자했다. "그렇게 하지 않는 이들이 얼마나 많은지 놀라울 정도예요."라고 마틴은 말한다. 또 간단한 회사 웹사이트도 개설해서 가시성을 높였다.

곧 잠재고객들의 연락이 오기 시작했고 그들은 프로젝트에 착수했다. 주문이 꾸준히 들어오자 그들은 회사를 그만두고 본격적으로 사업에 뛰어들어도 되겠다는 자신감을 얻었다. 팰비가 먼저 2016년 초에 회사를 그만뒀고 마틴도 몇 달 후 그만뒀다. 어플리케이션을 성공적으로 판매한 그들은 모든 기기와 기계 학습 프로젝트에서 작동하는 하이브리드 어플리케이션을 비롯해 다른 유형의 웹 어플리케이션과 모바일 어플리케이션을 제공하기 위해 사업을 확장했다. 또 고객들의 기술 스택을 평가하고 사용 중인 도구를 개선하기 위한 아이디어를 제공하는 컨설팅 서비스도 시작했다.

사업이 성장하자 마틴과 팰비는 그들이 감당할 수 있는 것보다 더 많은 일을 하게 됐다. 부담을 덜기 위해 그들은 개발과 프로젝트 관리 업무 일부를 계약직들에게 맡겼다. 그리고 업워크에서 만난 소프트웨어 개발자들을 모아 팀을 구성했다. 다들 같은 플랫폼에 모여 있었기 때문에 팀에 합류시키거나 급여를 지불하기도 쉬웠다.

그래도 이들은 직원을 채용할 때 모든 사람을 신중하게 검토했다. 개발자들이 클라이언트의 꾸준한 재방문을 유도할 만한 기술력과 소프트 스킬을 두루 갖추고 있는지 선별 테스트를 실시했다. 예를 들면 백엔드 프로그래머를 채용할 때는 채용 예정자를 테스트하기 위해 개발한 어플리케이션 코드를 보여주면서 빈 곳을 채워보라고 하는 식이었다. "이를 통해 그들의 사고 과정을 검토할 수 있습니다."라고 팰비는 말한다.

요즘은 25명의 개발자가 다양한 프로젝트를 진행하고 있다. 전 세계적으로 인재 확보 경쟁이 치열해지고 있어 마틴과 팰비는 계약직들에게 경쟁력 있는 급여를 지불하려고 애쓴다. "우리는 그들이 편하게 일하면서 원하는 만큼의 대가를 받기를 바랍니다." 마틴의 말이다. 또한 법적으로 꼭 필요하지 않은 경우에도 혜택을 제공하려고 한다. 일례로 이들은 인터뷰 당시 크로아티아에 있는 디자이너를 의료보험에 가입시키는 방법을 고민하고 있었다.

마틴과 팰비는 회사에 강력한 문화를 구축하는 데 주력하면서 전 세계를 돌아다니며 팀원들을 만났다. 그리고 그런 여행을 통해 팀원들과 개인적인 유대감을 쌓을 수 있었다. "우리는 모르는 사람과 일하고 싶지 않습니다. 직원들의 집에 초대받아 가족을 만나고 저녁 대접도 받죠." 멀리 떨어진 곳에 사는 팀원들을 데리고 네팔이나 인도 같은 나라로 날아가 단체 모임을 할 때도 있다. 팬데믹 기간에는 셔츠, 스티커,

칵테일 믹서 등이 들어 있는 상자를 직원들에게 미리 발송하고 줌을 통해 연례 모임을 열었다. "우리가 있는 곳은 오전 8시였지만 다 함께 마가리타를 마셨죠." 마틴은 웃으면서 이렇게 말했다.

연례 모임 사이에는 분기별로 화상 회의도 한다. 팰비는 이런 모임이 그룹의 결속을 돕는다고 주장한다. 이 팀원들은 몇 달 혹은 몇 년씩 함께 일하면서도 서로 만날 일이 없지만 가까워지면 상대방의 커뮤니케이션 스타일을 잘 이해할 수 있어서 업무 효율이 높아진다.

앱이볼브는 업무 일관성을 유지하기 위해 정기적으로 일하는 일부 계약직와 장기 계약을 체결해서 안정적인 수입을 보장하고 언제든 필요할 때 그들의 노동력을 이용한다. 또한 인공지능과 기계 학습 같은 분야에서 팀원들을 위한 지속적인 교육에 투자하고 있다. 이뿐만 아니라 고객에게 더 나은 서비스를 제공하는 데 도움이 되는 자격증을 취득하기 위한 비용을 계약직 직원들에게 지급한다. 지속적인 학습을 중시하는 회사 문화를 구축하기 위해 '아마존 북클럽' 같은 특전도 구상했다. 이는 직원들에게 책을 추천할 경우 도서 구입비를 함께 지급하는 것이다.

2021년 초에 얘기를 나눴을 때 마틴과 팰비는 앱이볼브 네트워크를 구축하고 있었다. 앱이볼브 네트워크는 고객이 원하는 유능한 프로그래머와 함께 작업할 수 있게 지원하거나 프로젝트 범위가 크면 정규직원과 프리랜서를 모두 포함시켜 기존 프로젝트 범위를 확장할 수 있게 지원하는 일종의 에이전시다.

그들은 이 에이전시 설립을 위한 기초 작업을 진행하면서 보이시에

50여 평의 사무실을 빌리고 2021년 말까지 사내 개발자 4명을 고용할 계획이다. "그들은 아주 탁월한 인재들이기 때문에 우리 회사에 꼭 묶어두고 싶습니다. 정말 똑똑한 이들이죠. 그렇게 문제를 고민하고 다른 팀원들과 소통하고 고객과 함께 문제에 대처하는 인재는 정말 찾아보기 힘듭니다."라고 마틴은 말한다.

한편 그들은 앱이볼브 네트워크에서 일하는 프리랜서들을 위한 광범위한 내부 검증 프로세스를 마련했다. 회사를 위해 적어도 80시간 이상 일하는 것도 검증 과정에 포함된다. 이는 모두 고객을 만족시킬 수 있는 방식으로 회사를 확장하기 위한 노력의 일환이다.

마틴과 팰비는 모든 업무를 직접 처리하지 않고 팀에 의존한 덕분에 2020년에 회사의 연 매출을 150만 달러까지 늘릴 수 있었다. 또 재충전할 시간도 생겼다. 그들은 주변에 있는 수백 킬로미터나 되는 산길을 달리면서 48킬로미터 울트라 마라톤에 출전할 준비를 하고 있다. "우리는 이것이 정신 훈련의 한 방법이라고 생각합니다. 불가능하다고 생각되는 목표를 정하고 그 목표를 이루는 건 성장을 위한 엄청난 기회죠."라고 마틴은 말한다.

그들 모두 자녀가 아직 어린데 마틴 부부는 3명의 자녀를 뒀고 팰비 부부에게는 어린 아기가 있어 아이들과 함께 많은 시간을 보내려고 한다. 마틴은 이렇게 말한다. "자신을 위한 시간을 마련하는 게 중요하다고 생각합니다. 전 자유를 사랑합니다."

급여, 얼마나 줘야 할까?

해당 업계에서 어떤 유형과 수준의 보상이 일반적인지 알아보려면 업계 협회에 가입하거나 동료들의 인맥을 이용하는 것이 좋다. 한 이사업체 임원의 말에 따르면 캔자스주 맨해튼에서 받는 7만 5,000달러의 급여는 뉴욕주 맨해튼에서 받는 22만 5,000달러와 맞먹는다. 소규모 사업체는 급여나 복리후생 면에서 대기업과 경쟁하기 어려울 수 있지만 가족 친화적인 근무시간이나 주 5일 원격 근무 같은 혜택을 제공해서 인재를 유치할 수 있다.

이제는 많은 사람이 원격 근무의 장점에 대해 잘 알고 있다. 따라서 생활비가 저렴한 일부 지역에서 낮은 임금을 주고 원격으로 인재를 채용할 수도 있다. 공식 고용주 역할을 하는 종합인사관리서비스회사 Professional Employer Organization, PEO 를 통해 팀원을 고용하면 소규모 사업체에서 감당할 수 없는 혜택을 단체 요율로 제공할 수도 있다. 전미전문고용주단체협회(napeo.org)에 가면 PEO를 찾을 수 있는 검색 도구가 있다.

내 회사에 꼭 맞는 인재 찾는 법

전통적인 직원이 아니라도 해당 업무에 능숙하고 특정 시간대에만 일해줄 수 있는 직원을 찾을 수 있을까?

뉴욕 퀸즈에 사는 앤지 랄라와 콜린 라자 부부는 바로 그런 직원을 구하고 교육시켰다. 그들은 권투와 크로스핏을 좋아한다(라자는 인도에서 권투 선수로 활동하기도 했다). 하지만 라자가 랄라에게 함께 체육관에 가자고 했을 때 랄라는 여성용 장비가 색이 칙칙해서 마음에 들지 않았다. 그러자 라자가 아내에게 크로스핏 훈련용 장갑을 디자인해보라고 했고 여기서 바로 여성을 겨냥한 다채로운 스포츠용품 라인 개발이라는 흥미로운 프로젝트가 시작되었다.

제품 제조 방법을 알아본 그들은 RIM스포츠라는 브랜드명으로 아마존에 제품을 올렸다. "우리는 고객이 겪고 있는 문제를 이해했습니다. 그들은 그들이 사용할 스포츠 장비가 편리하면서도 디자인이 근사하길 원합니다." 앤지의 말이다.

2015년 당시 그들은 금융 서비스 업계에서 일했는데 랄라는 마케팅 분야, 라자는 IT 분야였다. 그들은 사업 아이디어를 시험하기 위해 1달러에 구입한 물병을 이베이에서 20달러에 되파는 부업을 하면서 스타트업 자금을 조달했다. 그리고 인터넷과 전화 조사를 통해 크로스핏 훈련용 장갑 같은 장비를 그들이 원하는 색으로 만들 수 있는 OEM 업체를 해외에서 찾았다. 생산을 아웃소싱할 수 있는 공장이 많은 상황에서 그들이 직접 공장을 차린다는 건 이치에 맞지 않는 일이었다.

처음 몇 달 동안은 제품을 소량 주문해서 그들의 집과 랄라의 어머니 집에 보관해두고 주문이 들어오면 직접 포장했다. 그리고 라자가 포장한 제품을 맨해튼에 있는 직장으로 가져갔다가 점심시간에 우체

국으로 달려가곤 했다. "정말 미친 짓이었죠."라고 라자는 말했다.

사업을 시작한 지 2개월쯤 지나 아마존 주문 처리 서비스를 알게 된 그들은 업무 일부를 외부에 맡기기로 했다. 수수료를 지불하고 이 서비스를 이용하면 아마존 창고에 재고를 보관할 수 있고 제품 포장과 배송도 아마존 직원에게 맡길 수 있었다. 라자는 "우리는 아마존이 최선의 선택이라는 걸 알았습니다. 저도 정규직으로 일하고 랄라도 정규직으로 일하고 있었으니까요."라고 말했다.

이들 부부는 소셜 미디어 광고를 통해 고객을 매장으로 끌어들였다. 그렇게 사업을 시작했지만 아마존에 배송을 맡겼음에도 불구하고 빠른 성장세를 계속 유지하려면 끈기가 필요했다. 그들은 연중무휴로 24시간 고객 서비스를 제공하기 위해 많은 시간을 투자했다. 결국 이들은 2016년에 고객 서비스를 위해 원격 근무 직원을 시간제로 고용하기로 했다. 그렇게 고용한 직원은 라자가 인도에 살았을 때 이웃이었던 사람이었다. 랄라는 이메일을 통해 그녀에게 고객 서비스 방법을 교육했다. 그 시점에 회사는 연 매출이 100만 달러에 이르렀다.

고객 서비스 직원을 영입한 부부는 안도의 한숨을 쉬었지만 그 후에도 계속 쉴 없이 일해야 했다. 회사의 인기가 높아지자 그들은 인도 첸나이에 사무실을 열고 직원을 추가하기로 했다. 어떤 직책을 추가해야 하는지 파악하기 위해 사업에 필요한 다양한 역할을 분석하고 자동화를 통해 그 작업을 수행할 수 있는지 판단했다. 자동화가 불가능한 경우는 그 일이 회사에 얼마나 많은 이익을 안겨주는지, 그 일을 할 사람을 고용했을 때 비용이 얼마나 절감되는지를 기준으로 해당 직무의 가치를 수치화하여 평가했다.

랄라는 일자리를 만들 때마다 해당 작업에 대한 요구 사항과 실제 작업을 수행하는 방법을 표준 운영 절차Standard Operating Procedure, SOP (이하 SOP) 파일에 기록했다. 그들은 각 업무를 잘 처리하기 위한 기준을 세우려고 필요한 작업을 직접 수행해보기도 했다. 덕분에 해당 업무를 단계별로 나눠서 직원들에게 가르칠 수 있었다.

문서화 작업이 끝나면 직원과 일대일로 앉아 업무를 알려주고 마지막으로 직원에게 혼자 그 일을 해보게 했다. 이런 과정은 시간이 걸리기는 했지만 팀 규모를 늘리고 더 많은 사람을 훈련해야 하는 상황이 되자 큰 도움이 되었다. 특히 SOP 문서는 운영에 매우 중요하기 때문에 지금은 여러 안전한 장소에 보관하고 있다.

광고와 인맥을 통해 채용 대상을 찾던 그들은 그들의 사업에 적합한 기술을 가진 사람을 찾기가 어렵다는 걸 깨달았다. 그래서 서류상으로는 직무에 적합하지 않은 것처럼 보이더라도 새로운 기술을 습득하는 데 적극적인 사람을 찾았다. "우리 팀에 합류하는 사람은 성장과 배움에 대한 열망이 있어야 합니다. 영감을 받을 준비가 되어 있는 사람에게는 우리도 기꺼이 영감을 주려고 노력합니다." 라자의 말이다.

이들 부부는 면접을 볼 때 지원자가 특정 업무를 습득할 수 있는지 알아보기 위한 테스트를 마련했다. 고객 서비스 부문 지원자의 경우 고객이 이메일로 보낸 불만 사항을 보여주면서 이에 어떻게 대응할지 물어본다. 고객이 명확하게 설명하지 않은 문제까지 이해하고 해결할 정도로 감성 지능이 뛰어난 지원자를 채용하기 위해 단서를 찾는 것이다. 또 그들이 앞으로 할 업무를 조사하게 하고 이를 성공적으로 완수하면 학습 의지가 있다고 판단했다. "배우려는 의지나 능력이 없는 사람들과는 함께 일하고 싶지 않습니다."라고 라자는 말한다.

RIM스포츠는 직원을 서서히 15명까지 늘렸다. 이들 부부는 기업 문화를 만들기 위해 리더십 팀을 만들었는데 현재는 인사 및 총괄 관리자, 회계 관리자, 고객 관리자, 아웃소싱 관리자 등 4명으로 구성되어 있다. 이들은 매주 만나 책임감, 우수성, 성실성, 추진력, 열정 같은 비즈니스의 핵심 가치를 제시한다. 이런 핵심 가치를 염두에 두면 팀에 합류할 적절한 후보자를 선택하는 데 도움이 된다.

팀에 합류한 이들은 각자 리더십 팀의 일원에게 업무 보고를 한다. 커뮤니케이션용으로는 슬랙을 사용하고 프로젝트 관리에는 아사나를 사용하면서 직원들은 각자 작업 중인 내용을 슬랙 채널에 업데이트한다. 후속 조치가 필요한 경우 경영진은 아사나에서 이 사실을 언급한다. 랄라는 이렇게 말했다. "우리는 직원들이 자기 일에 책임지기를 바랍니다. 그래야 라자와 제가 계속 일에 관여하면서 회사 내 누구에게 무슨 일이 일어나고 있는지 정확하게 알 수 있습니다. 때로는 직원들이 우리에게 뭔가를 기대할 때도 있죠. 그럴 때는 업데이트한 내용에 태그를 붙이면 우리가 대응해야 한다는 사실을 알 수 있습니다."

모든 팀원이 성장 기회를 얻도록 이들 부부는 매일 리더십 팀원 1명과 만난다. 인사팀장은 1개월에 1번씩 각 팀의 팀원들과 성과 및 책임 회의를 진행한다.

RIM스포츠는 직원들에게 정규직 급여와 복리후생을 제공해 회사에 충성하는 문화를 구축하는 데 주력해왔다. 부부는 최대한 팀원들의 상황을 이해하려고 노력한다. 그들이 사업을 시작한 이유 중 하나가 랄라가 심하게 다쳤을 때 고용주가 빨리 회사에 복귀하라고 압력을 가했기 때문이었다. 그들은 직원 대부분이 자녀를 둔 엄마이기 때문에 모두 합리적인 시간에 퇴근할 수 있도록 노력한다.

훌륭한 팀을 꾸린 덕분에 그들은 새로운 기회를 찾는 데 집중할 수 있었다. 라자는 세계 각지를 돌아다니면서 최고의 공장을 찾는다. 그리고 혹시 계약한 공장에서 납품이 불가능할 경우 이를 대체할 예비 제조업체까지 모색한다. 경제 특구에 위치한 이 공장들은 대부분 광고를 하지 않기 때문에 콜린은 그곳에 도착한 후 현장 조사를 해서 공장을 선정해야 했다.

이런 여행을 통해 이들은 제조업 기반을 중국에서 파키스탄으로, 나중에는 인도에 있는 사무실과 가까운 곳의 공장으로 이전할 수 있게 되었다. 또 캄보디아와 태국에 있는 몇몇 공장과도 함께 일하면서 공급망을 다각화했다. 팬데믹 기간에 공급망에 문제가 생기자 그 대책으로 제조 기반을 여러 공장에 분산시키려는 사업체들이 늘어났는데 이에 라자는 인디언 소싱Indian Sourcing Co.이라는 새로운 벤처를 설립했다. 그들이 운영하는 이 회사는 아직 스타트업이지만 인도에서 상품을 제조하려는 사업체들의 에이전트 역할을 한다.

그들의 노력은 결실을 맺었다. RIM스포츠는 2020년에 300만 달러의 매출을 올렸고, 인터뷰 당시였던 2021년 초에는 당해 500~600만 달러의 매출을 올릴 것으로 예상됐다. 이들의 목표는 매출 1,000만 달러를 달성하는 것이다. 그러나 이들이 단지 금전적인 목표 때문에 사업을 하는 것은 아니다. 그들은 대부분 여성인 직원들에게 재택근무 기회를 제공하는 걸 매우 만족스럽게 여긴다. "우리는 그들이 스스로 무언가를 성취할 수 있도록 자신감을 줍니다."

사업가 대 사업가로 파트너십 맺기

소규모 사업체의 팀이 할 수 있는 일을 확대하는 방법은 업무를 자동화하거나 직원을 고용하는 것만이 아니다. 많은 사업가가 사업이 잘되기 시작할 때 파트너십을 맺으면 회사의 성장을 촉진할 수 있다는 걸 깨닫는다.

어떤 파트너는 사업 경영이나 업무에 관여하는 대가로 회사 지분 일부를 원할 수 있다. 어떤 이들은 당신이 판매하는 제품을 홍보해주고 판매 금액 일부를 수수료 형태로 받으려고 할 수도 있다. 잠재적 파트너 중에는 경영에는 참여하지 않고 회사를 매각할 때 이익을 얻기 위해 소유주 지분을 매입하는 사람도 있다. 이들은 나중에 자기 지분을 당신에게 되팔거나 다른 사람에게 팔기도 한다. 그 밖에도 성장을 위해 고려할 수 있는 다양한 파트너 관계가 있다. 다만 일이 예상했던 대로 풀리지 않을 경우를 대비해 파트너십 계약은 변호사에게 꼭 검토를 받아야 한다.

전문 소프트웨어를 이용해 공항 주차장 예약 서비스를 제공하는 노손Noson을 설립한 33세의 패트릭 머리Patrick Murray는 이 분야에 경험이 없었기 때문에 업계 베테랑과 손잡았다. 머리는 "이 업계는 영세한 규모이고 예전 방식을 답습하기 때문에 관계자들 모두가 서로를 잘 알고 있었습니다."라고 말한다. 뉴욕과 뉴저지의 주차 시설 소유주들에게 주차 관리 서비스를 제공하는 웰컴 파킹Welcome Parking의 회장 브렛 하우드Brett Harwood는 예전에 전미주차협회 회장이었다. 그는 파크 에쿼티Park Equity 설립자이자 대표로서 노손에 20만 달러의 자금을 투자했다.

계약직 15명으로 구성된 팀의 도움을 받아 2016년에 설립된 노손은 매출 100만 달러를 달성했다. 팬데믹 기간에 항공 여행이 급격히 감소하면서 매출이 떨어지자 머리는 또 다른 파트너인 '주차장'에 의존했다. 예전에는 너무 바빠서 머리의 기술이 새로운 사업을 이끌 수 있는지 확인해볼 시간이 없었던 전국의 주차 업체에 연락을 취했던 것이다. "그들은 제가 생각지도 못했던 시장에서 우리 제품을 기꺼이 시험해봤습니다." 현재 노손은 미국의 56개 공항의 주차 제공업체와 협력하고 있으며 출장과 레저 여행이 재개되면서 매출이 다시 급증하고 있다.

노스캐롤라이나주 롤리에서 로손 해먹Lawson Hammock을 시작한 웨스 존슨은 사업체를 성장시키기 위해 매우 실무적인 파트너들과 협력했다. 존슨은 2005년에 주택 건설 일을 하면서 이 사업을 시작했다. 당시 야외 활동 마니아들은 침낭 대신 견고한 야외용 해먹을 구입했다. 열성적인 캠핑족이었던 존슨은 마음에 쏙 드는 편안한 해먹을 구할 수가 없었다. 그래서 그런 해먹을 만들 수만 있다면 해먹을 판매하는 사업체를 세우겠다고 마음먹었다.

한 야외 축제에서 마음에 드는 핸드메이드 해먹을 파는 형제를 만난 존슨은 친구에게 3만 달러를 빌려 그들의 재고를 사겠다고 제안했다. 그게 2005년의 일이다. 그는 곧 로손 해먹(그 형제들의 성이 로손이다)을 시작해서 핸드메이드 해먹 재고를 팔아 돈을 많이 벌었고 완벽한 수면용 해먹 시제품을 만드는 일에 몰두했다. 그는 해먹을 만들기 위해 지역 인재들에게 의지했다. "말 그대로 자르고 꿰매는 장비 정도만 갖춘 외딴 지역에 사는 여성들이죠."

존슨은 해먹을 팔기 위해 간단한 전자상거래 사이트를 개설하고 마케팅을 시작했으며 판매와 동시에 디자인과 생산 방법을 계속 수정해 나갔다. 사업을 시작한 지 1년쯤 됐을 무렵에는 보이스카우트, 대학생, 자기 집 뒷마당에서 느긋하게 시간을 보내는 걸 좋아하는 사람 등 다양한 고객을 상대로 개당 139달러에 해먹을 팔면서 1년간 1만 달러의 매출을 올렸다.

사업이 성장하자 존슨은 오히려 좌절감을 느꼈다. "시간과 노동력이 너무 많이 들었습니다. 주문을 몇 개 받으면 설레기도 했지만 그만큼 부담감도 느꼈죠." 주문이 들어올 때마다 그는 주문량을 만들려면 몇 시간이 걸릴지 걱정이 되었다. 너무 좌절감이 커서 회사 문을 닫을 생각까지 했다. 사업을 키울 방법을 찾아 확장할 건지, 아니면 웹사이트를 닫고 재고를 처분한 뒤 일에서 손을 뗄 것인지 결정해야 했다.

존슨은 사업을 효율적으로 운영하는 방법을 찾지 못했다. 하지만 그래도 포기하지는 않았다. "일은 정말 즐거웠습니다. 저는 아웃도어 사업이 좋고 성장할 가능성도 있다고 생각합니다." 존슨은 사업을 계속하기로 마음먹고 자기를 대신해 제품을 팔아줄 소매상들에게 해먹을 광고하기 시작했다. 점포가 9개인 첫 번째 소매점과 계약을 체결한 그는 작업 공정을 개선해야겠다고 생각했다. 매장에서 대량 주문이 들어오리라는 사실을 알고 있었기 때문에 수요를 따라갈 더 나은 방법이 필요했다.

제조업체를 찾기 위해 한 무역박람회에 간 그는 미국의 대형 아웃도어 회사를 위해 텐트를 만드는 사람을 만났다. 존슨은 그 회사에 해먹(텐트 겸용으로 사용할 수 있는) 시제품을 만들어달라고 요청했다. 그리고 해외에서 찾은 파트너에게 상품 보관과 배송 업무를 아웃소싱했는데 본인이 직접 처리하는 것보다 더 효율적이었다.

2006년 매출은 2만~3만 달러 사이였다. 사업은 해가 갈수록 점점 성장했다. 2008년에 대침체기가 닥치면서 사람들은 값비싼 휴가를 줄이고 캠핑으로 눈을 돌리기 시작했다. 존슨은 사업을 확장할 기회가 생겼다는 것을 깨달았다. 사업에 더 많은 시간을 할애하기 시작했고 2010년에는 원래 하던 부동산 개발 일을 그만뒀다. "건축업계에서 손을 떼기에 딱 좋은 타이밍이었습니다." 전통적인 직장에서 벗어난다는 사실이 약간 불안하기도 했지만 위험 요소 일부가 사라졌다는 것도 인정했다. 그리고 그 시점부터 현금이 들어오고 있었다. 생활비를 대고 공과금을 낼 수 있을 정도는 되었다.

자신의 디자인이 훌륭하다고 확신한 존슨은 회사 인지도를 높이기로 했다. 캠핑족이 많이 읽는 잡지 기자들에게 연락해서 자신이 판매하는 '블루리지 캠핑 해먹'을 써보라고 부탁했다. 기자들이 빨리 기사를 쓸 수 있도록 멋진 사진을 준비해두는 것도 잊지 않았다. "기자들은 쉽게 만들 수 있는 콘텐츠를 좋아합니다."

《백패커》Backpacker 와 《아웃사이드》Outside 라는 잡지가 그의 블루리지 캠핑 해먹에 높은 점수를 주었다. 현재 존슨의 해먹은 베이스 프로 숍Bass Pro Shops, 카벨라스Cabela's, L. L. 빈L. L. Bean, 딕스 스포팅 굿즈DICK'S Sporting Goods 등에서 판매되고 있다. 존슨은 사업의 수익성을 높이기 위해 각종 비용을 반영해서 해먹 가격을 199달러까지 올렸다.

2015년에 존슨은 50만 달러의 매출을 올렸고 2018년에는 100만 달러를 기록했다. 그는 예산을 아끼기 위해 롤리에 있는 공유 작업 공간에 가게를 차렸다. 그리고 아이디어를 보호하기 위해 블루리지 캠핑 해먹의 특허를 얻는 데 투자했다.

매출은 계속 증가했다. 2020년 초가 되자 존슨은 혼자 힘으로는 브랜드의 잠재력을 최대한 발휘하기 어렵다는 걸 깨달았다. "확장 가능성이 있다는 건 알고 있었지만 그러려면 도움이 필요했습니다. 마케팅을 강화하고 신제품을 추가하려면 자금을 조달해야 했죠. 돈이 있어야만 할 수 있는 일이었습니다."

엔젤 투자자들과 상담한 결과 존슨은 자기가 판매하는 소비재 쪽에 경험이 있는 파트너를 찾는 게 최선이라고 판단했다. 그는 지역 사업가인 마크 사드Mark Saad 와 커피를 마시면서 적절한 파트너를 찾았다. 사드는 스타트업에 투자하고 아웃소싱, 운영, 가격 책정, 브랜드 전략,

기타 여러 가지 서비스에 도움을 주는 셰르파 콜라보레이티브Sherpa Collaborative라는 회사를 설립한 인물이었다. 그 후 일상적인 업무는 셰르파 콜라보레이티브에 맡기고 존슨은 한발 물러나 성장 전략과 제품 개발에 더 집중했다.

한편 자신이 부동산 업계에서 하던 일을 그리워하고 있다는 사실을 깨달은 존슨은 우리가 얘기를 나눌 무렵 다시 상업용 A급 부동산을 임대하고 세입자를 대리하는 일을 하고 있었다. 우리가 대화할 당시 갓난아기와 유아기 자녀를 두고 있었던 존슨의 입장에서는 셰르파 콜라보레이티브와의 계약이 이상적인 해결책이었다. 그들이 회사 지분을 대부분을 사들였지만 존슨도 여전히 상당한 지분을 보유하고 있었다. "아직 제게 도움이 되는 부분이 있습니다. 회사를 완전히 팔고 모든 걸 포기하고 싶지는 않았습니다."

다행히 소규모 사업체에는 성장하는 동안 원하는 방식으로 일을 진행할 수 있는 자유가 많다. 다음 장에서는 가장 적합한 마케팅 방법을 통해 성장과 매출을 가속화하는 방법을 살펴보자.

TINY
BUSINESS
BIG
MONEY

제7장

평생고객을 부르는
입소문 마케팅의 법칙

어느 날부터인가 웹 디자인 및 개발 에이전시인 앵커Ancker의 인스타그램 페이지에 검은색으로 칠한 M&M 초콜릿이나 콜라 캔 같은 상징적인 제품 이미지가 올라오기 시작했다. 이때만 해도 이 계정의 주인인 줄리언 오헤이언은 인스타그램에 이런 이미지를 올리는 것이 훗날 엄청난 매출을 올릴 사업의 씨앗이었다는 사실을 몰랐다. 하지만 이 이미지가 입소문을 타기 시작하자 모든 제품이 검은색으로 된 스트리트웨어 브랜드 블랙 패리스Blvck Paris를 시작할 때라는 걸 깨달았다.

오헤이언은 2017년에 인스타그램에서 만난 사업가와 함께 작은 규모로 블랙 패리스를 시작했다. 이들은 쇼피파이에 전자상거래 상점을 열고 검은색 맥북 케이스 같은 간단한 제품을 판매했다. 인터넷에서 찾은 제조 파트너를 통해 제품을 만들고 주문받은 제품은 그곳에서 직접 발송했다.

그들은 운 좋게도 오헤이언이 다른 사업을 하면서 모아둔 8만 달러를 블랙 패리스에 투자할 수 있었지만 마케팅만으로 창업 자금을 다 날려버리고 싶지 않았다. 그래서 인스타그램과 페이스북 게시물을 통해 디자인을 알리는 등 제품에 대한 입소문을 퍼뜨릴 수 있는 저렴한 방법으로 눈을 돌렸다. 또 브랜드가 관심을 끌도록 초반 몇 달 동안은 매달 소셜 미디어 유료 광고에 1만~2만 달러를 투자했다.

당시 오헤이언은 이것이 수백만 달러의 매출을 올리는 사업을 구축하는 풀뿌리 마케팅의 훈련 과정이었다는 사실을 몰랐다. 마케팅은 큰 돈을 버는 소규모 사업을 하는 데 필수적이지만 오헤이언의 사업에서도 입증되었듯이 입소문이 나는 브랜드를 만드는 건 한 단계로 끝나는 과정이 아니다. 장시간에 걸쳐 마케팅 계획을 차근차근 실행하며 쌓아나가야 한다. 마케팅 방법의 적절한 조합을 찾아내고 다른 사람들이 관심을 갖기 시작할 때 기회가 당신 쪽으로 흘러갈 수 있는 모멘텀을 만들려면 약간의 실험이 필요하다.

매출이 2배로 늘어나는 마법

오헤이언과 파트너는 페이스북과 인스타그램 유료 광고, 나중에는 구글과 핀터레스트Pinterest 광고를 시도하면서 많은 걸 배웠다. 그중 중요한 교훈 하나는 각 광고 실적에 세심한 주의를 기울이고 데이터를 바탕으로 광고를 늘릴지 말지를 결정해야 한다는 것이었다. "우리는 광고를 계속 내보내면서 결과에 만족하려면 광고비 대비 매출액ROA이 최소 2배는 되어야 한다는 규칙을 정해두었습니다. ROA가 더 커지면 예산을 늘리고 광고 규모를 확대해서 결과를 극대화하고 다양한 시청자를 테스트하죠. 반면 광고가 효과가 없는 경우에는 그 광고를 중단합니다."

그 방식은 사업 시작에 큰 도움이 되었다. 블랙 패리스는 2018년 초까지 아이폰 케이스와 텀블러 등 다양한 제품을 출시해 월 4만~5만 달러의 매출을 올렸다. 기존 고객들이 새로 나온 블랙 패리스 제품을 또 구입하는 경우가 많아지면서 연말에는 회사의 월평균 매출이 2배로 늘었다.

하지만 빠른 성공 때문에 문제가 발생했다. 주문이 쇄도하면서 재고가 너무 빨리 소진된 것이다. 오헤이언과 파트너는 원래 제품의 희소성을 위해 한정 수량으로 제작하는 이지Yeezy 스니커즈 같은 트렌디한 브랜드에서 영감을 받았지만 수익이 낮은 대량 주문에 집중하는 바람에 감당할 수 있는 물량보다 많은 주문을 받았던 것이다. 그래서 거래 건당 수익이 큰 120달러짜리 스웨터 셔츠 같은 고가 품목을 추가하기로 했다.

그들의 올 블랙 컬렉션은 주로 아침에 옷을 고를 때 단순하고 간편한 걸 좋아하는 젊은 남성들에게 반향을 불러일으켰다. 오헤이언 자신이 그랬기 때문에 더 쉽게 마케팅할 수 있었다. "제가 올 블랙을 좋아하는 이유는 어떤 것과도 잘 어울리기 때문입니다. 바쁜 아침에 어울리는 옷을 고르느라 고민할 필요가 없죠."

블랙 패리스는 고객이 더 많은 제품을 구매하도록 유도하기 위해 유료 디지털 광고에서 한 걸음 나아가 저렴한 이메일 마케팅, 쿠폰 발송, 무료 배송 서비스, 할인, 기타 인센티브에 의지했다. 구체적으로는 온라인 사업용으로 특별히 설계된 클라비요Klaviyo의 고객관계관리 소프트웨어를 사용해서 이메일 마케팅을 자동화했다. 그리고 오헤이언은 고객 지원 소프트웨어인 젠데스크Zendesk 교육을 받은 프리랜서 2명을 고용해 고객 서비스를 지원했다. 고객이 제품을 반품해야 하거나 실망스러운 경험을 하면 다시 돌아오지 않을 수 있다는 걸 잘 알고 있었기 때문이다.

2019년에는 오헤이언의 파트너가 다른 사업을 하고 싶다면서 회사를 떠났다. 오헤이언은 늘어나는 수요에 대응하기 위해 당시 20대 후반인 여동생 스테피와 디오렐을 정규직 직원으로 채용했다. 글로벌 투자은행에서 부사장을 역임한 스테피는 CFO 겸 성장 책임자 역할을 맡고, 파리에 본사를 둔 AI 스타트업에서 디지털 마케팅 업무를 했던 디오렐은 디지털 아트워크를 감독하면서 회사의 '화이트'Whte 컬렉션을 론칭했다.

오헤이언은 물류 및 공급업체와의 관계를 담당할 직원들도 고용했다. 그리고 유명 인사들이 소셜 미디어에 블랙 패리스 의상을 입은 사진을 올리면 판매에 도움이 된다는 걸 깨닫고 미국과 파리에서 홍보 대행사를 고용해 유명 인사들에게 블랙 패리스 의류를 소개했다. 또한 원격 근무를 하는 모든 직원을 체계적으로 관리하기 위해 슬랙과 왓츠앱WhatsApp을 활용했다.

브랜딩은 결국 아이디어다

오헤이언은 남다른 마케팅 노력으로 블랙 패리스의 강력한 기반을 구축했다. 그리고 팬데믹 기간에도 집에서 쇼핑하는 사람들이 늘면서 매출이 계속 증가했다. 블랙 패리스는 성장에 따른 더 많은 수익을 창출하기 위해 아이폰용 디지털 아이콘 템플릿 시리즈와 디지털 월페이퍼를 출시했다. 템플릿과 월페이퍼를 만드는 데는 초기 디자인 작업과 기술 지원이 필요했지만 제조 비용은 들지 않아 회사의 수익에 크고 긍정적인 영향을 미쳤다. "디지털 제품을 만들면 곧바로 수익을 낼 수 있습니다. 게다가 반품도 없으니 남는 건 수익뿐이죠."

오헤이언은 이 사업을 통해 얻은 추가 현금으로 오프라인 매장을 열었다. 2020년에는 매장을 운영하고 판매 수수료를 받는 현지 파트너들과 손잡고 대만 타이베이에 2개의 팝업 스토어를 열었다. 타이베이 1호점에서는 의류 외에 검은색 아이스크림도 팔고 검은색으로 만든 참신한 아이템을 판매하는 자판기를 두어 손님들을 매장으로 유혹했다.

우리가 마지막으로 얘기를 나눴을 때는 2021년에 대만 타이중과 미국 마이애미에 2개의 매장을 오픈할 예정이라고 했다. 마이애미 매장은 매달 고정적인 수수료를 받는 대가로 매장을 운영해주는 쇼필즈Showfields와 파트너 관계를 체결했다. 오헤이언의 관점에서 보면 이건 그만한 가치가 있는 일이다. "우리는 여전히 예전과 같은 수준으로 성장하고 있지만 그때와 같은 위험은 사라졌습니다."

브랜드 인지도가 그 어느 때보다 높아지자 블랙 패리스는 또 다른 마케팅 전략을 활용하기 시작했다. 중국, 일본, 쿠웨이트, 대만 등의 나라에서 독점 유통업체와 계약을 맺고 신규 고객을 대상으로 브랜드를 홍보한 것이다. 오헤이언의 경우 그런 유통업체를 찾으려고 열심히 애쓸 필요가 없었다. 이런 독점 유통업체는 대부분 회사가 만들어놓은 웹사이트에서 소매용 재고 주문을 시작한 판매자들이다. 고객이 이 브랜드를 좋아한다는 걸 알면 주문 규모를 점점 늘려가므로 결국 그들이 해당 국가의 독점 유통업체가 된다.

이들 유통업체 일부는 결국 그 나라에 자체적으로 블랙 패리스 온라인 매장까지 열었다. 이런 거대 유통업체와 협력했을 때의 장점은 현지 취향을 잘 알기 때문에 해당 국가에 맞게 상품을 맞춤 생산할 수 있다는 점이다. 예를 들면 블랙 패리스의 경우 일본에서는 검은색 나무젓가락을 판매하는 식이다.

빠르게 성장하는 마케팅과 유통 거물을 효과적으로 활용한 결과 블랙 패리스는 2019년에 100만 달러, 2020년에는 400만 달러 이상의 연 매출을 달성했다. 우리가 마지막으로 얘기를 나눴을 때는 거의 약 100만 명에 가까운 인스타그램 팔로워들 덕에 여전히 많은 신규 고객을 끌어들이고 있었다. 오헤이언은 인터뷰 당시였던 2021년에 연간 매출액이 1,000만 달러를 넘을 것이라고 예상했다.

오헤이언처럼 성공적으로 사업을 마케팅하려면 창의성과 지속적인 노력이 필요하다. 특히 소규모 사업체처럼 예산이 적은 경우는 더욱 그렇다. 지금부터 소개하는 입소문 마케팅, 콘텐츠 마케팅, 이메일 마케팅, 인플루언서 되기, 제휴사 마케팅 등은 큰돈을 벌고자 하는 소규모 사업체들에 특히 효과적인 전략이다.

10억 사업 시크릿 노트

때로는 유료 광고가 필요하다

많은 돈을 버는 소규모 사업체들은 대부분 '무료' 마케팅 방법에 의존한다. 그러나 어느 분야에서든 고객의 관심을 끌기 위한 경쟁이 치열하다. 따라서 오헤이언이 깨달은 것처럼 유료 광고에 투자하는 게 주목을 받는 가장 빠른 방법인 경우가 많다. 소비재를 판매하는 사업체는 구글, 빙Bing, 야후Yahoo!나 아마존 같은 온라인 플랫폼, 페이스북, 인스타그램, 유튜브 같은 소셜 미디어 사이트에서 광고하는 게 효과적이다. B2B 청중을 대상으로 마케팅을 하고 있다면 링크드인, 아마존을 비롯해 여러 검색엔진에서 광고 방법을 알아보자.

클릭당 광고료를 지불하는 방식을 알려주는 좋은 책들도 많지만 그보다 더 좋은 방법은 당신의 관심을 끈 온라인 광고를 연구하는 것이다(자신을 검열하거나 그 광고를 클릭했다는 사실을 공개하는 광고로만 대상을 제한하지 말자). 그 광고들의 시각적인 공통점은 무엇인가? 카피라이팅에서는 어떤 부분이 눈에 띄는가? 일치하는 패턴을 많이 찾아낼수록 더 많은 걸 배울 수 있다.

블랙 패리스가 눈에 띄는 게시물을 이용해 인스타그램에서 상당한 입지를 구축한 건 사실이다. 하지만 유료 광고도 브랜드 인지도를 높이는 데 중요한 역할을 했다. 어떤 광고는 의류, 액세서리, 디지털 상품을 보여준다. 또 어떤 광고는 브랜드의 분위기를 전달하기 위해 회사 인스타그램 피드에 올라온 미학적인 사진을 보여준다. 오헤이언은 우편으로 배송된 주문품을 개봉하며 기뻐하는 고객들의 모습을 보여주는 '언박싱' 동영상이 특히 효과가 좋다는 걸 알았다.

일부 사업가들은 유료 광고의 효과를 제대로 파악하지 못한 탓에 불필요한 지출을 하기도 한다. 너무 바빠서 그 일을 직접 할 수 없다면 뉴욕의 에이전시에 일상적인 광고 관리를 위탁한 오헤이언처럼 에이전시를 고용하는 게 좋다. 그러지 않으면 광고 비용이 예상보다 훨씬 빨리 늘어나 회사 수익성이 떨어질 수 있다. 큰돈을 버는 회사가 유료 광고에 몇십만 달러를 투자하는 건 드문 일이 아니지만 투자한 만큼 효과를 내는 게 중요하다.

모든 마케팅은 입소문으로 시작한다

가장 간단하고 비용 효율이 높은 마케팅 방법은 입소문이다. 그러나 사업가들은 어떻게 하면 만족한 고객들이 그들의 제품을 추천하도록 유도할 수 있는지 잘 모른다. 모임 기획자인 얼리샤 시로는 이런 재능을 타고났다. 그녀의 관계 중심적인 접근법은 성장에 주력하는 소규모 사업체 소유주들에게 많은 아이디어를 제공한다.

2015년에 다니던 스타트업 회사를 그만두고 뉴욕에 이벤트 기획사인 에이스드 잇 이벤츠를 설립한 시로는 흥미로운 프로젝트에서 일할 수 있기를 바랐다. 이벤트 예약에 관여한 적이 있고 광고대행사에서 이벤트와 케이터링 관리자로 일한 경험도 있었기에 모임 기획 일이 잘 맞는 것 같았다.

시로는 예전에 일하던 스타트업 고객들을 새로운 벤처 기업으로 끌어와 사업을 순조롭게 시작했다. 다음에 뭘 할지 얘기한 것만으로도 기존 고객을 새로운 회사로 데려올 수 있었다. 그녀는 예전 회사에 입사할 때 나중에 회사를 그만둘 경우 고객을 데려갈 수 있다는 계약 조건을 명시하는 현명한 결정을 내렸었다. 하지만 더 많은 고객을 유치해야 했다. 시로는 더 많은 크리에이티브들과 인맥을 쌓고 교류하기 위해 크리에이티브 업계 종사자들을 위한 사설 클럽인 소호 하우스SoHo House에 가입했다. "꾸준히 정보를 입수하면서 참여하는 게 중요합니다."라고 그녀는 말한다.

시로는 새로운 일거리가 들어올 때마다 이벤트를 성공적으로 마친 고객들에게 이런 서비스가 필요할지 모르는 동료들에게 추천해달라고 부탁했다. 대기업에서는 이런 방식이 큰 효과를 발휘하는 경우가 많았다. 때로는 한 이벤트에서 받은 추천 덕에 새로운 고객을 5명이나 확보하기도 했다. 시로는 추천을 독려하기 위해 이벤트 업계에서 일하는 동료들에게 일거리를 소개해주면 10퍼센트의 수수료를 주겠다고 제안했다. 그러면 그들이 받을 수 없는 고객은 시로에게 보내줄 거라는 생각이었다.

시로는 잠재고객들에게 서비스를 적극적으로 홍보하지 않는다. 그저 그들을 인간적으로 알아가려고 노력하다 보면 그런 관계에서 자연

고객은 다시 돌아오는 거야!

───

얼리샤 시로는 관계 구축과 입소문 추천에 주력해서 고객이 다른 회사로 옮겨도 이벤트 기획 사업을 성장시킬 수 있었다. "이게 아주 좋은 방법이라는 걸 금방 터득했습니다. 고객에게 자신을 대신할 새로운 사람을 소개해달라고 부탁하면 언제나 기꺼이 소개해줍니다. 그리고 계속 연락하며 지내자는 부탁도 하죠. 새로운 연락처 정보를 물어보고 그들이 회사에 적응하면 바로 후속 조치를 취합니다. 그런 고객의 90퍼센트 정도는 곧 있을 행사를 위해 제게 도움을 요청하죠. 이 방법은 따로 마케팅에 돈을 들이지 않고도 사업을 키우는 데 큰 도움이 됐어요."

───

스럽게 일이 흘러들어오곤 했다. 한 예로 그녀는 강도 높은 운동 수업에 대해 똑같이 혐오감을 느끼는 한 고객과 친해졌다. "사업을 시작한 후로 단 1번도 판촉 전화를 걸어본 적이 없어요. 그건 멀리 돌아가는 길이에요. 가까운 길은 이미 알고 지내는 사람에게 연락해서 소개를 부탁하는 거예요." 이렇듯 관계 형성에 중점을 둔 덕에 시로는 마케팅에 드는 시간과 비용을 아낄 수 있었다.

입소문 마케팅에 의존할 때는 자기 앞에 놓인 기회를 최대한 활용할 준비가 되어 있는지 확인해야 한다. 여성 1인 사업가로 일을 시작한 시로는 자신에게 들어오는 대규모 프로젝트를 잘 처리하기 위해 업계

친구들과 긴밀한 관계를 유지했다. 새로운 행사 장소를 조사하는 등의 작업은 계약직 2명의 도움을 받았다. 이것이 그녀가 말하는 '똑똑하게 일하는 법'이다.

많은 모임 전문가가 팬데믹 기간에 사업에 큰 타격을 입었지만 시로의 사업은 오히려 성장했다. 그녀는 현장 이벤트를 진행하던 고객들이 여전히 팀원이나 고객을 만날 방법이 필요하다는 사실을 팬데믹 초기부터 깨달았기 때문에 온라인 이벤트로 관심을 돌렸다. 물론 이런 모임 기획은 평소에 진행하던 프로젝트보다 비용을 적게 받았다. 하지만 전국 곳곳을 돌아다닐 때는 시간이 없어서 못 했던 행사 운영 방법을 배울 수 있었다. 시로는 오늘 할 수 있는 일에 전념하면서 위기가 언제까지 계속될지 걱정하지 않는 게 관건이라고 말한다.

시로가 하는 관계 중심 마케팅의 가장 큰 장점은 새로운 서비스를 시작하게 됐을 때 기존 고객과 통화하다가 이 사실을 언급하기만 해도 입소문이 퍼진다는 것이다. 시로는 현장 이벤트를 취소해야 하는 고객과 계약 문제를 재협상할 때 그렇게 했다. 몇 차례의 온라인 이벤트를 성공적으로 개최한 후에는 고객 목록에 있는 대기업에 연락해서 분기별 행사에 유명 인사를 초빙해 행사 분위기를 더 즐겁게 만들어 보라고 제안했다. 실제로 많은 기업이 그녀의 아이디어를 받아들였고 팬데믹 때문에 집에 칩거하던 A급 유명 인사들도 이를 환영했다. 시로는 곧 지역 요리사들의 요리 교실 같은 온라인 이벤트도 열어 팬데믹으로 피해를 입은 사업가들에게 도움을 주었다.

시로는 입소문 마케팅에 많이 의존하고 있지만 인맥 외에도 잠재고객을 유치하기 위한 다른 방법도 사용한다. 온라인 이벤트를 홍보할 때 과거에 진행한 이벤트의 하이라이트 장면을 담은 짧은 동영상을 보여주거나 온라인 이벤트 개최 방법을 알려주는 정보성 영상을 링크드인에 공유하는 것이다. 이를 위해 동영상 편집자, 콘텐츠 전문가, 콘텐츠 제작자 3명의 직원을 고용했다. 이 방법은 성과를 거둬 2020년에 150만 달러의 매출을 올렸다. 에이스드 잇 이벤츠가 지금까지 거둔 최고의 실적이다.

10억 사업 시크릿 노트

리뷰·추천·좋아요 부탁하기

어떤 사업가들은 고객에게 추천해달라는 말을 차마 꺼내지 못하기도 한다. 이런 요청을 하는 게 망설여진다면 이메일이나 문자 메시지를 통해 리뷰나 추천사를 부탁하는 것도 고객들이 입소문을 퍼뜨리도록 유도하는 좋은 방법이다.

그중 가장 쉬운 방법은 고객관계관리 소프트웨어를 프로그래밍해서 구매자에게 웹사이트에 올릴 추천사를 부탁하거나 구글, 페이스북, 옐프 Yelp, 트립어드바이저 Trip Advisor 등에 리뷰를 써달라고 부탁하는 이메일이나 문자 메시지를 자동으로 전송하는 것이다. 또 클러치(clutch.co)나 트러스트파일럿(trustpilot.com)처럼 리뷰 작성자가 진짜 고객인지 확인해주는 사이트에서 고객 목록을 구하는 것도 좋은 방법이다.

중요한 점은 사람들에게 리뷰나 추천을 부탁하기 전에 좋은 평가를 받을 수 있다고 확신하는 것이다. 자신이 없다면 그런 부탁을 해도 좋다는 생각이 들 때까지 제품이나 서비스 품질을 높이는 게 우선이다.

콘텐츠를 미끼로 고객 낚는 법

문서, 동영상, 현장 이벤트 등을 이용한 콘텐츠 마케팅도 사업을 홍보하는 효과적인 방법이 될 수 있다. 그리고 대개 시간 외에는 별도의 비용이 들지 않는다. 콘텐츠 마케팅이 뭔지 잘 모르는 이들을 위해 설명하자면 기본적으로 사용법 설명서, 사설, 인스타그램 스토리, 소셜 미디어에 공유한 동영상, 실시간 이벤트(직접적인 패널 토론을 진행하거나 클럽하우스 또는 링크드인 등을 이용한다) 등을 통해 유용한 정보를 무료로 공유하는 것이다.

정보나 지식을 판매하는 사업체의 경우 콘텐츠 마케팅은 전문가로서의 평판을 쌓고 당신이 생각하는 방식을 좋아하는 고객을 끌어들일 수 있다. 그리고 제품 중심의 사업을 할 때도 유용하다. 예를 들어 피트니스 용품을 판매하는 경우 그 장비를 이용한 운동 방법을 안내하는 무료 유튜브 동영상을 올림으로써(장비 구매와 관련해 매우 교묘한 '행동 유도'Call to Action 전략이다) 고객을 유치할 수 있다.

사업가이자 《겟 리치, 럭키 비치!》Get Rich, Lucky Bitch!, 《느긋한 사업가》

Chillpreneur를 쓴 데니스 더필드토머스Denise Duffield-Thomas는 콘텐츠 마케팅의 달인이다. 더필드토머스는 베테랑 라이프 코치 샌디 포스터Sandy Forster가 운영하는 인스파이어드 스피릿 코칭 아카데미Inspired Spirit Coaching Academy를 수료하고 라이프 코치로도 활동하고 있다.

그녀는 2012년에 머니 부트캠프Money Bootcamp라는 강좌 겸 온라인 커뮤니티를 개설해 여성들이 재정적 노하우와 사업 기술을 쌓도록 돕는 일에 열중하기 시작했다. 더필드토머스는 남편이자 마케팅 매니저인 마크와 2020년 회계연도에 340만 호주달러(이 글을 쓸 당시 환율로 계산하면 260만 미국달러에 해당한다)의 매출을 올렸다. 아직 어린 자녀 3명을 키우는 이들은 현금흐름을 통해 자금을 조달하고 시간제로 일하는 원격 비서와 회계 장부 담당자 같은 몇몇 계약직 직원의 도움을 받아 이런 성과를 이뤄냈다.

그녀가 성공할 수 있었던 가장 큰 원천은 콘텐츠 마케팅이다. 더필드토머스의 첫 번째 도전은 목표 설정에 관한 무료 워크숍을 제공하는 것이었다. 이는 라이프 코칭을 원하는 사람들이 공통으로 겪는 문제다. 2010년에 코치 일을 시작할 당시 더필드토머스는 런던 메트로폴리탄대학교를 졸업하고 기업 행사와 뉴미디어 분야에서 활동하다가 고향인 호주 그레이터 뉴캐슬 지역으로 막 이사한 참이었다.

지역에 발판을 마련하고 고객을 유치하기 위해 그녀는 지역 체육관, 건강식품 매장, 크리스털 매장 등에 전화를 걸어 무료로 목표 수립 워크숍을 열 수 있는 여분의 공간이 있는지 알아봤다. 시내 곳곳에 포스터를 붙이고 페이스북과 밋업Meetup 웹사이트에 광고하면서 사람들에게 꼭 참석해달라고 부탁했고 참석한 이들에게는 무료로 코칭 수업을 제공했다. 사람들이 모이자 더필드토머스는 그 자리가 단순히 서비스를 홍보하는 자리가 되지 않도록 정말 가치 있는 정보를 전달했다. 그리고 그런 노력들이 결실을 맺어 참석자 상당수가 유료 고객이 되었다.

점점 자신감이 붙은 더필드토머스는 마침내 워크숍 비용을 청구하기에 이르렀다. 그녀는 참가자 1명당 97달러를 받은 첫 워크숍에 참가한 이들을 보고 매우 기뻐했다. "그날 워크숍이 끝나고 시내 고급 레스토랑에 가서 샴페인을 주문했습니다. 그리고 생각했죠. '나도 돈을 벌 수 있어. 정말 대단하지! 게다가 사람들을 도우면서 버는 돈이니 더 좋잖아!'라고요."

더필드토머스는 유료 워크숍에 참가하는 고객들이 늘어나는 건 좋았지만 이 일이 삶의 균형을 무너뜨리게 두고 싶지는 않았다. 사실은 워크숍 준비와 후속 조치에 주말까지 다 바쳐야만 했다. 그녀는 일에서 벗어난 삶을 살기 위해 고객에게 그녀의 이야기를 전달할 다른 방법을 찾기 시작했다. 그리고 워크숍을 훨씬 편리하고 자신에게도 잘 맞는 페이스북으로 옮기기로 했다. "저는 내향적인 사람이라서 그런지 늘 온라인 작업에 마음이 끌렸어요."

더필드토머스의 페이스북 워크숍이 성공하자 전 세계에서 코칭 고객을 유치하게 되었다. 일대일 세션에 등록한 사람도 있었고 그룹 코칭을 선택한 사람도 있었다. 이번에도 그녀는 일이 늘어난 것에는 감사했지만 이로써 생활이 망가지는 건 원치 않았다. "새벽 4시 30분에 그날의 첫 코칭 세션을 진행해야 했어요. 미국이나 영국에서 참가하는 사람들에게 밤늦게까지 깨어 있으라고 하고 싶지는 않았습니다. 그리고 그룹 코칭을 할 때도 똑같이 진행하려고 노력했습니다."

그렇게 쉴 틈 없이 일하는 바람에 그녀는 녹초가 됐다. 그리고 서비스가 인기를 끌면서 또 다른 과제가 생겼다. 일할 시간조차 없었던 것이다. 자신의 비즈니스 모델을 다시 한번 살펴본 그녀는 메시지를 확대하려면 시간 경계를 정해야 한다는 걸 깨달았다. 2011년에 워크숍에서 가르치는 내용을 집약한 《겟 리치, 럭키 비치!》는 자비출판을 하자 빠르게 인기를 끌었다. 2015년에 영국에 있는 헤이하우스 출판사Hay House Publishing 편집자가 판권을 인수한 이후에는 더욱 든든한 콘텐츠 마케팅 도구가 되었다.

더필드토머스는 몰랐지만 그 편집자는 그녀를 팔로우하고 이메일 목록에도 있었던 사람이었다. 이런 인연 덕에 2019년에 2번째 책 《느긋한 사업가》를 냈다. 그녀는 더 많은 글을 쓰면서 그룹 코칭 프로그램을 개발하고자 했고 이것이 결국 머니 부트캠프의 기반이 되었다.

더필드토머스는 그녀가 좋아하는 전문 콘텐츠 마케터이자 사업가, 작가인 마리 폴레오의 비즈니스 모델을 연구해서 이 방법을 알아냈다. 그녀는 중요한 교육 프로그램을 1번에 1개씩만 운영하는 폴레오의 단순한 접근 방식에 끌렸다. 더필드토머스는 학생들에게 1인당 1,997달러씩 받는 머니 부트캠프 강좌를 개발하는 데 에너지를 집중하기로 했다. 그리고 수입을 유지하기 위해 코칭 서비스 가격을 올리고 6개월짜리 코칭 패키지를 판매하는 쪽으로 전환하면서 패키지당 고객 수가 4명 정도로 줄었다. 이는 자기 확신에 근거한 새로운 도약이었다. "이

것이 바로 더 많은 사람에게 봉사하기 위해 해야 했던 일이었습니다."

《겟 리치, 럭키 비치!》를 출판하고 홍보를 시작한 더필드토머스는 팟캐스트 인터뷰 초대를 받기 시작했다. 이는 매우 효과적인 콘텐츠 마케팅이었고 그녀는 틈날 때마다 인터뷰에 응했다. "1년에 인터뷰를 200개 정도 했습니다. 월요일에 머리를 하고 당일과 화요일 내내 인터뷰를 했죠. 정말 노동력이 많이 드는 작업이었습니다."

한편으로는 블로그를 통해 콘텐츠를 공개하고 여성 사업가를 대상으로 하는 유튜브에 '여성과 남성의 거래 방식 차이'[20] 같은 재미있는 영상을 올리면서 자기만의 플랫폼을 구축했다. "돈과 관련해서 우리가 겪는 장애물 중 일부는 웃어넘겨야 하죠."라고 그녀는 말한다.

더필드토머스는 사업을 시작하면서 엄청나게 빨리 성공할 거라고 기대하지는 않았지만 항상 큰 꿈을 꿨다. "저는 항상 100만 달러 규모의 사업을 하고 싶었습니다." 그녀는 그 목표를 항상 잊지 않으면서 수입이 꾸준히 증가하도록 인내심을 갖고 기다렸다. 그 결과 2011년 회계연도에는 6만 3,000달러를 벌여들였고 2012년에는 14만 6,532달러의 매출을 기록했다. 2013년에는 22만 1,103달러, 2014년에는 57만 9,198달러, 2015년 130만 달러, 2016년 140만 달러, 2017년에 260만 달러까지 성장했다. 비즈니스 모델을 조정한 2018년에는 200만 달러로 떨어졌다가 2019년에 다시 280만 달러, 2020년에 300만 달러 이상으로 늘어났다.

더필드토머스는 사업이 성장하는 과정에서 지금 그녀가 다른 사업가들에게 가르치는 중요한 교훈을 배웠다. "소득을 2배, 3배, 4배로 늘리려면 일을 덜 해야 합니다. 그리고 지금 하는 일을 활용해야 하죠."
더 많은 돈을 벌기 위해 메시지를 퍼뜨리는 것이 바로 콘텐츠 마케팅
을 통해 할 수 있는 일이다.

콘텐츠 마케팅은 그 방법이 워낙 다양해서 처음에는 다소 벅찰 수
있다. 어디서부터 시작해야 할지 잘 모르겠다면 조 풀리지의 책《에픽
콘텐츠 마케팅》(한국어판은 2017년에 출간되었다-편집자)을 보자. 이 책은
콘텐츠 마케팅을 제대로 이해하고 시간과 에너지를 어디에 쏟아야 할
지 알게 해줄 것이다. 개인 브랜딩에 관해서는 신시아 존슨Cynthia
Johnson의《플랫폼》Platform이 다양한 온라인 플랫폼의 내부를 안내하면
서 또 다른 흥미로운 관점을 제시한다. 이들의 메시지에 담긴 마케팅
의 핵심을 이해하고 최대한 활용해서 디지털 세계에서 전문가로서의
입지를 구축하도록 하자.

바디 프로필 없이 인플루언서 되기

페이스북, 인스타그램, 유튜브 등의 인플루언서들이 처음에 자체적인
브랜드 구축을 시작했을 때는 나 역시 그런 현상에 대해 조금 회의적
이었기 때문에 다들 카다시안처럼 되고 싶은가 보다고 생각했다. 하지
만 알고 보니 많은 사람이 유용한 정보(만성적인 건강 문제를 자연스럽게
관리하는 법, 나이와 상관없이 스타일리시하게 옷 입는 법, 몸매 유지 방법, 생각이
비슷한 전문가들과 관계를 맺는 법, 특정 분야에서 번창하는 사업을 구축하는 법

등)를 공유하는 커뮤니티를 구축하고 있었다. 이제는 소셜 미디어에 플랫폼을 구축하는 것이야말로 전 세계에서 비슷한 열정을 가진 사람들을 만나고 귀중한 직업적 인맥을 형성하며 새로운 사업을 진행할 효과적인 방법이다.

46세의 베테랑 이벤트 기획자 제이슨 앨런 스콧Jason Allan Scott은 바로 이런 전략을 어떻게 수행해야 할지 보여주는 좋은 예시다. 스콧은 런던에서 고객들에게 팟캐스트 제작 방법을 가르치는 팟캐스트 컴퍼니Podcast Company라는 회사를 운영하고 있다. 또 스마터 이벤트 플래닝Smarter Event Planning이라는 팟캐스트도 운영한다. 그리고 현재 팟캐스트를 시작하고 운영하는 데 필요한 서비스형 소프트웨어 툴을 판매하면서 야심 찬 진행자들을 위한 마스터 클래스도 진행한다. 그는 디지털 인플루언서로서도 두각을 나타내고 있다. 이 모든 것이 '보스가 되지도 말고, 보스를 두지도 말라'는 그의 모토에 따라 살아가면서 생긴 일들이다.

스콧은 팟캐스트를 처음 시작할 때부터 사업이나 예술 같은 광범위한 주제를 다루면 눈에 띄기 힘들다는 걸 알고 있었기에(팟캐스트 업계도 경쟁이 매우 치열하다) 자기가 잘 아는 이벤트 기획에 집중하기로 했다. 스콧은 누구나 오랫동안 해온 일이 있다면 바로 그 분야에 뛰어난 기술을 갖고 있는 것이며, 팟캐스트를 통해 이를 수익화할 수 있다고 말한다.

그는 청취자들에게 좋은 경험을 제공하기 위해 일찍부터 사업가이자 팟캐스트 진행자인 존 리 뒤마John Lee Dumas와 루이스 하우즈Lewis

Howes의 코칭을 받았다. 그들에게서 스콧은 팟캐스트를 시작하고 처음 몇 달 동안 동기를 유지할 수 있는 중요한 정보를 얻었다. "루이스 하우즈는 팟캐스트를 진행하면서 처음 3년 동안은 돈을 벌지 못했다고 했습니다. 그런데 존 리 뒤마는 첫날부터 수익을 창출하라고 했죠."

스콧이 팟캐스트를 시작할 때 중요하게 여긴 것 하나는 작가 케빈 켈리Kevin Kelly가 말한 '1,000명의 진정한 팬'을 만들라는 개념을 받아들이는 것이었다. 켈리는 이 개념을 주제로 한 《1,000명의 진정한 팬》 1000 True Fans이라는 책도 썼다. 스콧은 매회 방송 시작 전에 틀어줄 2~3분짜리 예고편을 만들면 자기 방송에 기꺼이 귀 기울여줄 청취자를 끌어들일 수 있을 뿐만 아니라 팟캐스트에 대한 소문도 퍼뜨릴 수 있다는 걸 깨달았다. 이런 예고편이 있으면 많은 시간을 들이지 않고도 그가 말하려는 내용을 간단히 엿볼 수 있다.

팬들이 스콧의 팟캐스트를 팔로우하기 시작하자 그는 팬들이 1년에 1,000달러를 기꺼이 지불할 만큼 가치 있는 콘텐츠를 만들고 거기서 최소 100달러의 수익을 창출할 방법을 찾았다. "일부 사업체에서는 이런 일을 쉽게 할 수 있습니다. 하지만 새로운 팬을 찾는 것보다는 기존 고객에게 많은 걸 제공하는 게 언제나 더 쉽고 좋은 방법입니다." 라고 스콧은 말한다.

일부 팟캐스트 진행자는 주로 티셔츠나 코칭, 멘토링, 마스터마인드 과정 같은 관련 제품과 서비스를 판매해서 수익을 창출한다. 스콧은 비즈니스 스킬, 자기계발 오디오북과 전자책을 제공하는 북분Bookboon이라는 사이트를 통해 《최고의 팟캐스팅 가이드》Ultimate Podcasting Guide

등의 전자책 40권을 출간했다. 그중 어떤 책은 분량이 겨우 15페이지 밖에 안 될 정도로 짧다. 그는 또한 팟캐스트 사업에 대한 마스터 클래스도 진행했다. "시간이 지나면 서서히 실력이 쌓이기 마련입니다." 스콧은《부자 되는 법을 가르쳐 드립니다》의 저자 라밋 세티 Ramit Sethi 를 통해 이런 통찰을 얻었다고 한다.

또 그는 새로운 팔로워를 끌어들이기 위해 청취자들을 동원한다. 매회 프로그램이 끝날 때마다 청취자들에게 프로그램의 가시성을 높일 행동을 해달라고 부탁한다. "재미있게 들으셨으면 구독해주세요." "별 5개짜리 리뷰와 댓글을 남겨주세요." "즐거우셨다면 제 뉴스레터에 등록해주세요. 그러면 제가 무슨 일을 하고 어떻게 당신을 도울 수 있는지 알 수 있습니다."

스콧은 팟캐스트를 대신 배포해주는 조직들이 사람들이 팟캐스트의 점수를 매기기 어렵게 만들었다고 설명한다. "만약 누군가가 팟캐스트를 듣다가 당신의 앱까지 연다면 플랫폼은 당신에게 진짜 팬이 있다는 걸 알려줄 거예요. 그런데 쉽지 않죠. 노력이 필요해요."

팟캐스트 인플루언서가 되자 다른 사업에 고객을 유치하기도 쉬웠다. 2015년에 스콧은 대중의 요구에 부응해서 컨설팅 회사인 팟캐스트 컴퍼니를 설립했다. 그는 스마터 이벤트 플래닝 팟캐스트를 진행하며 자기만의 팟캐스트를 만드는 방법에 관한 질문을 계속 받았고 사람들은 그의 허물없는 진행 스타일과 유머 감각에 끌렸다. "남의 대화를 엿듣는 듯한 느낌을 주는 멋진 이야기를 만들면 사람들은 여기에 열광합니다."

그는 컨설팅 업무에 집중하면서 스스로 일을 진행하는 방법을 가르쳐주고 '당신처럼 생각하는 사람이 몇 명이나 되는가?', '당신과 똑같은 질문을 던지는 사람이 몇 명이나 되는가?' 같은 질문을 통해 차별화된 목소리를 내는 방법을 알려준다.

그 외에 스콧은 회의 업계의 딜 사이트인 마이스오퍼스MICEOFFERS와 호텔과 스파에 저온요법 기계를 빌려주는 로키마Lokkima라는 회사를 운영하고 있다. 최근에는 블록체인 기반의 투자 플랫폼인 핑크Pynk를 위해 자금을 조달했다. 2020년에는 Y 컴비네이터 스타트업 스쿨Y Combinator Startup School의 예비 창업자 프로그램에 참여했다. 최근에는 식당이나 다른 공공장소 소유주들이 해당 공간을 업무와 행사를 위한 융통성 있는 공간으로 전환할 수 있는 앱 코퍼스Kopus를 출시했다. 직접 운영하거나 지원하거나 참여한 회사들을 다 합치면 그의 총 매출은 100만 달러대에 이른다.

스콧처럼 비즈니스 벤처를 여러 개 운영하는 경우는 콘텐츠를 계속 만들어내기가 어려워 결국 다른 사람이나 팀의 도움을 받아야 한다. 스콧은 세계 각지에서 프리랜서 7명을 고용해 소셜 미디어 자산을 만들고 팟캐스트와 뉴스레터를 제작하며 기술적인 작업을 처리한다. 또 회사 인지도를 높이는 업무를 하다가 은퇴한 전문가 2명을 '인지도 홍보 대사'로 고용하고 그들이 가져온 거래가 체결될 때마다 수수료를 지급했다. "저는 이 팀을 '스마트족'이라고 부릅니다. 우리는 원하는 목표에 도달하기 위해 힘들게 일하는 게 아니라 현명하게 일하고 있어요."

스콧은 콘텐츠 팀을 운영하기 위해 자신의 휴대전화를 비즈니스 허브로 삼는다. 그의 모든 사업은 왓츠앱으로 운영된다. 그리고 휴대전화의 보이스 노트Voice Notes 앱으로 물류, 배송, 교육, 마케팅, 홍보, 기타 작업에 대한 정보를 기록해서 팀원들과 공유한 뒤 이를 프로젝트 목록이 나열된 트렐로 보드로 전송한다. 또한 그는 약속 관리를 도와주는 앱 캘린들리의 팬이기도 하다. "최대한 저렴하고 저차원적인 기술을 이용하려고 애씁니다."

· 10억 사업가의 꿀팁 ⑥ ·

요즘은 팟캐스트 안 쓴다고?

―――

팟캐스트를 시작할 때는 반드시 팬들과 직접적인 관계를 형성해야 한다(효과적인 방법으로는 뉴스레터가 있다). 제이슨 앨런 스콧은 팬들이 직접 돈을 지불할 방법을 마련해야 한다고 제안한다.

일부 팟캐스터들은 팬들이 기부할 수 있는 패트리온(patreon.com)과 온리팬스(onlyfans.com)에 의지한다. 팟캐스트는 하나의 플랫폼에서만 작동하는 게 아니기 때문에 팟캐스트를 이용하면 팬과의 지속적인 관계를 쉽게 유지할 수 있다. 스콧은 팟캐스트가 자신들에게 마지막으로 남은 훌륭한 매체라고 말한다. "유튜브를 이용하면 유튜브가 망할 때 사업도 사라집니다. 하지만 팟캐스트를 이용하면 자기가 제작한 팟캐스트를 소유할 수 있죠. 아이튠즈iTunes는 팟캐스트를 그들의 소유로 여기지 않으며 외부로 전송할 방법을 제공합니다."

고객이 팬이 된다! 이메일 마케팅

많은 강연자들의 사업이 팬데믹 이후 힘들어졌다. 하지만 제임스 테일러James Taylor의 사업은 100만 달러대의 매출을 올리면서 오히려 승승 장구했다. 그는 팬데믹 이전처럼 비행기를 타고 30만 마일씩 돌아다닐 수 없었기 때문에 2020년에는 원격 강연으로 전환하기로 했다. 팬데믹 기간 내내 그는 창문 밖에서 양들이 풀을 뜯고 있는 스코틀랜드 에든버러 인근 시골에 있는 홈 스튜디오에서 사업가들을 대상으로 '슈퍼 창의성'이나 '혁신' 같은 주제를 이야기했다.

테일러가 그런 성과를 올릴 수 있었던 이유 중 하나는 느리지만 꾸준히 이메일 마케팅을 해왔기 때문이었다. 그는 12만 5,000명의 명단을 보유하고 있으며 사업 흐름을 유지하기 위해 매일같이 마케팅 메시지를 보낸다. 현재 43세인 테일러는 2017년에 전문 기조연설자로 시작하면서 서서히 명단을 늘려왔다.

음악가 집안(아버지와 할아버지가 재즈 음악가였다)에서 자라 재즈 드러머가 되었고 유명 재즈 가수 앨리슨 번즈Alison Burns와 결혼한 그는 젊을 때는 그래미상을 받은 음악가들의 전문 매니저로도 일했다. 온라인 음악학교를 운영하는 회사의 부사장이 되어 캘리포니아의 나파 밸리로 이사했을 때는 업계 콘퍼런스에서 연설해달라는 초대를 받기 시작했다. 초대에 응한 그는 자기가 무대에 오르는 걸 좋아한다는 사실을 깨달았다. "마치 집에 온 것 같았습니다. 연설은 공연과 다르지만 관객과 소통하는 부분에서는 공통점이 많죠. 게다가 저는 돌아다니는 걸 좋아하거든요." 뛰어난 말솜씨를 타고난 그는 곧 자신을 찾는 곳이 많다는 사실을 알았다. 2017년만 해도 업계에서 전혀 알려지지 않았지만 2019년에는 무려 25개국에서 50회의 기조연설을 하게 됐다.

팬데믹이 강타한 2020년 초에는 기업 고객을 위한 대면 연설을 통해 수입의 70퍼센트를 벌었다. 강연자 협회가 많은 보수를 받는 강연 자리의 70퍼센트를 주선한다는 사실을 알게 된 후 그런 협회에 몇 군데 가입하자 벌이가 늘어난 것이다. 그는 이제 강연 1회당 1만~3만 달러를 번다. 나머지 수입은 국제 강연자 회의, 아내 앨리슨과 함께 운영하는 음악 출판사, 높은 보수를 받는 글로벌 기조연설자가 되는 방법을 알려주는 멤버십 프로그램 스피커스유SpeakersU 등 그가 주관하는 행사에서 나온다. 2016년부터는 슈퍼크리에이티비티SuperCreativity 팟캐스트도 진행하고 있다.

팬데믹 이후에는 사업 방식이 약간 바뀌었다. 2020년 2월 테일러가 사우디아라비아의 리야드에서 청량음료 회사를 위한 강연을 한 뒤 사우디아라비아 정부가 국경 폐쇄를 결정했다. 그는 간신히 마지막 비행기에 탈 수 있었다. 그 후 행사에 직접 가는 것을 일시 중단하고 곧바로 모든 업무를 원격으로 전환해서 원격 강연자 겸 사회자로 활동하기 시작했다.

그는 스코틀랜드에 있는 자기 집에 카메라 5대와 정교한 조명 장치, 녹색 스크린을 갖춘 스튜디오를 만들어 더없이 완벽한 모습으로 행사를 진행한다. 때로는 홀로그램을 이용해서 피터 디아만디스Peter Diamandis 스타일로 원격 이벤트에 등장하기도 하는데, 그는 앞으로 홀로그램이 점점 더 중요해질 것이라고 본다. 또 게임과 라이브 이벤트 업계에서 차용한 특수 효과를 위해 증강현실 같은 기술도 도입했다.

테일러가 이렇게 지속 가능한 사업을 구축할 수 있었던 이유는 그가 자신을 마케팅하는 방식 덕분이다. 강연을 준비하고 진행하는 데는 시간이 상당히 걸린다. 사업을 효율적으로 운영하려면 여기에 드는 시간을 최소화해야 했다. 그는 80-20 법칙(80퍼센트의 효과는 20퍼센트의 노력으로 발생한다는 법칙-옮긴이)을 마케팅에 적용할 방법을 고민하면서 '강연 사업에 성공하는 좀 더 느긋한 방법이 없을까?'라고 자문했다.

그렇게 떠오른 아이디어가 지금도 그의 사업을 이끌고 있다. 그가 다루는 주제는 창의력이다. 그는 인터넷에서 상위 10명의 창의력 연사를 찾아 그들이 주로 강연하는 곳을 알아본 다음 그 고객과 컨퍼런스를 상대로 이메일 홍보 캠페인을 벌인다. "당신이 강연하는 주제와 똑같은 주제를 다루는 강연자를 예약한 적이 있고 보수를 많이 주는 고객을 찾는 게 관건입니다."

테일러의 팀은 고객관계관리 소프트웨어인 온트래포트Ontraport를 이용해 그가 촬영한 30초짜리 프로모션 동영상과 함께 다음과 같은 메모를 이메일로 발송하기 시작했다. '귀사에서 ○○○를 고용한 적이 있는 걸로 압니다. 이에 창의성과 혁신에 관한 최고의 기조연설자인 제임스 테일러를 소개하고자 합니다. 이 동영상을 클릭하면 제임스가 귀사에 적합한 이상적인 연설자인지 아실 수 있을 겁니다.' 그들이 동영상을 클릭하면 이메일 발송을 멈추고 '제임스의 강연 일정을 예약하세요'라는 메시지를 보낸다. 보통 이메일을 받은 이들의 10퍼센트 정도가 그를 강연자로 홍보하는 이런 이메일에 반응을 보인다. 응답하지 않는 이들에게는 동영상 링크가 담긴 또 다른 이메일을 보낸다. 테일러는 말했다. "5번째 메일에서는 스코틀랜드의 컨트리 댄스 얘기를 하면서 그게 창조성과 어떤 관계가 있는지 보여줍니다. 어떤 이들은 그 메일에 대해서만 반응을 보이죠."

테일러가 첫 번째 메일을 보냈을 때 그의 강연을 당장 예약하고 싶다고 한 고객이 있었다. 그 고객은 중동에서 열릴 회의를 준비하고 있었는데 '창의적인 장소'라는 테일러의 연설 제목을 마음에 들어 했다. 그와 관련된 영상이 있느냐는 질문을 받은 테일러는 그녀가 관심을 보여준 것이 기뻤지만 아직 연설문도 쓰지 않은 상태였다. "강연 내용은 없고 제목만 있었죠. 말 그대로 성공할 때까지는 성공한 척이라도 해야 했어요." 하지만 테일러는 그 강연을 할 수 있다고 확신했다. 그는 고객에게 이렇게 말했다.

"이건 새로운 강연입니다. 그래서 현재 작성 중이에요."

"강연료는 얼마인가요?"

그녀가 물었다. 다행히 가격을 물어보면 어떻게 해야 하는지 조언해 준 친구가 있었다. 먼저 비싼 가격을 부른 다음 "부담되시면 작년 귀사에서 기조연설 때 지불한 것과 같은 금액을 주셔도 됩니다."라고 말하는 것이다.

"제 강연료는 1만 5,000달러지만 작년에 연설자에게 지불한 금액만큼만 주셔도 됩니다."

"우린 1만 5,000달러를 지불할 여유가 없어요. 작년에는 1만 달러를 지불했습니다."

1만 달러짜리 강연 계약을 준비하기 위해 테일러는 지역 로터리 클럽에 연락해서 그 연설과 같은 주제로 20분간 강연을 해도 되는지 물어봤다. 그의 제안을 받아들이는 곳이 많았기 때문에 테일러는 식사 모임에 참석한 사람들 앞에서 강연하는 '햄 샐러드 투어'를 시작했다. "10일 동안 연속으로 강연한 적도 있고 때로는 하루에 2번씩 약속이 잡히기도 했습니다. 그런 과정을 거치면서 어떤 내용이 효과적이고 괜찮은 농담이 뭔지 등 많은 걸 배웠죠. 그리고 그 일이 끝나갈 무렵 마침내 연설을 했습니다."

테일러는 이메일 마케팅을 이용해서 자신의 강좌와 행사를 홍보하기도 한다. 예를 들면 국제 작가 회의(나는 이 행사에서 강연하면서 테일러를 처음 만났다) 등 그가 무료로 주최하는 행사에 참석하는 사람들과 교류하기 위해 그는 먼저 무료 보고서와 퀴즈 또는 전자 뉴스레터를 통한 인포그래픽 등을 제공한다. "그런 모임을 주최하면 1개월 안에 1만 명을 이메일 목록에 추가할 수도 있습니다. 물론 그게 양질의 목록일지는 알 수 없죠. 하지만 그들 대부분이 같은 일에 관심이 있다는 건 알 수 있습니다."

사람들이 그의 전자 뉴스레터를 구독하면 그는 강연 경력을 쌓기 위한 정보와 팁을 제공한다. 또 사람들이 월 단위나 연 단위로 회비를 내고 가입하는 구독형 모델인 스피커스유 멤버십 같은 유료 서비스에 대해서도 얘기한다. 테일러는 이메일 마케팅을 지속하기 위해 데이비드 오길비David Ogilvy나 게리 핼버트Gary Halbert 같은 훌륭한 카피라이터와 훌륭한 스토리텔러들을 연구한다.

그는 이런 방법을 통해 이메일 목록에 포함된 인원을 12만 5,000명까지 늘렸다. 테일러의 팀은 이제 하루에 1번씩 이메일을 발송하지만 전체 목록에 다 보내지는 않는다. 목록에 속한 사람들을 각자의 구체적인 관심사에 따라 3~4개 범주로 나누고 그에 따라 대상을 정한다. "스피커스유의 경우 매주 화요일마다 새로운 팟캐스트 에피소드를 올립니다. 그리고 이틀쯤 뒤에 제가 찍은 동영상에 대한 또 다른 이메일을 보내죠." 그리고 메시지를 열어보지 않는 사람들에게는 이메일을 보내지 않도록 하는 온트래포트 서비스를 이용한다.

동영상은 테일러가 선호하는 커뮤니케이션 방법이다. 그는 마케팅 커뮤니케이션을 위한 중요한 메시지를 먼저 동영상으로 제작한 뒤 팀원들에게 그 내용을 블로그 게시물, 기사, 인스타그램의 카드 뉴스로 변환하도록 한다. 그래서 그는 일단 어떤 매체가 가장 편한지 파악한 후에 해당 매체를 이용해 자료를 만들라고 조언한다. 한번 생각해보자. 머릿속에 있는 아이디어를 꺼내기 위해 당신이 당장 이용하는 매체는 무엇인가? 아이디어를 일단 그곳에 정리해두면 언제든 다른 매체에 어울리는 자료로 변환할 수 있다.

테일러는 이 프로세스를 유지하기 위해 프리랜서 5~6명으로 구성된 팀에 의지하고 있다. 온라인 이벤트를 준비할 때는 이 팀이 고객과의 사전 통화 준비나 마케팅 자료(그래픽과 동영상 등) 작성 같은 세부적인 업무를 처리한다. 홍보용 사진을 찍을 때는 마치 현장에서 찍은 것처럼 보이는 가상 사진 촬영을 전문으로 하는 뉴욕 아스토리아(그가 사는 곳에서 수천 킬로미터 떨어진 곳이다)의 사진작가에게 일을 의뢰한다. "훌륭한 작업물은 기술의 흔적이 눈에 띄지 않습니다."라고 테일러는 말한다.

심지어 팀원들에게 지불하는 비용을 다 고려하더라도 온라인 행사에서 연설하는 편이 수익성이 높았다. 그는 원격 이벤트를 하면 현장까지 10시간 이상 이동하는 대면 행사에 참석할 때보다 더 많은 일을 할 수 있다는 걸 깨달았다. "원격으로 기조연설을 할 경우는 보수가 평균 30퍼센트 정도 적긴 하지만 이동하는 시간을 절약할 수 있고 일주일에 여러 개 행사에 참여할 수 있습니다." 그는 마지막으로 얘기를 나눴을 때 대면 행사로 돌아갈 계획이라고 말했다. 그러나 온라인 이벤트 사업을 구축하고 마케팅하는 방법은 그의 사업을 성장시키는 새로운 수익원임이 틀림없다.

신뢰감 급상승하는 제휴 마케팅

좋아하는 인플루언서의 이메일 목록을 구독하거나 소셜 미디어 사이트에서 그들을 팔로우했다면 그들이 좋아하는 제품과 관련된 행사를 홍보하는 걸 봤을 것이다. 팔로워가 그들이 제공한 링크를 클릭하거나 특수 코드를 사용해서 물건을 구입하면 인플루언서는 판매 수수료를 받는다. 바로 이것이 '제휴 마케팅'이다. 이것은 양방향으로 효과를 발휘할 수 있다. 당신 회사에 인플루언서들이 홍보해줄 만한 제품이 있고 이를 팔로워들과 공유하는 이에게 기꺼이 수수료를 지불할 생각이 있다면 제휴 마케팅은 비슷한 취향을 가진 고객들을 끌어들이는 좋은 방법이 된다.

제휴 마케팅에 대해 자세히 알고 싶다면 온라인 학습 사이트 유데미(udemy.com)에서 제공하는 다양하고 저렴한 강좌를 찾아보자(경고! 이 분야는 잠자는 동안에도 돈을 벌 수 있는 '수동적' 소득을 원하는 사람들에게 특히 매력적인 듯하다. 이불 속에서 돈을 벌고 싶은 건 누구나 마찬가지다. 하지만 현실적으로는 제휴 마케팅을 할 때도 시스템을 설치하고 유지하는 작업이 필요하다).

39세의 셀레나 수Selena Soo는 제휴 마케팅이 그녀의 회사인 S2 그룹S2 Groupe을 성장시킬 최적의 도구임을 발견했다. 소규모 사업가에게 초점을 맞춘 마케팅 및 홍보 컨설팅 회사인 S2 그룹은 자기계발과 웰빙 관련 일을 하는 사람들 사이에서는 유명한 회사다. 3명이 함께 운영하는 이 회사는 수가 개발한 PR 강좌 임팩팅 밀리언Impacting Millions, 임팩트 액셀러레이터Impact Accelerator 그룹 코칭 프로그램, 엄선된 고객을 위한 PR 서비스 등을 통해 연간 200만 달러 이상의 매출을 올리고 있다. 푸에르토리코에 사는 수는 정규직 직원 2명과 대규모 프로젝트를 할 때 고용하는 계약직 10여 명의 도움에 의지한다.

수는 당시엔 미처 깨닫지 못했지만 컬럼비아대학교에 다니면서 대학 최초로 여성 경영인을 위한 학술대회를 조직할 때부터 사업 운영을 위한 발판을 마련하기 시작했다. 이 프로젝트를 진행하는 동안 그녀는 길트 그룹Gilt Groupe 회장인 수전 린Susan Lyne, 《포춘》의 부편집장을 지낸 패티 셀러스Pattie Sellers, TV 저널리스트 마리아 바르티로모

Maria Bartiromo 같은 유명한 연사들을 초빙하는 능력이 자신에게 있다는 걸 깨달았다. 수는 비영리 단체인 스텝업 위민스 네트워크Step Up Women's Network의 수석 프로그램 매니저로 일하면서 그 재능을 더욱 발전시켰다. 이 일을 하면서 전문적인 멘토링 행사를 조직하고 기금 모금에 참여할 청년 이사회 구성원을 모집하기도 했다.

이렇게 관계를 구축하는 수의 재능은 2012년에 S2 그룹을 시작하면서 확실하게 증명되었다. 공식적으로 홍보 교육을 받은 적이 없지만 그녀는 사람들에게 영향을 미치고 모두가 이익을 얻을 수 있는 연결 고리를 만드는 데 타고난 능력이 있었다.

회사 웹사이트를 만들 때가 되자 그녀는 짧은 추천사를 받기 위해 알고 있는 유명 언론사 관계자나 인플루언서들에게 연락을 취했다. 추천사를 써준 사람들 중에는 동기부여 강연자이자 《화이트 핫 트루스》White Hot Truth를 쓴 대니얼 러포트Danielle LaPorte와 마리TVMarieTV 진행자이자 라이프 코치인 마리 폴레오도 있었다. 수는 그런 추천사가 고객 유치에 즉각적인 영향을 미친다는 걸 깨달았다.

많은 홍보 회사가 그렇듯 수도 사업 초기 몇 달 동안은 첫 고객과 장기 계약을 체결하고 돈을 받았다. 덕분에 꾸준한 수입을 얻을 수 있었지만 그 관계가 스트레스를 주었다. 수는 그 때문에 비참한 기분이 든다는 걸 깨달았다. 그래도 홍보 일을 좋아했기 때문에 완전히 포기하고 싶지는 않았다.

다행히 그녀는 자신의 전문 지식을 공유할 다른 방법이 있다는 걸 깨달았다. 바로 사람들에게 가르치는 것이다. 수는 '브랜드 가치를 높이자'라는 주제로 뉴욕에서 이틀간 워크숍을 개최할 계획을 세우고 페이스북과 유명 비즈니스 간행물에 게스트 포스트Geust Post를 작성한 뒤 이메일 목록을 통해 150명에게 홍보했다. 워크숍 참가비는 600달러였고 행사는 그녀의 집에서 열렸다. 2012년 가을에 7명이 그 행사에 등록했다.

참가자 수가 적다고 느껴질 수 있지만 수는 그렇게 생각하지 않았다. 무려 이틀 만에 장기 고객과 1개월간 일해서 번 것보다 많은 돈을 벌었다. 그보다 중요한 건 워크숍에서 고객과 교류하며 즐거웠다는 것이다. 워크숍 아이디어가 괜찮다는 사실이 증명되자 수는 2013년 봄에 행사를 다시 개최하면서 가격을 1,200달러로 인상했다. 그래도 여전히 수요가 높아서 자리를 다 채울 수 있었다.

수는 한발 더 나아가 비즈니스 코치, 크리에이티브 전문가, 사업가 등과 함께 일한 비즈니스 코치 모니카 샤Monica Shah가 운영하는 마스터마인드 그룹에 가입했다. 샤의 마스터마인드 그룹에 들어간 사업가 중 1개월에 1만~2만 달러를 번다는 이들이 페이스북에 남긴 댓글을 봤던 것이다.

마스터마인드 그룹에 참여하려면 상당한 투자가 필요했지만 여기서 수는 사업에 관한 생각을 키울 수 있었다. 또 그룹 활동에서 영감을 얻어 홍보에 관한 6개월짜리 마스터마인드 과정을 직접 만들어 1인당 9,500달러씩 받기도 했다. 이 과정에는 일대일 코칭, 미디어 행사, 그룹 통화 등이 포함되어 있었다. 그리고 이것이 1년 과정의 마스터마인드 그룹으로 이어졌고 이번에는 2만 4,000달러를 받았다.

하지만 수는 모든 사람이 고급 마스터마인드 과정에 참여할 정도의 재정적 여력이 있는 건 아니라는 걸 깨닫고 첫 번째 강좌를 만들었다. 그리고 라밋 세티의 '제로 투 런치'Zero to Launch라는 프로그램에서 들은 조언대로 시장조사를 해보기로 했다. "자신의 강좌 아이디어를 검증해야 합니다. 친구들에게 '그래, 좋은 생각이네!'라는 말만 듣고 시작해선 안 됩니다."

수가 궁금했던 것은 사람들이 돈을 지불할 의향이 있느냐였다. 세티는 사람들에게 어떤 강좌에 특정한 가격을 지불할 의향이 있는지를 직접 물어보라고 권한다(예를 들어 '이걸 297달러에 판다면 구입할 의향이 있는가?' 등). 수는 사람들의 반응에 세심한 주의를 기울였다. 전반적으로 '당연히 사고 싶다. 내 돈을 받아달라'라는 반응이 나오지 않으면 일을 진행하지 않겠다고 마음먹었다.

조사 과정에서 이상적인 고객들과 많이 접촉한 수는 세티가 권고한 대로 고객들이 무슨 말을 하고 무엇이 필요한지 주의 깊게 살폈다. 그리고 배운 걸 바탕으로 이상적인 고객을 유치하도록 도와주는 6개월짜리 프로그램 '이름을 알려라, 고객을 얻어라'Get Known, Get Clients를 개발했다.

한 비즈니스 코치는 처음에는 이 프로그램을 3개월짜리로 운영하면서 1,000달러를 청구하고 10명이 등록하는 걸 목표로 삼으라고 조언했다. 하지만 수는 그 접근 방식에 의문을 품었다. 그렇게 하면 충분한 투자 수익이 없는 상태에서 미리 3개월치 일을 해야 한다. "6개월간 열심히 일하고 겨우 1만 달러를 번다는 건 말도 안 됩니다."

그녀는 자기 직감을 믿고 6개월짜리 프로그램을 진행하면서 온라인 생중계로 12회 교육을 실시하고 매달 추가적인 질의응답 시간을 가졌다. 이 과정에는 고객이 영업 상담 같은 프로세스를 진행하는 데 도움이 되는 스크립트와 템플릿도 함께 제공된다. 그녀는 이 프로그램에 3,000달러를 청구했다. 그리고 50명을 유치해 15만 달러를 벌었다.

성공적인 강좌를 만드는 법을 알게 된 수는 계속해서 연구해 2016년에 그녀의 대표 강좌인 '수백 명에게 영향력 발휘하기'Impacting Millions를 개발했다. '수백 명에게 영향력 발휘하기'는 사업가들이 매스컴과 친밀해지고 해당 업계에서 자주 찾는 전문가로 거듭나도록 도와준다. 7개의 동영상 교육 모듈, 12개월간의 실시간 Q&A 통화, 개인 페이스북 커뮤니티, 온라인 멤버십 공간 액세스 등이 포함되어 있다. 1년간 진행되는 이 강좌는 2,997달러에 판매된다.

이제 그녀의 강좌를 수강하고 만족한 고객은 수천 명에 이른다. 제휴 마케팅으로 입소문을 퍼뜨릴 때가 된 것이다. "그것이야말로 사업을 간결하게 유지하는 방법입니다." 그녀는 코칭 프로그램, 강좌, 전자 뉴스레터, 웹사이트, 기타 자산을 운영하는 제휴 파트너가 유료 고객을 보내주면 50퍼센트의 수수료를 지불한다. 그리고 제휴 파트너의 매출을 추적할 수 있도록 제휴사 링크를 발행한다.

수는 그녀가 운영하는 마스터마인드 과정이나 '수백 명에게 영향력 발휘하기' 강좌를 들은 사람들이 이상적인 제휴 파트너라는 사실을 알게 됐다. 그래서 특정 판매 기준을 달성하면 마스터마인드 수련회에 참가할 수 있는 해외 여행권을 제공했다. 당연히 많은 사람이 이 제의를 받아들였다. 2021년에는 제휴 파트너가 200명이 넘었고 그중 70퍼센트가 적극적으로 홍보에 나섰다.

제휴 마케팅은 외부 파트너의 노력에 크게 의존하기 때문에 많은 사업가가 다른 마케팅 활동과 함께 사용하는 걸 선호한다. 또한 수는 '당신의 사업에 불을 지펴라'Entrepreneurs on Fire와 '현명한 수동 소득'Smart Passive Income 같은 팟캐스트에 출연해서 좋은 성과를 거뒀다. 그리고 포지티블리 포지티브Positively Positive 같은 커뮤니티에 게스트 포스팅을 하는 게 효과적이라는 사실을 알게 됐다. "그곳에 오는 사람들은 코칭에 매우 관심이 많습니다. 주로 코치나 치료사, 영적인 사람들이 많이 오는데 바로 제가 타깃으로 삼은 이들이죠."

게스트 포스팅을 시도하려는 이들에게 팁을 알려주자면 그들이 원하는 청중이 시간을 많이 보내는 곳에서 소문을 퍼뜨리라는 것이다. 1인 사업가나 코치를 위한 홍보 방식은 IT 기업가를 위한 홍보 방식과는 매우 다르다. 수는 페이스북 광고를 사용하지만 그녀의 사업이 몇십만 달러대의 수익을 올리기 시작할 때까지 기다렸다가 광고를 시작했다. "광고 결과를 파악하는 건 매우 까다로운 일입니다. 자기가 뭘 하고 있는지 모르면 많은 돈을 쓰고도 결과를 얻지 못할 수 있어요."

그러나 실수를 하더라도 많은 걸 배울 수 있다는 걸 기억하자. 마지막 장에서 살펴볼 내용처럼 실수에서 얻은 교훈을 열린 태도로 받아들인다면 큰돈을 버는 사업의 단단한 기반을 구축할 수 있다.

제8장

사업도
공부, 공부, 공부다

앤서니 쿰스가 속옷 회사 스플렌디스를 설립했을 때 그는 여성 란제리 판매나 빅 사이즈 의류 시장에 대해 아는 게 거의 없었다. 그는 이 분야와는 완전히 다른 업계에서 사업을 운영해온 연쇄 창업가였다.

그러나 시장 경험이 없다고 해서 성공적인 사업을 구축할 수 없는 것은 아니었다. 현재 로스앤젤레스에 본사를 둔 그의 회사는 계약직 팀의 도움을 받아 연간 1,300만 달러를 벌어들이는 등 분주하게 활동하면서 상당한 수익을 올리고 있다. 우리가 마지막으로 얘기를 나눴던 2021년에 쿰스는 1,700만~1,800만 달러의 매출을 올릴 것이라고 예상했다.

해당 업계 경험이 전혀 없었던 그가 회사를 빠르게 성장시킨 비결은 무엇일까? 이 책에서 소개한 모든 사업가와 마찬가지로 그도 '학습 기계'가 되었다. 그리고 다양한 경험을 쌓으면서 사업을 운영하고 성장시키는 데 점점 더 능숙해졌으며 그 과정에서 많은 교훈을 얻었다. 그는 자신을 위해 일한다는 건 사회에서 규정한 경로와는 다르다는 걸 알게 되었다. 하지만 돈을 많이 벌고 원하는 방식대로 살기 위해 그는 기꺼이 시간과 노력을 기울였다. "스스로 모든 걸 완벽하게 통제할 수 있어야 합니다." 쿰스의 사업 철학을 보여주는 말이다.

직접 경험하기 전에는 모르는 것들

쿰스가 일찍 깨달은 것처럼 사업의 세계에서는 심사숙고하기보다 행동함으로써 더 큰 보상을 얻을 수 있다. 때로는 효과를 확인할 다른 방법이 없기에 일단 뭔가를 시도하면서 즉석에서 배워야 한다. 다행히 당신이 판매하는 제품이 타인에게 피해를 주지 않고 감당할 만큼만 투자해도 된다면 손해를 볼 일은 없다. 사업을 성장시킬 때 이런 마인드로 나아가면 훗날 큰 성공을 위한 중요한 교훈을 얻을 수 있다.

지금까지 이 책에서 소개한 사업가들은 다양한 결과를 낳은 여러 사업을 시작하고 운영하면서 사업체를 구축하는 방법을 배웠다. 그들은 그 모든 경험 중에서 그 어떤 것도 헛되지 않았다고 말한다.

쿰스가 스플렌디스를 만들고 성공한 것도 바로 이렇게 적극적인 마음가짐 덕분이었다. 그는 펜실베이니아대학교에서 사회학과 도시학을 전공하고 우등으로 학사 학위를 받은 재능 있는 학생이었다. 그는 정치에 입문하고 싶었기 때문에 3학년으로 올라가기 전 여름방학 때

워싱턴 D.C.의 하원의원 사무실에서 인턴으로 일했다. 해외에 파병된 군인의 부모와 가족에게 보내는 엽서에 국회의원 서명을 찍는 일도 그의 업무 중 하나였다.

그가 일하던 당시에는 자녀들의 안녕이 걱정스러운 부모들이 종종 의원에게 편지를 보내거나 워싱턴에 와서 그를 만나려고 했다. 쿰스가 보기에 그들이 의원을 만날 방법은 없었다. 정치인의 일정은 기부자들과의 약속으로 가득 차 있었기 때문이다. "제가 하는 일에 극도로 환멸을 느꼈죠. 제가 중도에 그만둔 몇 안 되는 일 중 하나였습니다." 쿰스는 사직서를 제출했다. 이후 더 좋은 일자리가 생기길 기다리다 창업을 하기로 마음먹었다. 그리고 그동안 저축해둔 1,000달러를 여기에 투자했다.

그러나 학교에서 배운 지식은 사업과 직접적인 관련이 없었다. 완전히 새로운 지식을 습득해야 했는데 가능한 방법은 실제로 사업을 시작하는 것뿐이었다. 그의 첫 시도는 고급 모자이크 타일 수입 회사였다. 2001년에 그는 필라델피아에 있는 자기 집에서 사업을 시작했다. 사실 모자이크 타일에 특별한 관심이 있는 건 아니었다. 다만 이 사업이 일종의 '사업 수업'이라고 생각했다. "사업을 배우면서 저 자신을 단련하고 싶었습니다. 그래서 관심도 없고 전문 지식도 없는 일을 시도했죠."

처음에 쿰스는 소비자가 직접 만드는 모자이크 공예 키트를 팔려고 했다. 8, 9개의 작은 매장을 설득해서 물건을 들여놓았지만 생각만큼 빨리 팔리지 않자 이베이를 통해 공예가들에게 모자이크 타일을 파는 쪽으로 방향을 바꿨다. "작은 상자에 모든 걸 포장해서 발송하려면 노동력이 매우 많이 필요했습니다." 당시 대학교 3학년이었던 쿰스는 택배 포장을 위해 신입생 1명을 고용했지만 4개월이 지나자 그도 버티지 못하고 그만두고 말았다.

그러던 어느 날 쿰스가 친구의 결혼식에 참석하느라 자리를 비운 사이에 한 고객이 애리조나주에 있는 집 수영장에 타일을 깔고 싶다며 연락했다. 쿰스는 그런 타일을 공급하거나 그 정도 규모의 제품을 마련해본 적이 없었다. 당시 그의 평균 판매액은 주문 한 건당 15~20달러였고 여기서 7달러 정도가 이익으로 남았다.

쿰스는 오리건주에 있는 타일 공급업자에게 전화해서 고객에게 타일을 전달할 방법을 알아봤다. 필라델피아에 있는 그의 아파트로 타일을 배송받으려면 우편요금이 엄청나게 들겠지만 그는 타일이 다른 회사 상자에 담긴 채 고객에게 전달되는 걸 원치 않았다. 그러자 공급업자가 문제를 해결하겠다며 직접 배송하겠다고 답해왔다. 그는 쿰스의 회사 이름이 배송 상자에 표시되는 블라인드 생산자 직송Blind Drop Shipment 을 제안했는데, 이는 쿰스가 들어본 적 없는 계약 방식이었다. 더 좋은 건 타일 값을 미리 지불할 돈이 없어도 30일 안에만 지불하면 되게 해주었다는 점이다. 해당 납품업체와 7개월 동안 함께 일하면서 제때 대금을 지불한 이력 덕분이었다.

이 일은 쿰스의 생각에 엄청난 변화를 가져왔다. 공급업자와의 2번의 통화로 2,000~3,000달러의 수익을 올린 것이다. 그는 15달러짜리 주문품 발송을 중단하고 수영장과 주방 타일에 집중하는 방향으로 사업을 재정비했다. 이후 사업은 매우 단순해진 반면 수익성은 훨씬 더 높아졌다. 2004년 온라인에서 쿰스의 인지도가 높아진 걸 발견한 한 건설 회사가 사업을 인수하겠다고 제안해왔다. 다음 사업으로 넘어갈 준비가 되어 있었던 쿰스는 제안을 기꺼이 받아들였다.

그다음에 그가 설립한 벤처 기업은 온라인 중고차 중개업체인 아이비 오토 그룹Ivy Auto Group이었다. 이 회사는 2004년에 시작해서 2011년까지 운영했다. 쿰스는 이 사업을 통해 일찍부터 온라인으로 자동차를 판매할 기회를 잡았지만 많은 벤처 사업가가 그렇듯 당황스러운 문제에 봉착했다. 선점자의 이점을 누리는 것과 조금 일찍 시장에 진입하는 것 사이에는 미묘한 차이가 있었던 것이다. "당시에는 인터넷으로 중고차를 판다는 게 매우 낯선 일이었습니다. 중고차를 구입하기 위해 인터넷에 접속하는 사람은 별로 없었죠." 그는 이른 아침부터 꼭두새벽까지 일했고 결국 건강에도 문제가 생겼다. 그렇게 해서는 몇 년도 버틸 수 없을 것 같았다.

2010년 쿰스는 공항에서 우연히 옛 친구를 만났다. 서로 어떻게 지내는지 근황을 말하던 중 쿰스는 매일 장시간 일하고 있다고 얘기했다. 친구는 팀 페리스의 《나는 4시간만 일한다》를 권했고 쿰스는 효율적으로 일하는 것에 대한 페리스의 아이디어가 매우 매력적이라고 생각했다.

하지만 문제가 하나 있었다. 일주일에 4시간만 일해서는 온라인 자동차 대리점을 운영하는 게 불가능했다. 어떤 날은 일이 너무 많아서 하루에 4시간밖에 못 잘 때도 있었다. "황금으로 된 러닝머신 위를 달리는 듯한 기분이었습니다. 돈을 잘 벌긴 했지만 완전히 녹초가 됐죠. 뭔가 다른 일을 하면서 돈을 많이 벌 방법이 있을 것 같았습니다." 결국 2011년에 그는 사업을 접었다. "그냥 끝내버렸습니다. 제가 계속하고 싶은 일이 아니었어요. 저는 다음 사업으로 넘어갈 준비가 되어 있었습니다."

쿰스는 팀 페리스의 철학에 맞춰 할 수 있는 새로운 사업을 찾기 시작했다. 처음 시도한 일은 사람들이 데이트나 직업적인 인맥 구축, 친목 활동 등을 위해 가까이에 있는 다른 사람을 찾을 수 있게 해주는 모바일 앱을 만드는 것이었다. 2011년에 그는 인터랙트Interact라는 앱을 출시했다. 그리고 그해에 실패했다. "그 앱은 옵션이 너무 많았고 시장에 내놓기에는 시기상조였습니다. 한 틈새시장에 충분히 집중하지 못했어요."

'일단 뛰어들면' 열리는 사업 성공의 문

그러던 어느 날 사촌이 귀여운 빅 사이즈 여성 속옷을 찾는 게 정말 어렵다고 얘기했을 때 쿰스는 이 틈새시장을 겨냥한 전자상거래 상점을 떠올렸다. 우선 구글과 유튜브로 업계에 대해 조사한 후 고객들에게 1개월마다 3벌의 속옷을 보내는 구독 서비스 아이디어를 생각해냈다. 재미있는 한정판 프린트가 인쇄된 속옷 1벌과 섹시한 속옷 1벌 그리고 실용적인 속옷 1벌을 세트로 구성하는 것이다. 그리고 매출을 유지하기 위해 12달러라는 저렴한 월 구독료를 받기로 했는데, 이는 여성들이 속옷 구매에 책정하는 월 평균 예산(현재 14.99달러) 내에 들어가는 가격이었다.

당시 여성들은 이미 온라인에서 속옷을 구입하고 있었기 때문에 시장에 일찍 진출할 때의 위험은 별로 없었다. 그리고 정기 구독업체가 흔하지 않았지만 매장에서 원하는 물건을 찾기 힘들다는 걸 생각하면 한꺼번에 3벌씩 사는 편리함을 반기는 여성들이 많으리라고 생각했다. 또한 모바일 앱 사업과 다르게 여성용 빅 사이즈 속옷 사업은 매우 좁은 틈새시장이라 모든 사람의 비위를 다 맞추려고 애쓸 필요도 없었다.

쿰스는 2013년에 이 사업을 시작해서 처음에는 주당 70시간씩 일했다. 하루 4시간 근무와는 거리가 멀었지만 사업을 빨리 정착시키려면 어쩔 수 없었다. 스타트업 자본으로 500달러를 투자한 그는 쇼피파이에 간단한 전자상거래 웹사이트를 만들고 지역 쇼핑몰에서 99센트짜리 떨이 상품을 구입해 구독자들에게 보낼 상자를 채웠다. 여성들이 무엇을 사고 싶어 하는지 알아내기 위한 저렴한 방법이었다. "스플렌디스를 시작했을 때는 텅 빈 캔버스 같았습니다. 거기에 물건을 이것저것 넣으면서도 앞으로 무슨 일이 일어날지는 정말 몰랐죠."

구독 서비스를 홍보하기 위해 그는 인터넷에서 찾은 9달러짜리 동영상 튜토리얼 과정을 따라 유료 페이스북 광고를 이용했다. 그는 이 구독 상품을 자신을 위한 선물, 자신을 위한 즐거움으로 마케팅했다. 고객들은 상자를 열고 싶어서 잔뜩 기대하며 기다렸다. 쿰스의 제품은 그들에게 속옷 3벌 이상의 의미가 있었다.

사업을 시작한 첫해의 첫 달인 2013년 5월 스플렌디스의 매출은 40달러였다. 그해의 연 매출은 2만 9,000달러였고 이듬해에는 27만 5,000달러를 기록했다. "2013년은 모든 걸 알아가는 한 해였습니다. 2014년에 비로소 본격적인 사업이 시작됐죠." 2015년 매출액은 47만 4,000달러였고, 2016년에는 150만 달러로 성장했다. 2016년에 그는 온라인 광고를 시작했는데 이것이 판도를 완전히 바꿔놓았다.

미국 여성들이 평균 21벌의 속옷을 가지고 있다는 최근의 조사를 생각하면 고객들에게 1년에 36벌의 속옷을 팔면서 배송받는 날을 고 대하게 만든 쿰스는 크게 성공한 것이다. 하지만 고객들의 옷장이 꽉 차서 구매를 멈출 위험이 있었다. 그는 재구매를 유도하기 위해 더 많이 연구했다. 보통 남자들은 비키니나 T팬티보다 사각팬티, 삼각팬티에 더 익숙하다. 게다가 쿰스는 사촌처럼 여성용 속옷을 구입해본 경험이 없었다.

그는 고객이 뭘 좋아하고 어떤 유형에 속하는지 지속적인 피드백을 얻기 위해 2016년과 2018년에 온라인 설문조사 사이트 서베이몽키(surveymonkey.com)를 통해 설문조사를 실시했다. "우리 고객 중 상당수는 생각지 못한 곳에 살고 있습니다. 보통 미국 중서부에 거주하는 이들이 많고 알래스카, 하와이, 남부에 사는 고객들도 꽤 되죠. 가장 많은 고객이 캔자스주 맨해튼, 아이오와주 대븐포트, 알래스카주 앵커리지에 삽니다. 이들은 스플렌디스를 정말 좋아하죠. 이들이 사는 곳에서 매장까지 가려면 차로 30~40분씩 걸릴 수도 있습니다." 그리고 이들 중 상당수가 수입이 7만 달러 이하이며 고급 란제리 브랜드에 무시당했다는 사실도 알게 되었다.

쿰스는 고객들이 이 브랜드를 사랑한다는 걸 보여주는 자연스러운 징후에도 신경을 썼다. 한 예로 2017년에는 일부 팬들이 회사의 개입 없이 스플렌디스 페이스북 그룹을 시작했다. 이 그룹에는 약 7,000명의 여성이 가입했고 자기가 구입한 물건을 공유했다. 사용하지 않은 속옷을 사고팔거나 거래하는 여성들이 모인 또 다른 페이스북 그룹도 생겨났다. 이들은 가끔 마음에 들지 않는 속옷을 받으면 다른 걸로 바꾸고 싶어 했다.

이후 쿰스는 디지털 마케팅 같은 작업을 자동화하고 근무 시간을 줄여 일주일에 10시간만 일하고도 회사를 운영할 수 있게 됐다. 하지만 브랜드가 급성장하면서 그의 계획대로 일정을 통제하지 못하게 되자 2016년에 고객 서비스를 도와줄 계약직 직원을 채용했다. "제가 처음 고용한 사람은 제 친구였습니다."

이 직원 1명을 통해 얼마나 많은 일을 해낼 수 있는지 깨달은 그는 다른 사람의 도움을 받는 게 자신의 라이프스타일을 유지하는 열쇠임을 알았다. 그래서 다음에는 자기 사업을 운영해본 경험이 있고 작은 스타트업에서 일할 준비가 되어 있는 사람을 찾았다. 그런 사람들은 부정적인 리뷰를 올리기 전에 신속하게 고객의 불만을 해결하는 게 중요하다는 걸 알고 있었다. "사업을 운영해본 사람에게는 따로 가르칠 필요가 없습니다."

이후 소셜 미디어, 인플루언서 마케팅, 웹 개발 같은 작업을 도와줄 팀원을 고용할 때도 비슷한 사업 경험이 있는 사람을 찾았다. 그리고 종종 직원들이 그의 사업을 얼마나 이해하고 있는지 알아보기 위해 그들이 구축한 웹사이트를 검토했다. 쿰스는 슬랙 채널을 통해 직원들과 소통하지만 그들이 언제나 같은 시간에 같은 장소에 있는 건 아니다. 쿰스는 각자 독립적으로 일을 진행하면서도 사업 성장을 촉진하도록 현명한 결정을 내리려고 노력한다.

쿰스는 사업 운영의 큰 그림에 집중하고 전문적인 부분은 팀원들에게 맡김으로써 그가 가장 좋아하는 판매 전략에 쏟을 시간과 공간을 확보했다. "사업을 성장시키고 매출이 증가하는 걸 지켜보는 건 즐겁고 흥미로운 일입니다. 종일 그 일만 할 수도 있어요." 한때 그의 회사는 배송 파트너가 처리할 수 있는 것보다 주문을 많이 받아서 배송이 1만 개나 밀리기도 했다. 그가 보기에 밀린 주문을 다 처리하려면 적어도 일주일은 걸릴 것 같았다. 그래서 쿰스는 창고를 하나 빌렸다. 트럭을 1대 빌리고 파티 상점에서 테이블과 의자도 빌렸다. 그리고 크레이그리스트를 통해 일할 사람 5명을 구해 포장하는 법을 가르쳤다. 그렇게 해서 이틀 만에 1만 개의 주문을 처리할 수 있었다.

한번은 종일 창고에서 일한 적도 있었다. 회사가 기록적인 양의 주문을 받았는데 그걸 다 처리할 만큼 재고가 없다는 걸 알게 되었다. "하지만 그 때문에 스트레스를 받지는 않았습니다. 오히려 재미있다고 생각했죠. 어떻게 하면 이 문제를 멋지게 해결할 수 있을까? 잠시 산책을 갔다가 해결책을 가지고 돌아왔습니다. 대기자 명단을 만들면 되는 거였어요. 그게 있으면 사람들도 기다려줄 테니까요."

작은 손해는 과감히 버려라!

스플렌디스가 성장하면서 앤서니 쿰스는 작은 재정적 손실은 사업 비용의 일부라는 사실을 받아들였다. 예를 들면 고객이 회사 서비스 팀에 연락하지 않고 카드 회사에 전화를 걸어 반품을 시도하면 그는 카드 회사의 입금 취소에 대응해야 한다. 어떤 날은 6시간 동안 입금 취소 문제와 씨름해야 했다. 어쩌면 선의의 싸움을 한 것일지도 모르지만 그날 업무를 마무리하고 보니 입금 취소액이 다 합쳐 100달러밖에 안 된다는 걸 알았다. 그가 들인 시간에 비해 매우 적은 금액이었다. "그런 일을 하느라 6시간씩이나 들일 필요가 없다는 걸 알았습니다."

그날 그는 깨달았다. 이제는 성장 마인드를 받아들여야 할 때였다. "성장 마인드란 '우리는 아무 잘못도 하지 않았다. 그러니 이 돈을 잃으면 안 되며 이번에 적자가 나면 안 된다. 하지만 그냥 내버려둬야 할 때도 있다'라는 겁니다. 앞으로 나아가는 게 중요합니다. 사소한 문제와 씨름하면서 6시간을 허비하느니 차라리 그 시간에 사업을 성장시키는 게 낫습니다."

만일 소액의 돈이 걸려 있는 거래에서 자신이 옳다는 걸 증명하고 싶다면 한 걸음 물러나 시간이 얼마나 걸릴지 생각해보자. "어떤 사업을 하든 시간이 돈보다 더 가치 있다는 사실을 깨달을 때가 옵니다."

먼저 성공한 이들의 지혜를 빌려라

쿰스는 사업을 직접 운영함으로써 많은 걸 배웠지만 때로는 배움을 위해 지름길로 갈 수도 있다. 하나는 대학이나 민간 부문에서 사업가를 위해 제공하는 프로그램을 이용하는 것이다. 현재 많은 대학에서 기업가정신 교육(MBA 프로그램과 강좌, 임원 교육 프로그램, 벤처 기업 육성 시설과 액셀러레이터)을 제공하고 있으며 사업을 운영하는 방법을 배우는 행사, 다른 사업가들과 함께 사업계획서 작성하기 대회 같은 이벤트도 진행한다. 그리고 대학 밖에서는 사업가를 위한 마스터마인드, 온라인 강좌, 기업가정신과 관련된 주제를 다루는 컨퍼런스 등을 찾아볼 수 있다.

어떤 형태든 자신에게 효과가 있는 방법을 꾸준히 이용하면 사업 지식을 늘리고 문제에 직면했을 때 의지할 수 있는 시스템을 구축할 수 있다. 메릴랜드주 아나폴리스에 있는 해군사관학교를 졸업한 마이크 브라운Mike Brown과 제이 콘샐비Jay Consalvi도 그랬다. 페르시아 만에서 해군 전투기를 조종하다 만난 그들은 제대 후 사업가가 됐다. 그들은 군에서 제대하자마자 또 다른 위험한 업무에 착수했는데 바로 석유와 가스가 아직 발견되지 않은 땅에 투자하는 것이었다.

텍사스 중부에 팔마레스 에너지Palmares Energy라는 회사를 차린 브라운과 콘샐비는 사업자들이 특정한 땅에 유정을 시추할 권리를 확보한 지역의 토지 소유주들에게서 채굴권을 샀다. 그들의 목표는 그런 부동산을 많이 모아 패키지로 묶어 기관 투자자들에게 파는 것이었다. "그

건 일종의 부동산 사업이었습니다."라고 브라운은 말한다.

석유와 가스 투자는 책을 읽어서 배울 수 있는 게 아니다. 많은 사업가처럼 브라운과 콘샐비도 처음에는 브라운의 고향인 텍사스주 중부에서 석유 및 가스 광물과 로열티 인수 일을 하는 회사에서 일하면서 에너지 분야에서 일하는 법을 배웠다. 브라운의 멘토가 된 이 회사 사장은 석유 사업을 하기에 좋은 때라고 말했다.

2011년에 브라운은 콘샐비를 설득해서 회사에 합류시켰다. 그들은 함께 일하면서 앞으로 시추될 가능성이 큰 부동산을 식별하는 방법, 거래 성사와 관련된 재무 계산을 하는 방법을 배웠다. "그게 MBA 학위보다 훨씬 낫습니다."라고 브라운은 말한다. 그들이 사업을 시작하고 싶어서 안달하자 전에 함께 일하던 상사들이 지원해주었다. "그들은 훌륭한 멘토였습니다. 전체 파이가 더 커지면 모두에게 이익이 된다고 말했죠." 마침내 2012년 12월 그들은 사업을 시작했다.

조종사였던 그들은 연료를 오래 사용하는 게 중요하다는 걸 알고 있었기 때문에 스타트업 자본도 똑같이 중요하게 여기면서 자금을 최대한 요긴하게 활용했다. 텍사스의 퍼미언 분지 주변 땅을 조사 후 구입했고 콘샐비의 집 거실에 사무실을 차렸다. 그리고 그들이 사업을 한다는 사실을 세상에 알리기 위해 간단한 웹사이트를 만들었다.

그들은 카운티 기록에서 찾아낸 잠재적 판매자에게 직접 메일을 보냈다. 그리고 유정을 시추해 회수할 로열티에 대한 대가로 토지 소유주에게 일시금을 지불했다. 부동산을 취득하기 위해서였다. 토지 소유주 대부분은 유정에 투자할 재정적 기반이나 위험을 감수할 마음이 없

었다. 유정은 비생산적인 드라이 홀Dry Hole(산출물 없는 유정을 뜻한다─옮
긴이)일 가능성이 늘 있었기 때문이다. 그래서 어떤 이들은 위험을 분
담할 파트너가 생기는 걸 환영했다.

브라운과 콘샐비는 2~3개월만 지나면 거래가 호전되리라고 생각
했지만 투자자들로 붐비는 이 세계에서는 생각만큼 일이 간단하지 않
았다. 결국 그들은 규모가 작은 땅을 구입할 수 있었고 이를 매각한 돈
으로 회사에 다시 투자했다.

그렇긴 해도 한정된 자원으로 모멘텀을 쌓는 건 쉽지 않았다. 그들
은 각자 약 4만 달러의 스타트업 자금을 마련했지만 대부분을 생활비
로 써버렸다. 두 자녀를 둔 브라운은 어느 순간 당좌예금 계좌 잔액이
2,000달러로 줄어든 걸 깨닫고 겁이 났다. "돈이 다 떨어지면 친구네
집 소파에서 자면 되는 22살 청년일 때와는 상황이 달랐죠."

다행히 100만 달러짜리 계약을 성사시키면서 몇몇 대형 투자자들
을 유치한 덕분에 그들은 계약을 완료할 수 있었다. 그게 2013년 추수
감사절 무렵의 일이다. 그들은 몇 년 뒤 이 부동산을 팔았다. 회사는
2013년에 연 매출 100만 달러를 돌파했고 이익을 냈다. 브라운의 말
에 따르면 2015년에 매출이 1,000만 달러를 넘으면서 비서를 고용했
고 2016년에는 직원 3명을 두고 2,400만 달러의 매출을 기록했다.

2017년에 브라운과 콘샐비는 회사를 콜로라도주 골든으로 옮겼다.
그들의 라이프스타일에 맞는 도시였지만 그들은 텍사스, 콜로라도, 그
외 다른 지역에 계속해서 투자했다. 그리고 거래가 끝날 때마다 다음
번에는 더 잘할 수 있도록 의견을 주고받았다.

말발도 '준비물'이다

———

브라운과 콘샐비는 군대에서 복무할 때 브리핑의 중요성을 배웠다. 그래서 까다로운 시나리오를 미리 계획해서 의견을 나눴고, 거래 후에는 함께 헤쳐온 상황을 검토하면서 교훈을 얻었다. "우리가 항상 했던 일이 표준 중력에서 시속 500마일이 아니라 0마일로 움직이는 시나리오를 생각하는 것이었습니다. 한창 비행을 하던 중에 이런 멋진 계획을 생각해낼 수 있다고 여긴다면 곤경에 빠지고 말죠."

그들은 종종 대기업 5~6곳과 경쟁해야 하는 팔마레스 에너지에서도 똑같은 일을 했다. 중대한 결정을 내릴 때마다 사무실의 '전투 의자'에 앉아 발생 가능한 모든 시나리오를 검토하면서 각각에 대한 대응책을 마련했다. "전투가 한창일 때는 대응책을 생각할 시간이 없습니다. 미리 모든 게 프로그램되어 있어야 하죠. 그게 제트기를 조종하면서 계속 전투를 벌일 수 있는 유일한 방법입니다. A가 발생하면 B를 수행하고 B가 발생하면 C를 수행하는 거죠." 거래가 끝나면 다시 서로 의견을 주고받는다. "더 나아지기 위해 계속 노력해야 합니다. 그게 살아남는 방법이에요. 끝없이 진화해야 합니다."

그들은 친구에게 소개받은 석유 및 가스 업계 리더에게 부동산을 팔려고 했을 때 준비가 얼마나 중요한지 알게 됐다. 상대가 거래할 부동산을 보자고 할 때까지는 일이 잘 풀리는 것 같았다. "그는 그곳을 죽 훑어보더니 고개를 들고 '좋아요. 가격은 ○○○달러 정도 드리죠'라고 말했습니다. 지나치게 낮은 가격이었어요. 우린 너무 당황해서 우리가 그 부동산을 살 때 지불한 금액, 그 제안을 받아들일 수 없는 이유 등을 설명했습니다. 그러자 투자자는 싱긋 웃으면서 이렇게 말했어요. '고맙습니다만 이번 거래는 그 냥 포기하죠.' 정말 깜짝 놀랐습니다."

나중에서야 그들은 이 업계 거물이 매우 흔한 협상 기술을 사용했지만 자 신들이 몰랐다는 사실을 깨달았다. 이제는 다른 사람들이 비슷한 전략을 사용해도 절대로 당황하지 않는다. "그 후로 우리는 끊임없이 협상 기술을 연마했습니다."

나중에 알게 된 일이지만 그들에게 최고의 해는 2017년이었다. 그 무렵 회사에서 일하는 사람은 브라운, 콘셀비, 사무실 관리자, 계약직 2명까지 총 5명으로 늘었고 매출도 1,000만 달러를 훌쩍 넘었다. 하지 만 다른 회사와의 경쟁이 치열해지면서 부동산 단타 매매와 포트폴리 오 자산 평가에서 비롯된 회사 매출이 감소하기 시작했고 마진도 줄 었다. 그들은 5만~500만 달러 정도의 틈새시장 거래에 집중하려고 했지만 대기업들이 구매력을 확대하면서 여기서도 치열한 경쟁이 벌 어졌다.

2019년 브라운과 콘셀비는 회사 자산을 대부분 매각했다. 그리고 2020년 3월에 유가가 폭락하자 운영을 중단하고 사무실 관리자와 계 약직 직원 1명을 해고했다. "우리가 얻은 가장 큰 교훈은 성장을 보장 하는 건 불가능하다는 겁니다. 시장에서 앞서나가거나 트렌드를 따라 잡기 위해 여러 가지 일을 할 수는 있습니다. 2018년과 2019년에 우 리는 업무가 최적화되고 시장에서의 위치도 좋았지만 우리가 통제할 수 없는 시장의 힘 때문에 압박을 받았죠. 이런 건 사업가들이 깨닫기 힘든 부분입니다."

브라운은 위기를 헤쳐나가면서 비즈니스 코치에게 의지했다. 덕분에 그들과 회사에 무슨 일이 일어나고 있는지 알 수 있었다. "내적 통제력이 너무 높은 사람들은 사업을 하면서 일어나는 일을 매우 개인적으로 받아들입니다. 모든 성공과 실패를 다 자기 책임으로 여기면 문제가 생기죠. 제가 시장의 힘을 이해하고 거기서 저를 분리할 수 있기까지는 코치와 함께 많은 노력을 기울여야 했어요. 우리가 잘못한 건 아무것도 없습니다. 그건 그냥 시장이 흘러가는 방향일 뿐이었습니다."

이후 브라운은 비즈니스 코칭 일을 시작했다. 이 새로운 분야를 배우는 동안 그의 코칭 고객이 운영하는 브루트 포스Brute Force 라는 회사를 알게 됐다. 고강도 운동을 위한 샌드백 같은 피트니스 장비를 제조하는 이 회사가 그의 다음 사업이 되었다. 브라운은 2021년 2월에 CEO로 취임했다. "그들에겐 더 많은 도움이 필요했습니다." 그리고 2021년 5월에 이 회사를 인수했다.

한편 브라운은 지금까지 몰랐던 기업가정신에 대해 배울 수 있는 기회들을 찾아다녔다. 그중 최고의 기회는 사업가들을 위한 각종 행사와 마스터마인드를 제공하는 회원제 모임인 베이비 배스워터 연구소Baby Bathwater Institute 에 가입한 것이었다. 회원 중에는 브라운의 관심을 끈 분야인 전자상거래 쪽에서 일하는 이들이 많았다. "그 분야에서 활동하는 사람들과 어울리면서 관련 업무를 서서히 터득했습니다. 우리는 지식을 공유했고 함께 사업을 시작했죠. 정말 똑똑하고 좋은 친구들을 사귀면 기회가 보이기 시작합니다."

그리고 브라운은 디지털 마케팅 에이전시의 파트너 겸 투자자가 되었다. 이 일은 재미있을 뿐 아니라 부수적인 이점도 있었다. "전자상거래를 위해 온라인 광고를 활용하는 법을 배울 수 있습니다." 이는 브라운의 새로운 사업에 필요한 기술이기도 했다. 이제 그는 도움이 더 필요하면 어디에 의지해야 하는지도 알고 있다.

고객의 목소리에 길이 있다

2016년 8월 소프트웨어를 판매하는 영업직에서 해고됐을 때 키시 바스나니는 침대에서 일어나고 싶지도 않았다. 이번이 벌써 2번째 해고였기 때문이다. "저는 벤처 지원 소프트웨어 회사에서 일하고 있었어요. 경영진은 할당량을 채우지 못하거나 실적이 나쁜 달이면 직원들을 해고했죠. 이런 조직은 매우 근시안적인 경향이 있습니다."

그는 또다시 불안정한 회사에 들어가기보다 아내 버네사 제스와니와 함께 일하기로 했다. 아내는 회사에서 마케팅 일을 했었지만 퇴사 후 뉴욕에 있는 작은 아파트에서 엣시라는 전자상거래 상점을 운영하고 있었다. 그리고 생활비를 벌기 위해 부업으로 디지털 마케팅 컨설팅 일을 했다.

바스나니는 아내와 함께 회사를 운영하면서 건강보험을 위해 친구의 마케팅 에이전시에서 파트타임으로 영업 컨설팅을 했다. "다시는 다른 사람 밑에서 일하고 싶지 않았습니다." 하지만 부부는 막연한 미래에 대한 두려움이 있었다. "물론 처음에는 정말 무서웠습니다. 우리가 다시 자립할 수 있을지, 언제쯤 그렇게 될지 알 수 없었죠."

그들의 전자상거래 사업은 이후 인터넷에서 여행 가방을 판매하는 노마드 레인Nomad Lane이라는 브랜드로 변신했다. 2019년에는 300만 달러의 매출을 기록했지만 2020년에는 연간 매출이 100만 달러를 살짝 밑돌았다(팬데믹으로 여행길이 거의 막히기 전 3개월 동안 거의 모든 매출을 올렸다). 하지만 우리가 얘기를 나눌 무렵에는 다시 성장세로 돌아서고 있었다. 여행을 좋아하는 그들은 당시 발리에서의 장기 체류를 끝내고 플로리다주 마이애미에 살고 있었다. 그리고 2021년 5월에 아기가 태어났다.

그들은 고객들을 통해 모든 단계를 배운 덕에 팬데믹을 이겨낼 정도로 사업을 키울 수 있었다. 제스와니는 처음 사업을 시작했을 때 다양한 액세서리를 팔았다. 그러나 곧 여행 관련 상품(여행 사진이 프린트된 베갯잇, 여권 지갑, 여행용 파우치 등)이 가장 잘 팔린다는 걸 알게 되었다. 바스나니가 사업에 참여하면서 여행 상품에 초점을 맞추고 나머지는 없애기로 했다.

제스와니는 다양한 사업을 부단히 연구한 끝에 틈새시장에서 돈을 벌 수 있다는 걸 깨달았다. 노마드 레인의 매출 증가는 그들이 올바른 방향으로 가고 있다는 걸 말해주었다. 함께 일한 첫해인 2016년에는 약 2만 3,000달러의 매출을 올렸다. 2년째에는 상품을 여행용 양말 등으로 축소해서 약 4만 달러의 매출을 기록했다.

여행 상품에 확신이 생기자 이들은 바스나니의 401K 퇴직 연금을 해지하고(검소하게 생활하면 그 돈으로 12~15개월 정도의 생활비를 충당할 수 있다고 추산했다) 벤토 백Bento Bag이라는 신상품 개발에 착수했다. 이 상품은 비행기를 자주 타는 이들이 깔끔하게 짐을 꾸리고 비행기 좌석 아래의 공간을 최대한 활용할 수 있도록 디자인된 남녀 공용의 여행용 토트백이다.

그들 모두 자주 여행을 다녔기에 여행객들의 마음을 잘 알았다. 그들은 2012년에 뉴욕에서 열린 싱코 데 마요Cinco de Mayo 파티에서 만났다. 당시 여행 세일즈맨으로 일하던 바스나니는 계약 이행을 위해 뭄바이로 가서 2013년까지 일해야 했다. 이후 그들은 인도와 미국, 그 중간에 있는 여러 곳에서 만나다 마침내 뉴욕에서 재결합했다.

그들은 어릴 적부터 자연스럽게 익힌 의류 산업에 대한 지식을 공유했다. 바스나니의 가족은 그가 어릴 때 인도에서 미국으로 이주했고 아버지는 애틀랜타에서 남성복 매장을 운영했다. "사람들에게 물건을 파는 방법, 예산을 책정하는 방법, 앞날을 예측하는 방법 등을 배웠습니다."라고 바스나니는 말한다. 제스와니의 부모는 필리핀에서 의류 제조업을 하면서 미국의 대형 할인점에 아동복을 공급했다. "전 사업의 또 다른 측면인 제조와 생산에 대해 잘 압니다."

그들은 신용카드를 가능한 한 많이 이용하면서 매달 날아오는 청구서는 전액 갚는 방법을 통해 초기 스타트업 자금 1만 달러를 최대한 활용했다. 이로써 신용카드 보상 포인트를 수백만 포인트나 모았고 이

책과 팟캐스트를 통해 빠르게 배워라

키시 바스나니와 버네사 제스와니는 사업을 빨리 성장시키기 위해 기업가정신과 브랜드 구축에 관한 책을 50권가량 읽었다. 그들이 가장 마음에 든다고 한 책은 다음과 같다.

- 《슈독》, 필 나이트 지음, 안세민 옮김, 사회평론, 2016.
- 《우리는 어떻게 마음을 움직이는가》, 크리스 보스·탈 라즈 지음, 이은경 옮김, 프롬북스, 2016.
- 《제로 투 원》, 피터 틸·블레이크 매스터스 지음, 이지연 옮김, 한국경제신문, 2021.
- 《원칙》, 레이 달리오 지음, 송이루 옮김, 한빛비즈, 2022.

그리고 이들이 가장 좋아하는 뉴스레터 중 하나를 추천하면 다음과 같다.

- **허슬**(thehustle.co): 비즈니스 및 기술 뉴스를 발송한다(유사한 콘텐츠를 제공하는 국내 뉴스레터로는 미라클레터page.stibee.com/subscriptions/33271, 스타트업 베이커스startup-bakers.com 등이 있다−편집자).

또 그들은 기업가정신과 산업 동향에 대한 팟캐스트의 팬이다. 그들이 좋아하는 팟캐스트는 다음과 같다.

- **나는 어떻게 창업했는가**How I Built This: 진행자 가이 라즈Guy Raz가 세계

에서 가장 유명한 기업들의 이야기를 자세히 설명한다.

- **글로시**Glossy**:** 패션, 명품, 기술에 관한 최신 정보를 다룬다.
- **루즈 스레드**Loose Threads**:** 소비자 경제를 정의하는 리더들과의 대화를 내보낸다.
- **마이 퍼스트 밀리언**My First Million**:** 유명한 게스트를 초대해 최신 사업 아이디어를 다양하게 소개한다.
- **플래닛 머니**Planet Money**:** 현금, 자본주의, 소비주의에 대한 미국 공영 라디오의 의견을 전한다.
- **웰 메이드 바이 루미**Well Made by Lumi**:** 대중의 소비 패턴에 영향을 미치는 사람들과 아이디어를 살펴본다.
- **제임스 알투처 쇼**The James Altucher Show**:** 유머 감각이 뛰어난 투자자 제임스 알투처가 레이 달리오, 마크 큐번 Mark Cuban, 아리아나 허핑턴 Arianna Huffington 같은 비즈니스계의 유명 인사들과 이야기를 나눈다.
- **팀 페리스 쇼:** 설명이 필요 없을 정도다. 하지만 잘 모르는 사람들을 위해 설명하자면 이 팟캐스트는 세계 정상급 인사들의 습관을 분석해서 배울 점을 알려준다.

를 공장 시찰을 위한 항공권 구입이나 데이트 비용 등 다양한 용도로 썼다. 그들은 신용카드가 20여 개나 있지만 신용 담보 사용 비율을 1~2퍼센트로 낮게 유지해 신용 등급을 보호하고 과소비를 피한다. "우리는 모든 비용, 모든 지출, 모든 간접비를 검토합니다. 사업 첫날부터 지속 가능한 이익 성장에 집중했죠."라고 바스나니는 말한다.

이들 부부는 프리랜서 플랫폼 업워크에서 400달러를 주고 고용한 디자이너의 도움을 받아 벤토 백을 위한 청사진인 테크 팩을 만들었다. 방수 프리미엄 나일론으로 만들었고 15인치 노트북도 들어갈 정도로 공간을 넉넉하게 만들었다. 또 핸드폰 충전기도 내장되어 있다. 바스나니는 기능적이면서 동시에 미적으로도 만족스러운 제품을 디자인하고 싶었다고 한다. "업무상 회의에 많이 참석해봤는데 사람들이 메고 온 배낭을 보면 회의가 끝난 뒤 히말라야 정상 등반이라도 가려는 건가 싶은 것들이 많습니다."

부부는 저축한 돈 중에서 3,200달러를 투자해 무역박람회에서 만난 아시아의 한 제조사를 고용해서 샘플을 만들었다. 그리고 회사 성장에 필요한 자금을 마련하기 위해 크라우드펀딩 사이트 인디고고에서 1만 5,000달러를 모을 계획을 세웠다. 이들은 캠페인을 시작하기 3개월 전에 이메일 목록을 작성하기 시작했다. 여행 가방에 관심 있는 사람들을 대상으로 페이스북 광고를 진행하고 디자인 프리뷰를 보내면서 연락을 유지했다. 제스와니는 이전에 다니던 회사에서 마케팅 업무를 하며 페이스북 캠페인을 진행한 경험이 있었고 플랫폼에 대한 지출을 신중하게 관리하는 방법을 알고 있었다.

이들은 광고에 1,000달러 정도를 투자한 뒤 약 5,000명의 명단을 확보할 수 있었다. 캠페인을 시작할 준비가 되자 예비 고객들에게 이 사실을 알리기 위해 출시 일정이 담긴 캘린더 초대장을 보냈다. 그리고 캠페인을 시작한 지 1시간 만에 노마드 레인이 2만 달러의 매출을 달성하자 이들은 입이 떡 벌어졌다. "그 외의 나머지 일들은 기억이 흐

릿해요."라고 바스나니는 말한다.

이런 기세를 알아차린 인디고고의 내부 팀은 부부가 캠페인을 홍보하도록 도와주고 기간도 2018년 6월부터 2019년 3월까지 연장해주었다. 1만 5,000달러를 모을 것으로 예상했던 이들은 210만 달러를 벌었다. 이 돈까지 포함해 2018년에는 매출이 약 100만 달러에 달했다고 한다. 당초에 부부는 벤토 백 가격을 현재 가격인 198달러의 절반 정도로 책정했었다. 그러나 가격이 너무 낮다는 고객의 피드백을 듣고는 가격을 올리는 것이 사업의 지속 가능성을 높이는 일임을 깨달았다.

회사가 빠르게 성장하자 노마드 레인은 디자이너, 품질 관리·공장 대리인, 소셜 미디어 관리자, 유료 광고 관리자, 이메일 마케팅 관리자, 고객 서비스 담당자, 회계 담당자, 웹 개발자, 아웃소싱 창고 및 배송 파트너 등 정규 계약직 10명과 협력 업체로 구성된 팀을 만들었다. 이들은 프로젝트 관리 도구인 에어테이블Airtable을 통해 팀원들과 성과물에 대해 소통한다.

고객 리뷰와 피드백 요청 같은 작업을 위해서는 쇼피파이에 연결시킨 몇 개의 앱을 자동화했다. 또 고객관계관리 소프트웨어인 클라비요를 통해 고객에게 보내는 이메일도 자동화했다. 고객 데이터를 추적하기 위해서는 고르기아스Gorgias라는 전자상거래 헬프데스크 소프트웨어를 사용한다. "고객이 메시지를 보내면 그 고객이 어떤 제품을 얼마나 샀는지, 어디에 사는지, 우리를 어떻게 알게 됐는지 등 전체적인 이력을 확인할 수 있습니다." 바스나니의 말이다.

바스나니와 제스와니는 가격을 미세 조정해서 수익을 상승 궤도에 올려놓았다. 팬데믹이 강타하기 직전인 2020년의 첫 3개월 동안은 가방을 만들자마자 사들인 전 세계 여행자들 덕분에 빠르게 성장할 수 있었다. 그 후 팬데믹이 닥치자 매출이 곤두박질쳤다. 하지만 그들은 기존의 사업 방식을 고수했다. 바스나니는 "다행히도 우리는 돈을 쓰는 속도보다 버는 속도가 더 빠릅니다."라고 말했다.

그 후 몇 달 동안 그들은 시장조사에 전념했다. 그리고 그들의 가방을 좋아하는 이들이 가입할 수 있는 화상 통화를 시작했다. 약 30~40명이 가입했는데 항상 기차를 타고 돌아다니던 출장자들이었다. 그런데 이제 갑자기 집에 앉아 있게 된 것이다. 주로 여성인 이 가입자들과 함께 부부는 여행 또는 최신 사업 아이디어에 관한 얘기를 나눴다. 그러던 중에 일부 여성들이 물건이 '블랙홀'로 사라지지 않는 기본적인 검은색 토트백이 필요하다고 얘기했다. 바로 여기서 오리가미 토트 팩^{Origami Tote Pack}이 탄생했다. 가방의 안쪽에는 특징적인 포켓이 달려 있다.

2021년 6월 초 노마드 레인은 인디고고에서 오리가미 토트 팩을 출시했다. 여행 분야 이외의 영역에서 사업을 다각화하려고 애쓰던 그들은 이 경험을 통해 앞으로 나아갈 길을 찾는 게 생각보다 간단하다는 걸 알게 됐다. 그저 고객의 소리에 귀를 기울이면 되는 것이었다. 이 책을 다 쓸 무렵 그들은 23만 1,534달러를 모금해서 캠페인 목표액을 달성했다.

별것 아닌 작은 연결이 큰 성공이 된다

—

소규모 사업에서 성공하기 위한 가장 중요한 열쇠 중 하나는 남들 눈에 띄는 것이다. 하지만 때로는 그렇게 하려는 의욕을 유지하기 힘들 때가 있다. 노마드 레인 설립자들은 사업을 시작할 때 매일같이 의지를 새롭게 다지기 위해 아침마다 그날 하루의 목표에 대해 생각하면서 기운을 내는 시간을 가졌다. "우리의 주요 목표는 매일 밤 뭔가를 달성했다고 느끼면서(제품에 만족한 고객, 신규 판매, 인스타그램 인플루언서의 언급 등) 잠자리에 드는 것이었습니다. 그래서 우리가 거둔 작은 승리나 성취 하나하나를 성대하게 축하했습니다."

뉴욕에 살 때는 가능한 한 많은 기업가 행사에 참석했다. 이들이 가장 좋아하는 행사 중 하나는 파운더스 프라이데이 NYC Founders Friday NYC였는데 거기서 비슷한 생각을 지닌 사업가들을 많이 만났다. 이런 경험은 부부에게 큰 도움이 되었다. 소비자에게 직접 호소하는 브랜드들이 많이 직면하는 제조 오류 같은 문제가 발생했을 때도 혼자가 아니라는 사실을 기억하고 대처해나갔다. "그들이 어떻게 의사소통을 하고 문제를 해결하는지 지켜보면서 많은 걸 배웠습니다. 우리보다 더 나쁜 일을 겪은 이들도 있었지만 결국 회복하는 모습을 봤던 게 도움이 되었죠."

플로리다로 이사한 뒤에는 기업가 협회의 동료 회원들에게 연락하고 전자상거래 사업주들이 모인 사이클링 그룹에도 가입했다. 바스나니는 토요일 오전 5시에 시작하는 라이딩에 늦지 않으려고 금요일 밤에는 외출하지 않고 집에서 보낸다.

누구나 언제나 사업가가 될 수 있다

결국 어떤 소규모 사업을 하든 가장 중요한 건 바로 당신이 응대하는 고객이다. 당신이 제공하는 제품이나 서비스를 통해 고객의 삶을 개선하는 지속가능한 사업을 꿈꾸고 있다면 어느 날 갑자기 아이디어가 나타나고 그 뒤를 이어 전략, 자원, 도움이 나타나는 걸 보고 깜짝 놀랄 것이다. 100만 달러를 목표로 지금 뛰어들어 도전할 수 있는 작은 사업체를 운영하다 보면 마법 같은 일을 경험하게 될 것이다. 그 마법을 계속해서 이어가기 위해 해야 할 일은 계속 노력하면서 마법이 알려주는 교훈에 귀를 기울이고 배운 걸 활용하는 것이다. 당신이 기대하는 시간 내에 계획한 목적지에 도착하지 못할 수도 있지만 열린 마음으로 여정에 나선다면 놀랍도록 많은 선물을 받게 된다. 나도 멀리서 당신의 사업 여정을 끝까지 응원할 것이다.

많은 소규모 사업체와 마찬가지로 이 책도 많은 사람의 지지와 도움이 없었다면 결코 완성되지 못했을 것이다. 고무적인 이야기를 들려준 모든 사업가와 이 책에 소개한 각종 트렌드와 데이터를 소개해준 전문가들에게 깊은 감사를 전한다.

이 책의 가능성을 믿고 경매 과정에 참여해 경쟁을 벌인 마이클 티자노, 컨트리맨 프레스의 편집장 앤 트리스트먼, 나를 결승선까지 이끌어준 부편집장 이사벨 매카시 그리고 앨리슨 치, 데본 잔, 켄 한센 등 W. W. 노턴 팀에 감사의 말을 전한다.

이 책의 집필을 끝내도록 도와준 남편 로버트 시콜리와 우리 아이들 애나, 에밀리, 세라, 로버트도 정말 고맙기 그지없다. 애나와 에밀리는 부록에 들어갈 스프레드시트를 프로그래밍하고 설문조사 진행을 도와주었다. 세라는 조사 작업을 돕고 내가 글을 쓰는 동안에도 사업을 계속할 수 있도록 도왔다. 로버트는 스트리트 파이터 콘셉트에 대한 아이디어를 내주었다. 그리고 나의 글쓰기를 늘 격려해준 부모님과 사업가인 오빠 마이클의 아이디어 및 피드백에도 감사한다.

스톤송의 끈기 있는 문학 에이전트 레일라 캄폴리의 뒷받침이 없었다면 이 책은 출판될 수 없었을 것이다. 여러 차례 전화를 걸어 책에 대한 아이디어를 다듬어주고 이상적인 출판사를 찾도록 도와준 레일라에게 정말로 감사한다.

또 은퇴한 경찰관 짐 휘태커와 패트릭 오코너, 무술가 겸 사업가인 댄 파젤라 같은 훌륭한 조언자들의 능력과 통찰력에 감사의 말을 전한다. 내 멘토인 베른 하니시, 비즈니스 파트너이자 《뉴 빌더》의 공동 저자 엘리자베스 맥브라이드, 포지셔닝 시스템즈의 비즈니스 코치 더 그 윅 등 모든 친구와 조언자에게 감사한다. 친구 준 아비넌과 그레고리 반 마넨, 동료 작가인 앤 필드, 로리 아오아누 그리고 에일린 짐머맨의 창조적인 영감과 지원에도 큰 도움을 받았다.

글을 쓰는 동안 힘과 에너지를 주고 내가 나다운 모습을 유지하도록 도와준 이들도 정말 고맙다. 핫 요가 레볼루션 팀, 어컴플리시드 브레인의 CEO이자 설립자 앤드루 아미고, 태권도 사범 짐 케이힐, 롤핑 요법사 척 카펜터, 척추 지압사 마이크 테이텔바움, 침술사 안잉, 치료 마사지 트레이닝 센터를 운영하는 멋진 팀에도 감사한다.

팟캐스트 교사인 맷 메이어, 나처럼 아이들에게 팟캐스트 교육을 하는 섀넌과 윌슨 콜드웰, 메리언과 앨런 세핀월, 나탈리와 조지 시어카

로풀루에게 감사한다. 함께 힘을 합쳐 아이들에게 훌륭한 경험을 만들어준 덕에 아이들이 온라인 수업과 팬데믹 시기를 헤쳐나가는 동안 안심하고 책을 쓸 수 있었다.

마지막으로 이 책과 더불어 사업가 세계에 발을 들인 독자들에게 감사한다. 책은 사람들을 모으는 강력한 기폭제가 될 수 있다. 이 책을 읽은 모두가 작은 사업을 시작해 꿈을 좇으면서 잠재력을 발휘한다면 더 바랄 것이 없다.

부록 1

부의 기회가 몰려 있는 사업들

내 전작을 읽어봤다면 알겠지만 나는 데이터를 좋아한다. 나와 비슷한
성향의 독자들을 위해 직원 수가 최대 20명인 소규모 사업체 중에서
도 급여를 지급하고 돈이 많이 남는 영세사업 분야에 관한 분석 자료
를 준비했다. 이 회사들 대부분이 상당한 간접비를 지출한다는 사실을
명심해야 한다.

　이 자료에 담은 목록은 직원 수 5명 미만, 5~9명, 10~19명, 최대
20명인 사업체로 분류했다. 스타트업 자금이 한정적이라면 팀 규모가
중요하다. 급여는 많은 회사에서 가장 큰 비중을 차지하는 비용이므
로, 예산이 한정되어 있고 외부 자금 조달이 여의치 않다면 5인 미만
사업체 목록이 가장 도움이 될 것이다(이 목록은 NAICS North American
Industry Classification System(북미산업분류시스템 코드)로 확인할 수 있는 업종으로

분류되어 있다. 한국에서는 이와 비슷한 자료를 국가통계포털KOSIS에 공시된 '중소기업 기본 통계' 카테고리의 '종사자 규모별 사업체 수'[21], '종사자 규모별 매출액'[22]에서 확인할 수 있으니 참고하길 바란다 — 편집자).

직원 수 5인 미만 사업체

단위: 달러

순위	NAICS 코드	NAICS 업종	사업체당 평균 매출액	사업체당 평균 급여	매출액 − 급여
1	73210	카지노(카지노 호텔 제외)	28,101,667	316,458	27,785,208
2	311512	크림버터 제조업	26,257,923	849,538	25,408,385
3	325193	에틸알코올 제조업	10,400,000	172,917	10,227,083
4	622110	일반 내과 및 외과 병원	12,580,855	3,203,255	9,377,600
5	221112	화석연료 발전업	9,431,962	202,346	9,229,615
6	311930	시럽 및 농축액 제조업	7,031,860	84,442	6,947,419
7	622	병원	8,934,831	2,267,94	6,666,892
8	311221	옥수수 습식 제분업	6,486,182	80,545	6,405,636
9	423520	석탄과 기타 광물 및 광석 무역 도매상	6,500,569	145,342	6,355,228
10	721120	카지노 호텔	7,054,455	1,230,818	5,823,636
11	551111	은행 지주회사 사무소	5,503,940	226,731	5,277,209
12	322130	판지 제조업	5,734,500	1,015,833	4,718,667
13	311230	아침 식사용 시리얼 제조업	4,853,368	227,105	4,626,263
14	424720	석유 및 석유 제품 무역 도매상 (주유소 및 저장업 제외)	4,714,142	122,628	4,591,514
15	4247	석유 및 석유 제품 무역 도매상	4,683,795	118,515	4,565,280
16	424710	주유소 및 석유 저장업	4,625,051	111,569	4,513,482

순위	NAICS 코드	NAICS 업종	사업체당 평균 매출액	사업체당 평균 급여	매출액 − 급여
17	221122	전력 유통업	4,442,113	131,352	4,310,761
18	22112	전력 수송, 통제 및 유통업	4,258,635	132,152	4,126,483
19	424110	인쇄 용지 및 필기 용지 무역 도매상	4,150,209	100,620	4,049,589
20	424440	가금류 및 가금류 제품 무역 도매상	3,879,931	131,017	3,748,914
21	336992	군용 장갑차, 탱크 및 탱크 부품 제조업	4,068,167	575,833	3,492,333
22	424510	곡류 및 잠두 무역 도매상	3,441,178	97,984	3,343,193
23	333618	기타 엔진 장비 제조업	3,895,926	573,146	3,322,780
24	211130	천연가스 추출	3,359,975	167,457	3,192,517
25	325110	석유화학 제품 제조업	3,189,667	180,333	3,009,333
26	424420	포장 냉동식품 무역 도매상	3,093,281	107,371	2,985,910
27	441110	신형 자동차 판매업	3,131,379	187,037	2,944,342
28	32519	기타 기초 유기화학 제품 제조업	3,089,912	184,372	2,905,540
29	31122	전분 및 식물성 유지류 제조업	2,966,400	71,909	2,894,491
30	486990	기타 파이프라인 운송업	2,974,333	99,000	2,875,333
31	4245	농산물 원재료 무역 도매상	2,950,069	92,727	2,857,343
32	311422	특수 통조림업	3,144,270	455,162	2,689,108
33	2211	전력 생성, 전달 및 유통업	2,832,981	144,230	2,688,750
34	325180	기타 기초 무기화학 제품 제조업	2,899,918	213,820	2,686,098
35	333921	엘리베이터 및 이동식 계단 제조업	3,241,733	616,556	2,625,178
36	31151	유제품(냉동 제외) 제조업	2,694,119	131,069	2,563,049
37	332431	금속 캔 제조업	2,635,950	92,900	2,543,050
38	425120	도매 중개업 및 중개인	2,630,076	97,319	2,532,757
39	4251	전자도매상 중개업 및 중개인	2,601,100	96,999	2,504,100
40	212111	유연탄 및 갈탄 노천 광업	2,641,929	158,821	2,483,107
41	3251	기초 화학제품 제조업	2,626,645	173,394	2,453,251

순위	NAICS 코드	NAICS 업종	사업체당 평균 매출액	사업체당 평균 급여	매출액 − 급여
42	424520	가축 무역 도매상	2,519,146	69,979	2,449,167
43	423110	자동차 및 기타 자동차 무역 도매상	2,420,364	77,668	2,342,695
44	221210	천연가스 유통	2,457,358	134,784	2,322,574
45	424480	신선 과일 및 채소 무역 도매상	2,381,292	103,882	2,277,410
46	424590	기타 농장제품 원자재 무역 도매상	2,377,290	100,832	2,276,458
47	3112	곡물 및 오일시드 가공업	2,363,607	91,693	2,271,913
48	336120	중장비 트럭 제조업	2,416,000	171,714	2,244,286
49	325199	기타 기초 유기화학 제품 제조업	2,414,391	182,191	2,232,200
50	324121	아스팔트 포장 혼합물 및 블록 제조업	2,414,598	190,383	2,224,214
51	622210	정신과 병원 및 약물 중독 병원	2,641,000	450,363	2,190,636
52	424610	플라스틱 소재 및 원자재 무역 도매상	2,291,497	121,925	2,169,573
53	31131	설탕 제조업	2,285,100	197,900	2,087,200
54	424940	담배 및 담배 제품 무역 도매상	2,164,934	79,171	2,085,764
55	311224	대두 및 기타 오일시드 가공업	2,149,304	64,696	2,084,609
56	524130	재보험 회사	2,163,731	149,404	2,014,327
57	424470	육류 및 육류 제품 무역 도매상	2,063,064	89,377	1,973,687
58	322291	위생용 종이 제품 제조업	2,079,267	121,533	1,957,733
59	32412	아스팔트 포장, 지붕 및 포화 재료 제조업	2,125,459	168,678	1,956,781
60	311314	사탕수수 설탕 제조업	2,108,000	164,444	1,943,556
61	311225	유지 정련 및 합성업	2,017,619	75,286	1,942,333
62	4235	금속 및 광물(석유 제외)무역 도매상	2,056,309	121,800	1,934,509
63	33361	엔진, 터빈 및 동력 전도 장치 제조업	2,289,188	355,756	1,933,431
64	424910	농장 용품 무역 도매상	2,020,322	93,289	1,927,033
65	424460	생선 및 해산물 무역 도매상	1,992,079	83,541	1,908,538
66	522294	2차 시장 금융업	2,014,293	112,561	1,901,732

순위	NAICS 코드	NAICS 업종	사업체당 평균 매출액	사업체당 평균 급여	매출액 − 급여
67	21211	석탄 광업	2,043,581	165,044	1,878,537
68	325194	순환 원유, 중질유, 고무 및 목재 화학물 제조업	2,086,300	223,200	1,863,100
69	221121	대량 전력 전달 및 통제업	1,959,765	142,176	1,817,588
70	481211	부정기 항공 전세 여객 운송업	1,930,390	134,811	1,795,579
71	332117	분말 야금 부품 제조업	2,129,800	344,200	1,785,600
72	4246	화학제품 및 관련 제품 무역 도매상	1,871,127	118,866	1,752,261
73	3221	펄프, 종이 및 판지 제조업	2,078,536	355,143	1,723,393
74	423510	금속 서비스 센터 및 기타 금속 무역 도매상	1,829,061	120,596	1,708,466
75	336510	철도 차량 제조업	1,960,667	274,095	1,686,571
76	3241	석유 및 석탄 제품 제조업	1,832,017	152,276	1,679,741
77	325520	접착제 제조업	1,822,856	148,990	1,673,866
78	3115	유제품 제조업	1,750,997	95,908	1,655,089
79	311514	건조, 응축 및 농축 유제품 제조업	1,765,462	115,115	1,650,346
80	486210	천연가스 파이프라인 운송업	1,781,692	151,205	1,630,487
81	423310	판재, 합판, 목제품 및 목재 패널 무역 도매상	1,714,181	97,573	1,616,608
82	311119	기타 사료 제조업	1,706,913	94,083	1,612,830
83	424690	기타 화학제품 및 관련 제품 상인 도매상	1,726,217	117,811	1,608,405
84	4244	식료품 및 관련 제품 무역 도매상	1,685,873	82,465	1,603,409
85	311615	가금류 가공업	1,709,852	120,407	1,589,444
86	326140	발포폴리스티렌 제품 제조업	1,897,304	316,058	1,581,246
87	221115	풍력 발전업	1,765,979	187,311	1,578,667
88	22111	발전업	1,715,639	153,128	1,562,510
89	711211	스포츠팀 및 클럽	1,829,188	274,671	1,554,517
90	212230	구리, 니켈, 납, 아연 광업	1,689,727	162,818	1,526,909

순위	NAICS 코드	NAICS 업종	사업체당 평균 매출액	사업체당 평균 급여	매출액 − 급여
91	424430	유제품(건조 또는 캔 제품 제외) 무역 도매상	1,606,896	89,857	1,517,038
92	481111	정기 항공 여객 운송업	1,577,504	99,421	1,478,083
93	31111	사료 제조업	1,556,884	83,491	1,473,393
94	311211	밀가루 제분업	1,535,577	78,942	1,456,635
95	325991	맞춤형 합성수지	1,590,671	152,895	1,437,776
96	423940	보석류, 손목시계, 보석 및 귀금속 무역 도매상	1,506,999	80,349	1,426,650
97	7132	도박업	1,497,590	73,440	1,424,150
98	331492	비철금속 2차 제련, 정련 및 합금 제조업(구리 및 알루미늄 제외)	1,538,774	116,000	1,422,774
99	424	무역 도매상, 비내구재	1,504,314	87,745	1,416,569
100	42	도매업	1,502,378	93,196	1,409,181
101	4411	자동차 판매업	1,486,419	77,516	1,408,903
102	447190	기타 주유소	1,455,251	55,172	1,400,079
103	424210	약품 및 약국용 물품 무역 도매상	1,493,139	103,772	1,389,367
104	325311	질소 비료 제조업	1,534,819	150,907	1,383,907
105	4471	주유소	1,428,389	48,189	1,380,200
106	4231	자동차 및 자동차 부품과 용품 무역 도매상	1,455,769	77,806	1,377,963
107	447110	편의점이 딸린 주유소	1,423,202	46,926	1,376,276
108	3361	자동차 제조업	1,514,752	145,853	1,368,899
109	115111	조면업綠綿業	1,565,957	202,304	1,363,652
110	48121	부정기 항공 운송업	1,482,907	120,254	1,362,653
111	423860	운송 장비 및 용품(자동차 제외) 무역 도매상	1,483,441	124,588	1,358,853
112	561599	기타 모든 여행 준비 및 예약 서비스	1,457,952	105,600	1,352,352

순위	NAICS 코드	NAICS 업종	사업체당 평균 매출액	사업체당 평균 급여	매출액 - 급여
113	533110	비금융 무형자산 임대업 (저작권 자산 제외)	1,455,001	108,552	1,346,448
114	326160	플라스틱 병 제조업	1,529,091	185,515	1,343,576
115	481	항공 운송업	1,456,102	116,715	1,339,387
116	336112	소형 트럭 및 다용도 트럭 제조업	1,407,417	74,167	1,333,250
117	322211	골판지 및 솔리드 파이버 상자 제조업	1,812,271	480,500	1,331,771
118	322212	접이식 판지 상자 제조업	1,534,500	210,147	1,324,353
119	115115	농업 노동 계약자 및 인부 고용업자	1,529,552	206,037	1,323,515
120	324199	기타 모든 석유 및 석탄 제품 제조업	1,388,565	73,565	1,315,000
121	312230	담배 제조업	1,367,000	58,978	1,308,022
122	423130	타이어 및 튜브 무역 도매상	1,381,487	76,987	1,304,500
123	327992	분쇄 또는 처리한 광물 및 토류 제조업	1,555,658	260,579	1,295,079
124	335912	기본 전지 제조업	1,571,476	297,143	1,274,333
125	221116	지열 발전	1,610,500	338,500	1,272,000
126	32419	기타 석유 및 석탄 제품 제조업	1,396,654	129,716	1,266,938
127	325414	생물학적 제제(진단용 제외) 제조업	1,412,639	159,778	1,252,861
128	813211	기부금 조성 단체	1,355,159	104,209	1,250,950
129	324191	석유 윤활유 및 그리스grease 제조업	1,399,862	151,983	1,247,879
130	336360	자동차 좌석 및 실내 장식 제조업	1,484,932	239,831	1,245,102
131	483111	해양 화물 운송업	1,372,362	134,790	1,237,571
132	311111	개·고양이 사료 제조업	1,301,367	65,453	1,235,914
133	423810	건설 및 광업(유전 제외) 기계류와 장비 무역 도매상	1,340,800	106,255	1,234,545
134	31121	밀가루 제분 및 맥아 제조업	1,304,934	72,158	1,232,776
135	221330	증기 및 냉방 공급업	1,511,400	280,900	1,230,500
136	333120	건설 기계류 제조업	1,393,153	165,973	1,227,180

순위	NAICS 코드	NAICS 업종	사업체당 평균 매출액	사업체당 평균 급여	매출액 – 급여
137	48111	정기 항공 운송업	1,324,966	99,401	1,225,565
138	424410	일반 식료품 무역 도매상	1,294,372	69,282	1,225,091
139	4233	목재 및 기타 건축 자재 무역 도매상	1,318,555	96,745	1,221,809
140	32221	판지 용기 제조업	1,572,795	353,081	1,219,714
141	33591	배터리 제조업	1,470,481	251,574	1,218,907
142	441210	레저용 차량 판매업	1,281,706	78,465	1,203,242
143	311613	지방 정제 및 육류 부산물 가공업	1,293,733	92,067	1,201,667
144	446110	약국	1,303,836	115,493	1,188,343
145	335911	축전지 제조업	1,406,212	222,576	1,183,636
146	423330	지붕, 벽널 및 단열재 무역 도매상	1,282,730	102,111	1,180,618
147	424130	산업용 및 개인용 종이 무역 도매상	1,275,586	103,840	1,171,746
148	486	파이프라인 운송업	1,295,978	132,099	1,163,879
149	424450	과자류 무역 도매상	1,218,571	58,003	1,160,569
150	33611	자동차 및 경차 제조업	1,299,682	139,682	1,160,000
151	331315	알루미늄 시트, 판금 및 포일 제조업	1,310,385	152,308	1,158,077
152	532411	상업용 항공, 철도 및 수상 운송 장비 대여 및 임대업	1,270,003	120,945	1,149,058
153	441120	중고 자동차 판매업	1,201,100	58,520	1,142,580
154	336111	자동차 제조업	1,282,671	150,026	1,132,645
155	424320	남성용 및 남아용 의류 및 장신구 무역 도매상	1,223,088	91,546	1,131,542
156	55111	기업 관리	1,321,329	189,966	1,131,364
157	424810	맥주 및 에일 무역 도매상	1,219,635	93,833	1,125,803
158	335932	비전류 배선 장치 제조업	1,223,067	106,633	1,116,433
159	313320	직물 코팅 공장	1,401,075	285,325	1,115,750
160	423620	가전제품 및 가정용 전기기구 상인 도매상	1,202,013	86,886	1,115,127

순위	NAICS 코드	NAICS 업종	사업체당 평균 매출액	사업체당 평균 급여	매출액 - 급여
161	424490	기타 식료품 및 관련 제품 상인 도매상	1,178,858	74,037	1,104,822
162	325212	합성고무 제조업	1,255,250	151,925	1,103,325
163	4241	종이 및 종이 제품 무역 도매상	1,192,859	91,260	1,101,599
164	424330	여성용, 아동용, 유아용 의류 및 액세서리 무역 도매상	1,169,038	78,602	1,090,436
165	324122	아스팔트 싱글 및 코팅재 제조업	1,173,000	97,176	1,075,824
166	423920	장난감 및 취미 용품 무역 도매상	1,161,252	86,462	1,074,790
167	551112	기타 지주회사 사무소	1,261,007	188,166	1,072,841
168	325120	산업용 가스 제조업	1,192,050	121,100	1,070,950
169	311411	냉동 과일, 주스 및 채소 제조업	1,219,303	149,091	1,070,212
170	4243	의류, 피륙 및 잡화 무역 도매상	1,137,099	82,0312	1,055,067
171	4248	맥주, 포도주 및 증류주 무역 도매상	1,146,738	94,518	1,052,220
172	423730	온풍기 및 냉방 장비와 용품 상인 도매상	1,174,299	126,883	1,047,415
173	221117	바이오매스 발전	1,243,739	197,957	1,045,783
174	423690	기타 전자 부품 및 장비 무역 도매상	1,151,041	105,601	1,045,440
175	325613	계면활성제 제조업	1,142,065	101,968	1,040,097
176	212112	유연탄 지하 채굴업	1,249,111	209,556	1,039,556
177	423930	재활용품 무역 도매상	1,117,649	80,190	1,037,459
178	424820	포도주 및 증류주 무역 도매상	1,122,253	94,747	1,027,505
179	423	무역 도매상, 내구재	1,120,965	95,170	1,025,795
180	4239	기타 내구재 무역 도매상	1,102,368	78,95	1,023,412
181	333991	동력 수공구 제조업	1,165,000	143,028	1,021,972
182	325412	의약품 제제製劑 제조업	1,183,985	165,677	1,018,308
183	4236	가전제품 및 전기 전자 제품 상인 도매상	1,121,113	103,958	1,017,155

순위	NAICS 코드	NAICS 업종	사업체당 평균 매출액	사업체당 평균 급여	매출액 – 급여
184	311212	쌀 제분업	1,113,000	101,000	1,012,000
185	326220	고무 및 플라스틱 호스와 벨트류 제조업	1,219,702	207,860	1,011,842
186	326150	우레탄 및 기타 발포 제품 (폴리스티렌 제외 제조업)	1,176,287	164,809	1,011,479
187	325910	인쇄용 잉크 제조업	1,200,549	190,608	1,009,941
188	325320	살충제 및 기타 농업용 화학제품 제조업	1,113,667	104,293	1,009,373
189	56159	기타 여행 준비 및 예약 서비스	1,100,619	99,131	1,001,488
190	423220	가정용 비품 무역 도매상	1,091,345	95,731	995,614
191	331110	철강업 및 합금철 제조업	1,104,972	109,710	995,262
192	81321	기부금 조성 및 자선단체	1,090,100	96,990	993,109
193	423840	산업용품 무역 도매상	1,101,460	108,718	992,742
194	311511	액상시유 제조업	1,096,492	108,770	987,721
195	4249	기타 비내구재 무역 도매상	1,062,586	77,077	985,509
196	32521	수지 및 합성고무 제조업	1,114,665	133,568	981,097
197	335220	주요 가전제품 제조업	1,173,571	198,107	975,464
198	483211	내륙 수상 화물 운송업	1,141,313	168,190	973,124
199	331314	알루미늄 2차 제련 및 합금 제조업	1,109,308	138,615	970,692
200	325620	화장실 용품 제조업	1,071,984	107,668	964,316

직원 수 5~9인 사업체

순위	NAICS 코드	NAICS 업종	사업체당 평균 매출액	사업체당 평균 급여	매출액 – 급여
1	424720	석유 및 석유 제품 무역 도매상 (주유소 및 저장업 제외)	29,700,982	447,787	29,253,1945
2	4247	석유 및 석유 제품 무역 도매상	23,072,444	370,256	22,702,189
3	551111	은행 지주회사 사무소	21,298,333	569,000	20,729,333
4	424710	석유 주유소 및 저장업	18,561,169	316,764	18,244,405
5	423520	석탄과 기타 광물 및 광석 무역 도매상	18,678,878	434,796	18,244,082
6	424440	가금류 및 가금류 제품 무역 도매상	17,347,574	394,902	16,952,672
7	425110	B2B 전자상거래업	16,561,083	331,000	16,230,083
8	483111	해양 화물 운송업	14,499,682	580,409	13,919,273
9	4251	전자도매상 중개업 및 중개인	13,988,690	494,414	13,494,276
10	425120	도매 중개업 및 중개인	13,944,853	496,839	13,448,015
11	424520	가축 무역 도매상	13,710,574	328,138	13,382,436
12	311224	대두 및 기타 오일시드 가공업	10,760,000	237,895	10,522,105
13	4245	농산물 원재료 무역 도매상	10,506,762	315,806	10,190,955
14	424510	곡류 및 잠두 무역 도매상	10,360,859	308,259	10,052,600
15	424420	포장 냉동식품 무역 도매상	10,368,231	363,138	10,005,092
16	424940	담배 및 담배 제품 무역 도매상	10,231,386	231,350	10,000,036
17	524130	재보험 회사	9,289,333	859,467	8,429,867
18	424590	기타 농장제품 원자재 무역 도매상	8,323,481	336,380	7,987,102
19	31122	전분 및 식물성 유지류 제조업	8,185,917	225,083	7,960,833
20	486110	원유 파이프라인 운송업	8,117,500	643,250	7,474,250
21	311225	유지 정련 및 합성업	7,501,125	244,750	7,256,375
22	424480	신선 과일 및 채소 무역 도매상	7,527,884	335,206	7,192,678
23	325312	인산 비료 제조업	7,756,000	710,400	7,045,600
24	424110	인쇄 용지 및 필기 용지 무역 도매상	7,343,260	319,208	7,024,052

순위	NAICS 코드	NAICS 업종	사업체당 평균 매출액	사업체당 평균 급여	매출액 − 급여
25	424460	생선 및 해산물 무역 도매상	6,897,366	283,480	6,613,886
26	423110	자동차 및 기타 자동차 무역 도매상	6,946,447	342,838	6,603,608
27	325194	순환 원유, 중질유, 고무 및 목재 화학물 제조업	6,953,400	351,400	6,602,000
28	331315	알루미늄 시트, 판금 및 포일 제조업	7,481,222	951,111	6,530,111
29	336112	소형 트럭 및 다용도 트럭 제조업	6,736,857	329,571	6,407,286
30	424470	육류 및 육류 제품 무역 도매상	6,407,718	310,359	6,097,359
31	4235	금속 및 광물(석유 제외) 무역 도매상	6,414,094	416,108	5,997,986
32	424430	유제품(건조 또는 캔 제품 제외) 상인 도매상	6,320,428	330,428	5,990,000
33	4244	식료품 및 관련 제품 무역 도매상	6,177,072	311,979	5,865,093
34	423940	보석류, 손목시계, 보석 및 귀금속 무역 도매상	6,182,691	334,494	5,848,197
35	331492	비철금속 2차 제련, 정련 및 합금 제조업(구리 및 알루미늄 제외)	6,141,955	346,182	5,795,773
36	212112	유연탄 지하 채굴업	6,885,100	1,206,300	5,678,800
37	424610	플라스틱 소재 및 원자재 무역 도매상	6,069,408	421,863	5,647,544
38	311512	크림버터 제조업	5,904,600	272,400	5,632,200
39	324121	아스팔트 포장 혼합물 및 블록 제조업	6,139,986	574,214	5,565,771
40	423510	금속 서비스 센터 및 기타 금속 무역 도매상	5,939,391	415,385	5,524,006
41	212230	구리, 니켈, 납, 아연 광업	6,618,667	1,163,833	5,454,833
42	424	무역 도매상, 비내구재	5,742,251	332,299	5,409,953
43	32412	아스팔트 포장, 지붕 및 포화 재료 제조업	5,920,488	537,884	5,382,605
44	3112	곡물 및 오일시드 가공업	5,329,107	208,907	5,120,200
45	813211	기부금 조성 단체	5,450,658	418,833	5,031,825
46	4246	화학제품 및 관련 제품 무역 도매상	5,347,452	443,472	4,903,980

순위	NAICS 코드	NAICS 업종	사업체당 평균 매출액	사업체당 평균 급여	매출액 - 급여
47	561599	기타 모든 여행 준비 및 예약 서비스	5,277,548	431,204	4,846,344
48	3241	석유 및 석탄 제품 제조업	5,335,561	499,167	4,836,394
49	524114	다이렉트 건강·의료 보험 회사	5,286,660	503,358	4,783,301
50	424210	약품 및 약국용 물품 무역 도매상	5,144,257	396,088	4,748,169
51	325414	생물학적 제제(진단용 제외) 제조업	5,273,081	562,676	4,710,405
52	42	도매업	5,023,488	364,003	4,659,485
53	221210	천연가스 유통	5,124,119	466,186	4,657,932
54	311111	개·고양이 사료 제조업	4,914,615	272,154	4,642,462
55	424910	농장 용품 무역 도매상	4,981,614	339,994	4,641,620
56	424690	기타 화학제품 및 관련 제품 상인 도매상	5,076,890	451,570	4,625,320
57	324122	아스팔트 싱글 및 코팅재 제조업	4,960,188	378,938	4,581,250
58	486	파이프라인 운송업	5,067,857	545,357	4,522,500
59	423130	타이어 및 튜브 무역 도매상	4,763,696	281,608	4,482,088
60	423310	판재, 합판, 목제품 및 목재 패널 무역 도매상	4,840,051	366,365	4,473,686
61	311514	건조, 응축 및 농축 유제품 제조업	4,765,000	319,583	4,445,417
62	236117	신규 주택 판매 전용 건축업	4,753,527	338,063	4,415,465
63	325311	질소 비료 제조업	4,851,896	442,517	4,409,379
64	32519	기타 기초 유기화학 제품 제조업	4,834,667	438,600	4,396,067
65	52411	다이렉트 생명·건강·의료 보험 회사	4,786,200	410,610	4,375,590
66	551112	기타 지주회사 사무소	5,253,518	888,069	4,365,449
67	48311	해양, 연안 및 5대호 수상 운송업	4,769,180	436,348	4,332,831
68	236116	신규 다세대 주택 건설업 (판매 전용 건축업 제외)	4,715,081	382,756	4,332,326
69	486210	천연가스 파이프라인 운송업	4,812,462	483,308	4,329,154

순위	NAICS 코드	NAICS 업종	사업체당 평균 매출액	사업체당 평균 급여	매출액 − 급여
70	324199	기타 모든 석유 및 석탄 제품 제조업	4,628,778	308,444	4,320,333
71	325320	살충제 및 기타 농업용 화학제품 제조업	4,718,696	431,217	4,287,478
72	31111	사료 제조업	4,444,274	244,310	4,199,964
73	424820	포도주 및 증류주 무역 도매상	4,536,465	383,380	4,153,085
74	311119	기타 사료 제조업	4,328,177	237,437	4,090,741
75	441110	신형 자동차 판매업	4,383,077	295,087	4,087,990
76	424490	기타 식료품 및 관련 제품 상인 도매상	4,353,815	302,395	4,051,420
77	334517	조사 장치 제조업	4,439,8512	406,889	4,032,963
78	327211	평판 유리 제조업	4,495,333	515,333	3,980,000
79	524113	다이렉트 생명보험 회사	4,221,851	306,021	3,915,830
80	424340	신발류 무역 도매상	4,244,954	332,621	3,912,333
81	423860	운송 장비 및 용품(자동차 제외) 무역 도매상	4,351,526	458,760	3,892,766
82	4248	맥주, 포도주 및 증류주 무역 도매상	4,241,002	359,264	3,881,738
83	311911	볶은 견과류 및 땅콩버터 제조업	4,058,143	221,821	3,836,321
84	423620	가전제품 및 가정용 전기기구 상인 도매상	4,188,772	363,891	3,824,881
85	524126	다이렉트 손해보험 회사	4,072,446	296,079	3,776,367
86	221112	화석연료 발전업	4,311,941	601,530	3,710,411
87	424450	과자류 무역 도매상	3,997,407	290,032	3,707,375
88	33611	자동차 및 경차 제조업	3,982,514	305,514	3,677,000
89	32419	기타 석유 및 석탄 제품 제조업	4,091,267	416,911	3,674,356
90	81321	기부금 조성 및 자선단체	4,038,634	380,671	3,657,963
91	211130	천연가스 추출	4,050,632	431,868	3,618,763
92	3251	기초 화학제품 제조업	4,053,808	442,308	3,611,500

순위	NAICS 코드	NAICS 업종	사업체당 평균 매출액	사업체당 평균 급여	매출액 – 급여
93	424130	산업용 및 개인용 종이 무역 도매상	3,937,272	361,088	3,576,185
94	325199	기타 모든 기초 유기화학 제품 제조업	3,968,412	442,750	3,525,662
95	331110	철강업 및 합금철 제조업	3,857,980	336,294	3,521,686
96	522293	국제 무역 금융업	3,789,579	273,895	3,515,684
97	324191	석유 윤활유 및 그리스 제조업	3,956,889	444,028	3,512,861
98	4411	자동차 판매업	3,754,128	247,852	3,506,275
99	424410	일반 식료품 무역 도매상	3,678,000	221,185	3,456,815
100	33149	비철금속(구리 및 알루미늄 제외) 압연, 인발, 압출 및 합금	3,800,036	360,691	3,439,345
101	312230	담배 제조업	3,723,609	287,260	3,436,348
102	4249	기타 비내구재 무역 도매상	3,719,861	292,832	3,427,028
103	4233	목재 및 기타 건축 자재 무역 도매상	3,769,746	365,535	3,404,211
104	423330	지붕, 벽널 및 단열재 무역 도매상	3,803,403	414,201	3,389,201
105	4239	기타 내구재 무역 도매상	3,675,900	303,680	3,372,220
106	3361	자동차 제조업	3,654,933	293,778	3,361,156
107	4231	자동차 및 자동차 부품과 용품 상인 도매상	3,641,506	290,593	3,350,912
108	424320	남성용 및 남아용 의류 및 장신구 무역 도매상	3,661,259	313,193	3,348,066
109	441120	중고 자동차 판매업	3,574,234	234,342	3,339,892
110	481211	부정기 항공 전세 여객 운송업	3,865,283	550,934	3,314,349
111	424330	여성용, 아동용, 유아용 의류 및 액세서리 무역 도매상	3,625,528	311,387	3,314,141
112	4243	의류, 피륙 및 잡화 무역 도매상	3,629,757	317,822	3,311,935
113	423690	기타 전자 부품 및 장비 상인 도매상	3,661,131	395,3411	3,265,790
114	483	수상 운송업	3,679,595	418,719	3,260,876

순위	NAICS 코드	NAICS 업종	사업체당 평균 매출액	사업체당 평균 급여	매출액 – 급여
115	55111	기업 관리	3,896,960	639,070	3,257,890
116	423920	장난감 및 취미 용품 무역 도매상	3,574,450	338,156	3,236,294
117	311211	밀가루 제분업	3,443,391	215,304	3,228,087
118	5241	보험 회사	3,554,660	329,793	3,224,868
119	423810	건설 및 광업(유전 제외) 기계류와 장비 무역 도매상	3,608,400	393,984	3,214,416
120	322219	기타 판지 용기 제조업	3,667,889	458,500	3,209,389
121	311613	지방 정제 및 육류 부산물 가공업	3,563,444	357,556	3,205,889
122	311221	옥수수 습식 제분업	3,360,444	180,556	3,179,889
123	522110	일반 은행업	3,720,376	542,408	3,177,967
124	4241	종이 및 종이 제품 무역 도매상	3,502,236	331,633	3,170,602
125	22112	전력 전달, 통제 및 유통업	3,574,098	413,262	3,160,836
126	311930	시럽 및 농축액 제조업	3,502,875	345,250	3,157,625
127	3253	살충제, 비료 및 기타 농업용 화학제품 제조업	3,518,956	371,380	3,147,575
128	4236	가전제품 및 전기 전자 제품 상인 도매상	3,534,548	399,154	3,135,393
129	221122	전력 유통업	3,540,717	407,867	3,132,850
130	447190	기타 주유소	3,287,898	168,406	3,119,491
131	2111	석유 및 가스 추출	3,568,393	449,858	3,118,535
132	3314	비철금속(알루미늄 제외) 생산 및 가공업	3,446,369	354,762	3,091,607
133	481111	정기 항공 여객 운송업	3,591,107	503,929	3,087,179
134	424810	맥주 및 에일 무역 도매상	3,371,850	288,325	3,083,525
135	31121	밀가루 제분 및 맥아 제조업	3,295,222	216,963	3,078,259
136	336340	자동차 제동장치 제조업	3,330,700	268,600	3,062,100
137	423	무역 도매상, 내구재	3,412,492	362,792	3,049,699

순위	NAICS 코드	NAICS 업종	사업체당 평균 매출액	사업체당 평균 급여	매출액 − 급여
138	115111	조면업	3,507,581	458,871	3,048,710
139	336111	자동차 제조업	3,339,833	299,900	3,039,93
140	532411	상업용 항공, 철도 및 수상 운송 장비 대여 및 임대업	3,440,076	409,621	3,030,455
141	325130	합성염료 및 색소 제조업	3,439,250	420,900	3,018,350
142	211120	원유 추출	3,466,737	451,741	3,014,995
143	325211	플라스틱 재료 및 수지 제조업	3,484,478	479,196	3,005,283
144	483211	내륙 수상 화물 운송업	3,461,938	463,250	2,998,688
145	48121	부정기 항공 운송업	3,505,186	510,732	2,994,455
146	423220	가정용 비품 무역 도매상	3,327,815	347,038	2,980,777
147	423430	컴퓨터와 컴퓨터 주변장치 및 소프트웨어 무역 도매상	3,406,071	427,682	2,978,390
148	56159	기타 여행 준비 및 예약 서비스	3,342,117	365,138	2,976,978
149	32521	수지 및 합성고무 제조업	3,433,417	466,000	2,967,417
150	42431	피륙, 잡화 및 기타 직물 무역 도매상	3,285,085	333,439	2,951,646
151	424310	피륙, 잡화, 및 기타 직물 무역 도매상	3,285,085	333,439	2,951,646
152	481	항공 운송업	3,443,954	494,920	2,949,034
153	523130	상품 거래업	3,649,900	711,471	2,938,429
154	423910	스포츠 및 레크리에이션 용품 상인 도매상	3,228,113	326,394	2,901,719
155	423410	사진 장비 및 용품 무역 도매상	3,302,880	405,370	2,897,509
156	52412	다이렉트 보험(생명·건강·의료 제외) 회사	3,198,317	302,490	2,895,826
157	3252	수지, 합성고무, 인조 및 합성섬유와 단섬유 제조업	3,330,246	447,992	2,882,254
158	423840	산업용품 무역 도매상	3,278,000	399,138	2,878,862
159	4232	가구 및 가정용 비품 무역 도매상	3,205,740	348,342	2,857,398
160	32531	비료 제조업	3,212,355	356,089	2,856,267

순위	NAICS 코드	NAICS 업종	사업체당 평균 매출액	사업체당 평균 급여	매출액 – 급여
161	325180	기타 기초 무기화학 제품 제조업	3,300,940	453,900	2,847,040
162	423610	전기기구 및 장비, 배선 용품 및 관련 장비 무역 도매상	3,249,341	409,449	2,839,892
163	2122	금속광물 광업	3,613,649	779,243	2,834,405
164	325120	산업용 가스 제조업	3,269,273	453,818	2,815,455
165	331420	구리 압연, 인발引拔, 압출 및 합금	3,154,818	347,455	2,807,363
166	4471	주유소	2,934,037	127,883	2,806,154
167	424990	기타 다양한 비내구재 무역 도매상	3,070,217	283,640	2,786,578
168	332993	탄약(소형 화기용 제외) 제조업	3,268,000	494,333	2,773,667
169	447110	편의점이 딸린 주유소	2,878,896	121,847	2,757,049
170	423930	재활용품 무역 도매상	3,020,915	265,619	2,755,296
171	311213	맥아 제조업	2,954,333	220,000	2,734,333
172	48111	정기 항공 운송업	3,144,600	417,622	2,726,978
173	423730	온풍기 및 냉방 장비와 용품 상인 도매상	3,156,244	433,218	2,723,025
174	325613	계면활성제 제조업	3,140,333	437,778	2,702,556
175	423720	배관 및 난방 장비와 용품(순환수식 냉난방 시스템) 무역 도매상	3,102,053	399,932	2,702,122
176	423210	가구 무역 도매상	3,038,619	349,645	2,688,973
177	453930	조립식(이동식) 주택 판매업	2,930,168	262,287	2,667,881
178	325212	합성고무 제조업	3,006,363	355,636	2,650,727
179	423450	내과용, 치과용 및 병원용 장비와 용품 무역 도매상	3,065,787	417,828	2,647,959
180	4238	기계, 장비, 용품 무역 도매상	3,012,372	380,616	2,631,756
181	441210	레저용 차량 판매업	2,899,547	269,537	2,630,010
182	423390	기타 건축 자재 무역 도매상	2,993,293	377,453	2,615,841
183	236220	상업용 및 공공시설용 건물 건설업	2,981,453	371,514	2,609,939

순위	NAICS 코드	NAICS 업종	사업체당 평균 매출액	사업체당 평균 급여	매출액 - 급여
184	321219	재생 목재 제품 제조업	2,886,353	282,235	2,604,118
185	446110	약국	2,882,771	285,297	2,597,475
186	326122	플라스틱 파이프 및 파이프 부속품 제조업	2,893,761	305,405	2,588,357
187	2211	전력 생성, 전달 및 유통업	3,060,459	472,459	2,588,000
188	335929	기타 통신 및 에너지 와이어 제조업	2,920,800	337,680	2,583,120
189	2362	비거주용 건물 건설업	2,943,019	371,493	2,571,526
190	423820	농장 및 정원 기계류와 장비 상인 도매상	2,849,187	288,348	2,560,839
191	312111	청량음료 제조업	2,818,850	268,000	2,550,850
192	441222	보트 판매업	2,824,705	278,466	2,546,239
193	532112	승용차 임대업	2,875,485	330,636	2,544,848
194	423830	산업용 기계류 및 장비 무역 도매상	2,930,737	399,979	2,530,758
195	335220	주요 가전제품 제조업	2,975,286	452,429	2,522,857
196	325520	접착제 제조업	2,927,639	412,098	2,515,541
197	33131	알루미나 및 알루미늄 생산 및 가공업	2,915,111	433,400	2,481,711
198	336360	자동차 좌석 및 실내 장식 제조업	2,716,457	261,886	2,454,571
199	32541	의약품 제조업	2,917,479	463,858	2,453,621
200	21211	석탄 광업	2,912,053	475,035	2,437,018

직원 수 10~19인 사업체

순위	NAICS 코드	NAICS 업종	사업체당 평균 매출액	사업체당 평균 급여	매출액 − 급여
1	524130	재보험 회사	192,077,875	1,266,875	190,811,000
2	423520	석탄과 기타 광물 및 광석 상인 도매상	57,511,810	1,035,571	56,476,238
3	336111	자동차 제조업	44,935,529	932,882	44,002,647
4	424720	석유 및 석유 제품 무역 도매상 (주유소 및 저장업 제외)	41,326,515	841,185	40,485,330
5	425110	B2B 전자상거래업	38,400,900	1,111,775	37,289,125
6	424590	기타 농장제품 원자재 무역 도매상	38,093,721	890,574	37,203,148
7	33611	자동차 및 경차 제조업	34,812,167	807,917	34,004,250
8	4251	전자도매상 중개업 및 중개인	31,023,112	1,031,637	29,991,474
9	425120	도매 중개업 및 중개인	30,851,190	1,029,404	29,821,787
10	4247	석유 및 석유 제품 무역 도매상	28,602,383	751,428	27,850,955
11	221210	천연가스 유통	29,063,241	1,348,517	27,714,724
12	3361	자동차 제조업	28,439,031	822,813	27,616,219
13	4245	농산물 원재료 무역 도매상	23,373,288	667,218	22,706,069
14	424520	가축 무역 도매상	22,284,885	356,197	21,928,689
15	424710	석유 주유소 및 저장업	21,714,669	689,467	21,025,202
16	424510	곡류 및 잠두 무역 도매상	21,196,445	681,217	20,515,228
17	324110	석유 정제 처리업	21,389,500	1,486,500	19,903,000
18	522293	국제 무역금융업	20,382,600	1,461,400	18,921,200
19	424940	담배 및 담배 제품 무역 도매상	19,144,468	559,942	18,584,526
20	424420	포장 냉동식품 무역 도매상	18,510,237	779,363	17,730,874
21	311224	대두 및 기타 오일시드 가공업	16,094,091	528,818	15,565,273
22	31122	전분 및 식물성 유지류 제조업	15,894,792	655,042	15,239,750
23	424440	가금류 및 가금류 제품 무역 도매상	15,937,980	702,706	15,235,275

순위	NAICS 코드	NAICS 업종	사업체당 평균 매출액	사업체당 평균 급여	매출액 - 급여
24	424480	신선 과일 및 채소 무역 도매상	14,594,283	754,457	13,839,826
25	331410	비철금속(알루미늄 제외) 제련 및 정제	14,217,412	806,706	13,410,706
26	336992	군용 장갑차, 탱크 및 탱크 부품 제조업	14,458,667	1,180,333	13,278,333
27	311512	크림버터 제조업	13,542,000	484,750	13,057,250
28	236116	신규 다세대 주택 건설업(판매 전용 건축업 제외)	13,869,082	963,066	12,906,016
29	212230	구리, 니켈, 납, 아연 광업	14,445,833	1,561,000	12,884,833
30	481111	정기 항공 여객 운송업	13,370,407	800,037	12,570,370
31	221122	전력 유통업	13,654,760	1,119,798	12,534,962
32	813211	기부금 조성 단체	13,353,396	851,216	12,502,180
33	486	파이프라인 운송업	13,989,250	1,679,833	12,309,417
34	424470	육류 및 육류 제품 무역 도매상	12,935,789	642,276	12,293,513
35	486210	천연가스 파이프라인 운송업	13,833,700	1,794,900	12,038,800
36	311225	유지 정련 및 합성업	12,698,273	732,091	11,966,182
37	423940	보석류, 손목시계, 보석 및 귀금속 무역 도매상	12,549,539	725,529	11,824,011
38	424690	기타 화학제품 및 관련 제품 상인 도매상	12,624,881	898,676	11,726,205
39	4246	화학제품 및 관련 제품 무역 도매상	12,433,560	898,218	11,535,341
40	424610	플라스틱 소재 및 원자재 무역 도매상	11,908,934	893,937	11,014,997
41	515210	케이블 및 기타 유료 프로그램 편성업	11,552,071	704,405	10,847,667
42	48111	정기 항공 운송업	11,607,216	782,351	10,824,865
43	4244	식료품 및 관련 제품 무역 도매상	11,437,215	651,508	10,785,706
44	325193	에틸알코올 제조업	11,317,000	643,000	10,674,000
45	4235	금속 및 광물(석유 제외) 무역 도매상	11,519,356	860,647	10,658,708
46	311422	특수 통조림업	10,921,067	399,467	10,521,600

순위	NAICS 코드	NAICS 업종	사업체당 평균 매출액	사업체당 평균 급여	매출액 – 급여
47	5241	보험 회사	11,366,982	873,504	10,493,478
48	424460	생선 및 해산물 무역 도매상	10,836,369	579,594	10,256,774
49	423110	자동차 및 기타 자동차 무역 도매상	10,889,590	658,655	10,230,935
50	424	무역 도매상, 비내구재	10,799,565	701,639	10,097,926
51	236117	신규 주택 판매 전용 건축업	10,794,915	796,982	9,997,934
52	424430	유제품(건조 또는 캔 제품 제외) 무역 도매상	10,604,036	653,442	9,950,594
53	2211	전력 생성, 전달 및 유통업	11,017,726	1,163,369	9,854,357
54	3112	곡물 및 오일시드 가공업	10,471,792	660,688	9,811,104
55	336112	소형 트럭 및 다용도 트럭 제조업	10,226,857	504,429	9,722,429
56	423510	금속 서비스 센터 및 기타 금속 무역 도매상	10,561,180	857,003	9,704,177
57	532411	상업용 항공, 철도 및 수상 운송 장비 대여 및 임대업	10,716,606	1,283,455	9,433,152
58	324122	아스팔트 싱글 및 코팅재 제조업	10,150,412	832,059	9,318,353
59	81321	기부금 조성 및 자선단체	10,040,463	805,301	9,235,162
60	424410	일반 식료품 무역 도매상	9,640,440	493,500	9,146,940
61	211130	천연가스 추출	10,106,910	997,761	9,109,149
62	423620	가전제품 및 가정용 전기기구 상인 도매상	9,829,020	844,170	8,984,850
63	2111	석유 및 가스 추출	10,187,659	1,231,504	8,956,154
64	42	도매업	9,634,355	775,070	8,859,285
65	311119	기타 사료 제조업	9,475,018	643,000	8,832,018
66	211120	원유 추출	10,072,167	1,266,585	8,805,582
67	524114	다이렉트 건강·의료 보험 회사	9,699,023	911,682	8,787,341
68	483111	해양 화물 운송업	9,473,813	795,500	8,678,313
69	441110	신형 자동차 판매업	9,229,814	601,759	8,628,055

순위	NAICS 코드	NAICS 업종	사업체당 평균 매출액	사업체당 평균 급여	매출액 - 급여
70	52411	다이렉트 생명·건강·의료 보험 회사	9,460,969	848,469	8,612,500
71	423690	기타 전자 부품 및 장비 무역 도매상	9,498,856	898,704	8,600,152
72	424910	농장 용품 무역 도매상	9,273,399	702,519	8,570,880
73	32412	아스팔트 포장, 지붕 및 포화 재료 제조업	9,515,618	960,294	8,555,324
74	424210	약품 및 약국용 물품 무역 도매상	9,331,456	858,475	8,472,981
75	331420	구리 압연, 인발, 압출 및 합금	9,170,727	713,364	8,457,364
76	336120	중장비 트럭 제조업	9,319,625	867,500	8,452,125
77	325110	석유화학 제품 제조업	10,596,500	2,215,250	8,381,250
78	325320	살충제 및 기타 농업용 화학제품 제조업	9,323,722	942,889	8,380,833
79	31111	사료 제조업	8,977,428	617,096	8,360,332
80	324121	아스팔트 포장 혼합물 및 블록 제조업	9,304,020	1,003,039	8,300,980
81	524113	다이렉트 생명보험 회사	8,937,250	709,400	8,227,850
82	311211	밀가루 제분업	8,783,844	625,125	8,158,719
83	115111	조면업	8,927,135	774,514	8,152,622
84	533110	비금융 무형자산 임대업 (저작권 자산 제외)	9,040,895	941,025	8,099,869
85	423920	장난감 및 취미 용품 무역 도매상	8,775,308	714,210	8,061,098
86	311212	쌀 제분업	8,900,846	914,846	7,986,000
87	31121	밀가루 제분 및 맥아 제조업	8,636,543	700,435	7,936,109
88	3241	석유 및 석탄 제품 제조업	8,914,547	1,012,496	7,902,051
89	524126	다이렉트 손해보험 회사	8,780,506	957,047	7,823,459
90	523110	투자 은행업 및 증권 거래업	10,383,085	2,590,644	7,792,441
91	325412	의약품 제제 제조업	9,072,607	1,350,321	7,722,286
92	424110	인쇄 용지 및 필기 용지 무역 도매상	8,511,159	796,174	7,714,986
93	312111	청량음료 제조업	8,314,118	621,735	7,692,382

순위	NAICS 코드	NAICS 업종	사업체당 평균 매출액	사업체당 평균 급여	매출액 – 급여
94	423330	지붕, 벽널 및 단열재 무역 도매상	8,530,566	857,762	7,672,803
95	532112	승용차 임대업	8,455,030	844,333	7,610,697
96	4411	자동차 판매업	8,079,196	560,231	7,518,965
97	483114	연안 및 5대호 여객 운송업	8,588,714	1,103,786	7,484,929
98	424490	기타 식료품 및 관련 제품 상인 도매상	8,109,913	625,050	7,484,863
99	4236	가전제품 및 전기 전자 제품 상인 도매상	8,345,746	888,985	7,456,761
100	423310	판재, 합판, 목제품 및 목재 패널 무역 도매상	8,190,486	749,713	7,440,773
101	221	공익사업	8,288,282	877,908	7,410,374
102	424340	신발류 무역 도매상	8,072,284	663,664	7,408,619
103	3314	비철금속(알루미늄 제외) 생산 및 가공업	8,141,691	741,064	7,400,628
104	331492	비철금속 2차 제련, 정련 및 합금 제조업(구리 및 알루미늄 제외)	8,192,609	898,609	7,294,000
105	561599	기타 모든 여행 준비 및 예약 서비스	7,967,612	736,713	7,230,899
106	424130	산업용 및 개인용 종이 무역 도매상	8,056,856	829,906	7,226,950
107	423430	컴퓨터와 컴퓨터 주변장치 및 소프트웨어 무역 도매상	8,156,726	1,008,353	7,148,372
108	311514	건조, 응축 및 농축 유제품 제조업	7,703,100	608,900	7,094,200
109	423130	타이어 및 튜브 무역 도매상	7,709,864	652,891	7,056,973
110	324199	기타 모든 석유 및 석탄 제품 제조업	7,797,200	896,000	6,901,200
111	325414	생물학적 제제(진단용 제외) 제조업	7,927,296	1,084,630	6,842,667
112	312230	담배 제조업	7,290,846	462,000	6,828,846
113	423860	운송 장비 및 용품(자동차 제외) 무역 도매상	7,761,764	941,692	6,820,072
114	4239	기타 내구재 무역 도매상	7,413,312	661,794	6,751,518

순위	NAICS 코드	NAICS 업종	사업체당 평균 매출액	사업체당 평균 급여	매출액 - 급여
115	424450	과자류 무역 도매상	7,066,304	509,619	6,556,686
116	562213	고형 폐기물 소각업	7,409,250	857,000	6,552,250
117	424310	피륙, 잡화, 및 기타 직물 무역 도매상	7,220,942	678,354	6,542,588
118	311911	볶은 견과류 및 땅콩버터 제조업	6,940,133	410,833	6,529,300
119	441120	중고 자동차 판매업	7,051,145	522,083	6,529,062
120	423930	재활용품 무역 도매상	7,097,608	611,581	6,486,027
121	525990	기타 금융투자 회사	9,147,957	2,681,261	6,466,696
122	325212	합성고무 제조업	7,273,846	838,308	6,435,538
123	4243	의류, 피륙 및 잡화 무역 도매상	6,983,461	663,051	6,320,410
124	311111	개·고양이 사료 제조업	6,821,205	504,846	6,316,359
125	424820	포도주 및 증류주 무역 도매상	7,107,813	796,034	6,311,779
126	4249	기타 비내구재 무역 도매상	6,927,998	624,476	6,303,522
127	423730	온풍기 및 냉방 장비와 용품 상인 도매상	7,223,564	959,108	6,264,456
128	236220	상업용 및 공공시설용 건물 건설업	7,091,836	847,768	6,244,068
129	523130	상품 거래업	7,380,692	1,139,769	6,240,923
130	423	무역 도매상, 내구재	6,989,665	785,990	6,203,675
131	212393	기타 화학제품 및 비료 원료용 광물 광업	7,459,200	1,260,400	6,198,800
132	424320	남성용 및 남아용 의류 및 장신구 무역 도매상	6,841,104	649,093	6,192,011
133	311411	냉동 과일, 주스 및 채소 제조업	6,954,941	800,882	6,154,059
134	221112	화석연료 발전업	7,061,526	932,789	6,128,737
135	4231	자동차 및 자동차 부품과 용품 무역 도매상	6,731,706	611,698	6,120,008
136	2362	비거주용 건물 건설업	6,959,793	845,455	6,114,338
137	481112	정기 항공 화물 운송업	6,846,600	734,600	6,112,000

순위	NAICS 코드	NAICS 업종	사업체당 평균 매출액	사업체당 평균 급여	매출액 – 급여
138	423810	건설 및 광업(유전 제외) 기계류와 장비 무역 도매상	6,905,599	808,430	6,097,169
139	4248	맥주, 포도주 및 증류주 무역 도매상	6,816,757	723,781	6,092,976
140	423210	가구 무역 도매상	6,840,139	750,647	6,089,492
141	32519	기타 기초 유기화학 제품 제조업	6,893,779	821,116	6,072,663
142	3253	살충제, 비료 및 기타 농업용 화학제품 제조업	6,856,745	785,266	6,071,479
143	424330	여성용, 아동용, 유아용 의류 및 액세서리 무역 도매상	6,731,297	660,709	6,070,588
144	4233	목재 및 기타 건축 자재 무역 도매상	6,794,762	743,333	6,051,429
145	4232	가구 및 가정용 비품 무역 도매상	6,747,641	738,697	6,008,944
146	332913	배관 설비 관이음쇠 및 내장품 제조업	6,733,000	724,800	6,008,200
147	325199	기타 모든 기초 유기화학 제품 제조업	6,824,909	858,156	5,966,754
148	423720	배관 및 난방 장비와 용품(순환수식 냉난방 시스템) 무역 도매상	6,836,773	883,775	5,952,997
149	331221	압연강 모형 제조업	6,649,591	704,182	5,945,409
150	423220	가정용 비품 무역 도매상	6,667,320	728,487	5,938,832
151	423610	전기기구 및 장비, 배선 용품 및 관련 장비 무역 도매상	6,766,659	881,981	5,884,679
152	221330	증기 및 냉방 공급업	7,021,000	1,136,500	5,884,500
153	423840	산업용품 무역 도매상	6,729,115	853,747	5,875,368
154	3251	기초 화학제품 제조업	6,744,213	894,426	5,849,787
155	32419	기타 석유 및 석탄 제품 제조업	6,897,378	1,049,244	5,848,133
156	114111	물고기 어업	6,780,727	1,006,455	5,774,273
157	4241	종이 및 종이 제품 무역 도매상	6,498,302	742,765	5,755,536
158	333912	공기 및 가스 압축기 제조업	6,489,947	737,263	5,752,684
159	424810	맥주 및 에일 무역 도매상	6,341,771	605,868	5,735,903
160	324191	석유 윤활유 및 그리스 제조업	6,784,900	1,068,400	5,716,500

순위	NAICS 코드	NAICS 업종	사업체당 평균 매출액	사업체당 평균 급여	매출액 – 급여
161	335991	탄소 및 흑연 제품 제조업	6,442,250	774,500	5,667,750
162	32541	의약품 제조업	6,740,000	1,076,633	5,663,367
163	441210	레저용 차량 판매업	6,257,582	601,819	5,655,764
164	325314	비료(혼합물만) 제조업	6,417,018	765,429	5,651,589
165	325130	합성염료 및 색소 제조업	6,579,625	978,125	5,601,500
166	423820	농장 및 정원 기계류와 장비 상인 도매상	6,224,006	641,193	5,582,812
167	523910	다양한 중개업	8,040,614	2,477,801	5,562,812
168	52412	다이렉트 보험(생명·건강·의료 제외) 회사	6,422,281	864,548	5,557,733
169	221115	풍력 발전업	6,950,231	1,397,385	5,552,846
170	31151	유제품(냉동 제외) 제조업	6,045,300	499,600	5,545,700
171	3221	펄프, 종이 및 판지 제조업	6,306,333	764,778	5,541,556
172	32531	비료 제조업	6,272,460	747,934	5,524,526
173	33131	알루미나 및 알루미늄 생산 및 가공업	6,097,097	591,677	5,505,419
174	447190	기타 주유소	5,844,043	346,368	5,497,674
175	813219	기타 기부금 조성 및 자선단체	6,129,963	668,814	5,461,149
176	311930	시럽 및 농축액 제조업	6,153,696	715,173	5,438,521
177	525	펀드, 신탁 및 기타 금융투자 회사	7,877,167	2,441,800	5,435,367
178	5259	기타 투자 풀 및 펀드	7,877,167	2,441,800	5,435,366
179	48311	해양, 연안 및 5대호 수상 운송업	6,462,560	1,028,849	5,433,712
180	11411	어업	6,375,935	973,871	5,402,064
181	423450	내과용, 치과용 및 병원용 장비와 용품 무역 도매상	6,283,095	889,485	5,393,609
182	325620	화장실 용품 제조업	6,043,148	676,528	5,366,620
183	4238	기계, 장비, 용품 무역 도매상	6,170,443	813,297	5,357,145
184	212111	유연탄 및 갈탄 노천 광업	6,053,229	742,114	5,311,114

순위	NAICS 코드	NAICS 업종	사업체당 평균 매출액	사업체당 평균 급여	매출액 − 급여
185	4237	철물, 배관 및 난방 장비와 용품 무역 도매상	6,156,677	856,318	5,300,359
186	423410	사진 장비 및 용품 무역 도매상	6,038,038	763,582	5,274,456
187	423910	스포츠 및 레크레이션 용품 상인 도매상	5,929,992	680,745	5,249,247
188	5231	증권 및 상품 계약 중개업	7,129,955	1,885,875	5,244,080
189	441222	보트 판매업	5,844,150	603,970	5,240,179
190	336360	자동차 좌석 및 실내 장식 제조업	5,799,725	568,850	5,230,875
191	332431	금속 캔 제조업	5,838,600	610,800	5,227,800
192	325180	기타 기초 무기화학 제품 제조업	6,106,200	884,686	5,221,514
193	481212	부정기 항공 전세 화물 운송업	5,934,333	736,333	5,198,000
194	325120	산업용 가스 제조업	6,166,125	981,000	5,185,125
195	22111	발전업	6,366,984	1,201,905	5,165,079
196	423830	산업용 기계류 및 장비 무역 도매상	6,001,958	861,467	5,140,491
197	325991	맞춤형 합성수지	5,759,929	626,321	5,133,607
198	33149	비철금속(구리 및 알루미늄 제외) 압연, 인발, 압출 및 합금	5,852,127	731,855	5,120,273
199	311513	치즈 제조업	5,575,221	462,014	5,113,206
200	4234	전문가용 및 상업용 장비와 용품 무역 도매상	5,935,594	852,718	5,082,876

직원 수 20인 미만 사업체

단위: 달러

순위	NAICS 코드	NAICS 업종	사업체당 평균 매출액	사업체당 평균 급여	매출액 – 급여
1	524130	재보험 회사	23,846,360	410,613	23,435,747
2	311512	크림버터 제조업	19,320,182	652,045	18,668,136
3	713210	카지노(카지노 호텔 제외)	18,026,500	274,737	17,751,763
4	424720	석유 및 석유 제품 무역 도매상 (주유소 및 저장업 제외)	15,566,483	301,071	15,265,411
5	4247	석유 및 석유 제품 무역 도매상	14,967,239	329,340	14,637,900
6	424710	석유 주유소 및 저장업	14,225,742	353,452	13,872,290
7	423520	석탄과 기타 광물 및 광석 상인 도매상	13,816,241	289,544	13,526,697
8	325193	에틸알코올 제조업	12,669,389	315,444	12,353,944
9	424510	곡류 및 잠두 무역 도매상	9,526,479	293,180	9,233,299
10	424440	가금류 및 가금류 제품 무역 도매상	8,902,612	289,245	8,613,367
11	221210	천연가스 유통	8,874,264	474,215	8,400,049
12	4245	농산물 원재료 무역 도매상	8,556,689	252,957	8,303,732
13	324110	석유 정제 처리업	8,924,091	637,364	8,286,727
14	311224	대두 및 기타 오일시드 가공업	8,130,358	223,113	7,907,245
15	336111	자동차 제조업	7,817,740	294,780	7,522,959
16	311221	옥수수 습식 제분업	7,561,409	198,273	7,363,136
17	622110	일반 내과 및 외과 병원	9,653,273	2,404,597	7,248,675
18	33611	자동차 및 경차 제조업	7,363,872	288,497	7,075,376
19	31122	전분 및 식물성 유지류 제조업	7,298,435	241,557	7,056,878
20	424520	가축 무역 도매상	7,117,322	154,961	6,962,360
21	424590	기타 농장 제품 원자재 무역 도매상	7,102,400	224,137	6,878,263
22	424420	포장 냉동식품 무역 도매상	7,113,282	269,523	6,843,758
23	221112	화석연료 발전업	7,301,661	535,645	6,766,016

순위	NAICS 코드	NAICS 업종	사업체당 평균 매출액	사업체당 평균 급여	매출액 – 급여
24	424940	담배 및 담배 제품 무역 도매상	6,717,034	191,608	6,525,426
25	221122	전력 유통업	6,840,074	448,034	6,392,040
26	3361	자동차 제조업	6,664,672	298,108	6,366,565
27	22112	전력 수송, 통제 및 유통업	6,668,423	441,637	6,226,786
28	336992	군용 장갑차, 탱크 및 탱크 부품 제조업	6,919,000	710,900	6,208,100
29	325110	석유화학 제품 제조업	7,422,143	1,343,143	6,079,000
30	551111	은행 지주회사 사무소	6,276,908	279,655	5,997,252
31	311930	시럽 및 농축액 제조업	6,096,963	312,244	5,784,720
32	311225	유지 정련 및 합성업	6,051,500	289,800	5,761,700
33	212230	구리, 니켈, 납, 아연 광업	6,303,217	788,696	5,514,522
34	424480	신선 과일 및 채소 무역 도매상	5,734,506	272,737	5,461,769
35	322130	판지 제조업	6,336,429	958,000	5,378,429
36	311212	쌀 제분업	5,924,381	611,714	5,312,667
37	622	병원	7,108,850	1,812,973	5,295,876
38	424470	육류 및 육류 제품 무역 도매상	5,477,243	263,006	5,214,238
39	425120	도매 중개업 및 중개인	5,368,505	190,563	5,177,942
40	4251	전자도매상 중개업 및 중개인	5,359,770	190,198	5,169,572
41	424110	인쇄 용지 및 필기 용지 무역 도매상	5,400,082	242,549	5,157,533
42	523210	증권 및 상품 거래소	5,907,200	892,600	5,014,600
43	336112	소형 트럭 및 다용도 트럭 제조업	5,216,731	258,769	4,957,962
44	325312	인산 비료 제조업	5,441,909	536,182	4,905,727
45	3112	곡물 및 오일시드 가공업	5,167,391	265,877	4,901,513
46	441110	신형 자동차 판매업	5,087,967	324,496	4,763,471
47	425110	B2B 전자상거래업	4,833,863	168,452	4,665,412
48	311119	기타 사료 제조업	4,875,664	305,857	4,569,807

순위	NAICS 코드	NAICS 업종	사업체당 평균 매출액	사업체당 평균 급여	매출액 – 급여
49	324121	아스팔트 포장 혼합물 및 블록 제조업	5,041,798	483,575	4,558,223
50	4235	금속 및 광물(석유 제외) 무역 도매상	4,822,396	326,966	4,495,431
51	32412	아스팔트 포장, 지붕 및 포화 재료 제조업	4,888,470	453,950	4,434,520
52	424610	플라스틱 소재 및 원자재 무역 도매상	4,677,849	312,746	4,365,103
53	32519	기타 기초 유기화학 제품 제조업	4,626,789	432,114	4,194,675
54	211130	천연가스 추출	4,511,341	353,516	4,157,824
55	2211	전력 생성, 수송 및 유통업	4,554,195	403,444	4,150,751
56	721120	카지노 호텔	4,981,889	869,611	4,112,278
57	423510	금속 서비스 센터 및 기타 금속 무역 도매상	4,440,108	328,556	4,111,551
58	31111	사료 제조업	4,369,519	273,466	4,096,053
59	331314	알루미늄 2차 제련 및 합금 제조업	4,297,000	233,474	4,063,526
60	3241	석유 및 석탄 제품 제조업	4,516,266	456,715	4,059,551
61	311422	특수 통조림업	4,462,551	404,913	4,057,638
62	483111	해양 화물 운송업	4,298,406	277,273	4,021,133
63	324122	아스팔트 싱글 및 코팅재 제조업	4,355,254	350,925	4,004,328
64	423110	자동차 및 기타 자동차 무역 도매상	4,191,950	191,951	3,999,999
65	331410	비철금속(알루미늄 제외) 제련 및 정제	4,223,474	306,921	3,916,553
66	424460	생선 및 해산물 무역 도매상	4,090,767	187,343	3,903,424
67	4246	화학제품 및 관련 제품 무역 도매상	4,195,390	304,986	3,890,403
68	486210	천연가스 파이프라인 운송업	4,361,048	485,952	3,875,097
69	311211	밀가루 제분업	4,113,374	271,598	3,841,776
70	331420	구리 압연, 인발, 압출 및 합금	4,158,603	346,968	3,811,635
71	331315	알루미늄 시트, 판금 및 포일 제조업	4,300,935	496,903	3,804,032
72	331492	비철금속 2차 제련, 정련 및 합금 제조업(구리 및 알루미늄 제외)	4,133,755	351,347	3,782,408

순위	NAICS 코드	NAICS 업종	사업체당 평균 매출액	사업체당 평균 급여	매출액 – 급여
73	424430	유제품(건조 또는 캔 제품 제외) 무역 도매상	3,965,496	225,123	3,740,373
74	4244	식료품 및 관련 제품 무역 도매상	3,948,143	208,311	3,739,831
75	424690	기타 화학제품 및 관련 제품 상인 도매상	4,021,454	302,141	3,719,313
76	325199	기타 모든 기초 유기화학 제품 제조업	4,127,019	450,527	3,676,492
77	3251	기초 화학제품 제조업	4,092,365	435,467	3,656,898
78	31121	밀가루 제분 및 맥아 제조업	3,929,040	292,362	3,636,678
79	325194	순환 원유, 중질유, 고무 및 목재 화학물 제조업	3,885,450	297,750	3,587,700
80	424910	농장용품 무역 도매상	3,807,585	242,959	3,564,626
81	336120	중장비 트럭 제조업	3,848,973	336,811	3,512,162
82	311514	건조, 응축 및 농축 유제품 제조업	3,752,354	269,104	3,483,250
83	115111	조면업	3,903,720	423,012	3,480,708
84	424	무역 도매상, 비내구재	3,632,229	221,330	3,410,899
85	325180	기타 기초 무기화학 제품 제조업	3,805,884	456,863	3,349,021
86	311230	아침식사용 시리얼 제조업	3,573,816	235,632	3,338,184
87	423310	판재, 합판, 목제품 및 목재 패널 무역 도매상	3,601,126	277,527	3,323,598
88	481111	정기 항공 여객 운송업	3,571,064	260,287	3,310,777
89	325414	생물학적 제제(진단용 제외) 제조업	3,756,257	453,000	3,303,257
90	31151	유제품(냉동 제외) 제조업	3,502,295	243,211	3,259,084
91	324191	석유 윤활유 및 그리스 제조업	3,694,299	504,000	3,190,299
92	311911	볶은 견과류 및 땅콩버터 제조업	3,383,148	208,102	3,175,046
93	221121	대량 전력 수송 및 통제업	3,432,800	321,050	3,111,750
94	32419	기타 석유 및 석탄 제품 제조업	3,553,322	447,275	3,106,047
95	486110	원유 파이프라인 운송업	3,333,171	292,200	3,040,971
96	212393	기타 화학제품 및 비료 원료용 광물 광업	3,664,538	630,538	3,034,000

순위	NAICS 코드	NAICS 업종	사업체당 평균 매출액	사업체당 평균 급여	매출액 – 급여
97	42	도매업	3,268,475	236,602	3,031,872
98	423130	타이어 및 튜브 무역 도매상	3,219,749	221,082	2,998,666
99	424210	약품 및 약국용 물품 무역 도매상	3,259,495	262,125	2,997,370
100	3314	비철금속(알루미늄 제외) 생산 및 가공업	3,305,778	315,519	2,990,259
101	423330	지붕, 벽널 및 단열재 무역 도매상	3,269,732	320,013	2,949,719
102	212111	유연탄 및 갈탄 노천 광업	3,274,777	328,166	2,946,611
103	333618	기타 엔진 장비 제조업	3,460,975	520,093	2,940,883
104	236116	신규 다세대 주택 건설업(판매 전용 건축업 제외)	3,184,408	253,375	2,931,033
105	486	파이프라인 운송업	3,264,924	362,206	2,902,718
106	325311	질소 비료 제조업	3,229,158	331,317	2,897,842
107	332431	금속 캔 제조업	3,110,394	213,636	2,896,758
108	423620	가전제품 및 가정용 전기기구 무역 도매상	3,122,750	258,498	2,864,252
109	424410	일반 식료품 무역 도매상	3,013,969	161,873	2,852,096
110	311111	개·고양이 사료 제조업	3,030,447	187,772	2,842,675
111	212210	철광석 광업	3,443,500	632,500	2,811,000
112	423940	보석류, 손목시계, 보석 및 귀금속 무역 도매상	2,972,061	163,104	2,808,957
113	325320	살충제 및 기타 농업용 화학제품 제조업	3,102,431	299,241	2,803,190
114	324199	기타 모든 석유 및 석탄 제품 제조업	3,042,757	241,838	2,800,919
115	312230	담배 제조업	2,967,146	186,902	2,780,244
116	325211	플라스틱 재료 및 수지 제조업	3,190,507	432,974	2,757,533
117	336360	자동차 좌석 및 실내 장식 제조업	3,094,597	343,806	2,750,791
118	212112	유연탄 지하 채굴업	3,342,738	606,400	2,736,338

순위	NAICS 코드	NAICS 업종	사업체당 평균 매출액	사업체당 평균 급여	매출액 – 급여
119	441210	레저용 차량 판매업	2,995,604	264,832	2,730,772
120	424130	산업용 및 개인용 종이 무역 도매상	2,997,447	282,335	2,715,112
121	32521	수지 및 합성고무 제조업	3,126,700	416,453	2,710,247
122	311411	냉동 과일, 주스 및 채소 제조업	3,045,828	345,641	2,700,188
123	221330	증기 및 냉방 공급업	3,232,333	538,476	2,693,857
124	21211	석탄 광업	3,069,968	389,313	2,680,655
125	3252	수지, 합성고무, 인조 및 합성섬유와 단섬유 제조업	3,082,422	406,278	2,676,143
126	423860	운송 장비 및 용품(자동차 제외) 무역 도매상	2,987,840	312,148	2,675,692
127	325991	맞춤형 합성수지	2,993,615	331,760	2,661,855
128	423730	온풍기 및 냉방 장비와 용품 상인 도매상	3,045,491	393,371	2,652,120
129	325412	의약품 제제 제조업	3,090,604	461,055	2,629,549
130	336414	유도미사일 및 우주선 제조업	3,271,500	656,000	2,615,500
131	423690	기타 전자 부품 및 장비 무역 도매상	2,897,618	282,386	2,615,232
132	4233	목재 및 기타 건축 자재 무역 도매상	2,892,920	277,924	2,614,996
133	313230	부직포 제조업	2,969,000	374,356	2,594,644
134	48111	정기 항공 운송업	2,797,344	225,481	2,571,863
135	3221	펄프, 종이 및 판지 제조업	2,988,718	438,256	2,550,462
136	813211	기부금 조성 단체	2,746,208	198,907	2,547,302
137	322211	골판지 및 솔리드 파이버 상자 제조업	3,027,432	496,618	2,530,815
138	423810	건설 및 광업(유전 제외) 기계류와 장비 무역 도매상	2,821,443	293,424	2,528,019
139	3253	살충제, 비료 및 기타 농업용 화학제품 제조업	2,823,870	312,499	2,511,371
140	334517	조사 장치 제조업	2,842,671	335,658	2,507,013
141	4231	자동차 및 자동차 부품과 용품 상인 도매상	2,706,747	202,670	2,504,077

순위	NAICS 코드	NAICS 업종	사업체당 평균 매출액	사업체당 평균 급여	매출액 − 급여
142	4411	자동차 판매업	2,668,406	164,797	2,503,609
143	212391	가성칼륨, 나트륨 및 붕산염 광물 광업	2,883,167	384,333	2,498,833
144	325520	접착제 제조업	2,927,509	432,771	2,494,738
145	424810	맥주 및 에일 무역 도매상	2,730,794	241,135	2,489,659
146	33149	비철금속(구리 및 알루미늄 제외) 압연, 인발, 압출 및 합금	2,789,155	309,962	2,479,192
147	423820	농장 및 정원 기계류와 장비 상인 도매상	2,741,051	271,926	2,469,125
148	312111	청량음료 제조업	2,691,005	224,473	2,466,533
149	4236	가전제품 및 전기 전자 제품 상인 도매상	2,745,550	287,625	2,457,925
150	325212	합성고무 제조업	2,778,750	326,359	2,452,391
151	446110	약국	2,720,302	273,076	2,447,226
152	561599	기타 여행 준비 및 예약 서비스	2,646,291	213,837	2,432,454
153	331110	철강업 및 합금철 제조업	2,708,076	285,853	2,422,223
154	32531	비료 제조업	2,730,749	316,931	2,413,818
155	333921	엘리베이터 및 이동식 계단 제조업	3,021,178	607,792	2,413,386
156	423930	재활용품 무역 도매상	2,630,029	218,323	2,411,706
157	221115	풍력 발전업	2,879,688	469,063	2,410,625
158	325120	산업용 가스 제조업	2,798,256	391,333	2,406,923
159	333912	공기 및 가스 압축기 제조업	2,741,055	335,027	2,406,027
160	311513	치즈 제조업	2,604,251	210,845	2,393,406
161	4248	맥주, 포도주 및 증류주 무역 도매상	2,637,668	244,627	2,393,041
162	311615	가금류 가공업	2,593,979	210,350	2,383,629
163	423920	장난감 및 취미 용품 무역 도매상	2,583,032	214,229	2,368,803
164	336510	철도 차량 제조업	2,831,250	469,467	2,361,783

순위	NAICS 코드	NAICS 업종	사업체당 평균 매출액	사업체당 평균 급여	매출액 − 급여
165	424490	기타 식료품 및 관련 제품 상인 도매상	2,535,099	177,826	2,357,273
166	424820	포도주 및 증류주 무역 도매상	2,602,878	245,932	2,356,946
167	326122	플라스틱 파이프 및 파이프 부속품 제조업	2,664,896	314,374	2,350,522
168	32221	판지 용기 제조업	2,805,481	456,582	2,348,900
169	447190	기타 주유소	2,455,395	119,441	2,335,954
170	335929	기타 통신 및 에너지 와이어 제조업	2,750,013	414,267	2,335,747
171	325220	인공/인조 섬유 및 단섬유 제조업	2,625,250	301,225	2,324,025
172	423720	배관 및 난방 장비와 용품(순환수식 냉난방 시스템) 무역 도매상	2,644,029	330,549	2,313,481
173	3115	유제품 제조업	2,517,132	204,729	2,312,403
174	424340	신발류 무역 도매상	2,486,308	197,787	2,288,520
175	423840	산업용품 무역 도매상	2,595,333	307,009	2,288,324
176	32541	의약품 제조업	2,681,727	422,171	2,259,556
177	322212	접이식 판지 상자 제조업	2,709,490	451,582	2,257,908
178	481211	부정기 항공 전세 여객 운송업	2,558,196	302,880	2,255,316
179	423	무역 도매상, 내구재	2,502,073	257,297	2,244,776
180	533110	비금융 무형자산 임대업(저작권 자산 제외)	2,489,763	258,449	2,231,314
181	321114	목재 보존업	2,487,990	259,555	2,228,435
182	423220	가정용 비품 무역 도매상	2,476,110	252,339	2,223,771
183	423430	컴퓨터와 컴퓨터 주변장치 및 소프트웨어 무역 도매상	2,522,956	300,110	2,222,846
184	325130	합성염료 및 색소 제조업	2,535,983	318,966	2,217,017
185	331221	압연강 모형 제조업	2,508,459	297,941	2,210,518
186	4241	종이 및 종이 제품 무역 도매상	2,444,644	236,385	2,208,259
187	424450	과자류 무역 도매상	2,354,236	148,433	2,205,803

순위	NAICS 코드	NAICS 업종	사업체당 평균 매출액	사업체당 평균 급여	매출액 - 급여
188	335991	탄소 및 흑연 제품 제조업	2,587,262	384,662	2,202,600
189	4471	주유소	2,297,743	99,236	2,198,506
190	236220	상업용 및 공공시설용 건물 건설업	2,487,359	299,407	2,187,952
191	33131	알루미나 및 알루미늄 생산 및 가공업	2,475,425	293,875	2,181,550
192	423610	전기기구 및 장비, 배선 용품 및 관련 장비 무역 도매상	2,478,208	299,942	2,178,266
193	424320	남성용 및 남아용 의류 및 장신구 무역 도매상	2,379,003	202,526	2,176,477
194	326111	비닐봉지 및 파우치 제조업	2,480,366	307,696	2,172,670
195	447110	편의점이 딸린 주유소	2,267,367	95,744	2,171,623
196	22111	발전업	2,534,060	365,421	2,168,638
197	325613	계면활성제 제조업	2,489,881	332,000	2,157,881
198	2362	비거주용 건물 건설업	2,439,159	297,940	2,141,220
199	522110	일반 은행업	2,711,467	573,991	2,137,476
200	31191	스낵 식품류 제조업	2,359,099	226,631	2,132,468

자수성가형 프로 사업가들의 공통점

이 책을 쓰기 위해 조사 작업을 하는 동안 자신의 경험담을 들려준 많은 사업가에게 별도의 설문조사를 실시했다. 60명 중 총 49명이 조사에 참여했으며 그들의 경험, 습관, 성공 사례에 어떤 공통점이 있는지 살펴봤다. 그중 가장 흥미로운 결과 몇 가지는 다음과 같다.

- 사업이 연 매출 100만 달러를 달성하는 데 약 4년이 걸렸다.
- 평균 4년을 비고용 사업체(고용주가 세금을 원천징수하고 근로자에게 급여 및 세금 내역서를 제공하는 고용 방식을 의미한다-옮긴이) 직원을 고용한 적이 없다.
- 다들 사업을 할 때 계약직을 이용한다.
- 90퍼센트는 자동화 기능을 활용한다.

- 88퍼센트는 어떤 식으로든 운동을 한다. 이들에게 가장 인기 있는 운동은 요가(22퍼센트), 헬스클럽 운동(18퍼센트), 근력 운동(14퍼센트), 걷기(14퍼센트) 순이다.

- 64퍼센트는 정신적·육체적·영적·종교적 수행 방식(명상이나 기도 등)이 있다.

- 34퍼센트가 명상을 한다.

- 37퍼센트에게는 비즈니스 코치가 있다.

- 45퍼센트는 기업가 모임에 소속되어 있다.

주

서문 자수성가형 프로 사업가 60인의 성공 방정식을 만나다

1 *Business Formation Statistics: June 2021* (Washington, DC: United States Census Bureau, July 15, 2021), https://www.census.gov/econ/bfs/index.html.

2 "Business Formation Statistics: Data Visualizations and Historic Releases," Business Economy, United States Census Bureau, https://www.census.gov/econ/bfs/data.html.

제1장 돈 없다고 시간 없다고 사업을 미루지 마라

3 *The State of Independence in America 2020* (Herndon, VA: MBO Partners, 2020), http://info.mbopartners.com/rs/mbo/images/MBO_Partners_State_of_Independence2020_Report.pdf.

4 *Small Business Credit Survey: 2020 Report on Employer Firms* (Washington, DC: Federal Reserve Banks, April 7, 2020), https://www.fedsmallbusiness.org/medialibrary/FedSmallBusiness/files/2020/2020-sbcs-employer-firms-report.

5 *Frequently Asked Questions about Small Businesses* (Washington, DC: US Small

Business Administration Office of Advocacy, October 2020), https://cdn.advocacy.sba.gov/wp-content/uploads/2019/09/24153946/Frequently-Asked-Questions-Small-Business-2019-1.pdf.

6 "Indicators of Entrepreneurship: Startup Early Job Creation," Early-Stage Entrepreneurship Series, Ewing Marion Kauffman Foundation, February 2021, https://indicators.kauffman.org/indicator/startup-early-job-creation.

7 "The Complete List Of Unicorn Companies," CB Insights, updated August 2021, https://www.cbinsights.com/research-unicorn-companies.

8 Peter W. Roberts and Deonta D. Wortham, "The Macro Benefits of Micro-businesses," *Stanford Social Innovation Review*, January 16, 2018, https://ssir.org/articles/entry/the_macro_benefits_of_microbusinesses.

9 *Small Business Credit Survey: 2020 Report on Employer Firms* (Washington, DC: Federal Reserve Banks, April 7, 2020), https://www.fedsmallbusiness.org/medialibrary/FedSmallBusiness/files/2020/2020-sbcs-employer-firms-report.

제2장 일단 사업가처럼 생각하고 행동하라

10 *Unemployment Rates During the COVID-19 Pandemic* (Washington, DC: Congressional Research Service, July 20, 2021), https://crsreports.congress.gov/product/pdf/R/R46554.

11 *The State of Independence in America 2020* (Herndon, VA: MBO Partners, 2020), http://info.mbopartners.com/rs/mbo/images/MBO_Partners_State_of_Independence_2020_Report.pdf.

제3장 황금알을 낳는 시장, 찾는 사람이 임자다

12 "Plan Your Business: Market Research and Competitive Analysis," Business Guide, US Small Business Administration, https://www.sba.gov/business-guide/planyour-business/market-research-competitive-analysis#section-header-5.

13 "Operating and Net Margins by Sector," Stern School of Business, New York University, updated January 2021, http://pages.stern.nyu.edu/~adamodar/New_Home_Page/datafile/margin.html.

제5장 자본금 0원으로 10억 사업의 문을 두드려라

14 "Small Business Grants," USGrants.org, https://www.usgrants.org/small-business-grants.htm.

15 "Grants," Funding Programs, US Small Business Administration, https://www.sba.gov/funding-programs/grants.

16 "Government Grants for Small Businesses in 2021," Chamber of Commerce, https://www.chamberofcommerce.org/government-grants-for-small-businesses.

제6장 오늘부터 딱 4시간만 일하라

17 *A Look at Nonemployer Businesses* (Washington, DC: US Small Business Administration Office of Advocacy, August 2018), https://www.sba.gov/sites/default/files/advocacy/Nonemployer-Fact-Sheet.pdf.

18 https://ads.google.com/home/tools/keyword-planner/.

19 "Small Business and Self-Employed: Independent Contractor: (Self-Employed) or Employee?," Businesses and Self-Employed, Internal Revenue Service, https://www.irs.gov/businesses/small-businesses-self-employed/independentcontractor-self-employed-or-employee.

제7장 평생고객을 부르는 입소문 마케팅의 법칙

20 "How Women Sell in Business vs. Men," Denise Duffield-Thomas, June 1, 2015, YouTube video, 9:32, https://www.youtube.com/watch?v=-oiQE7G6vNM.

부록 1 부의 기회가 몰려 있는 사업들

21 https://kosis.kr/statHtml/statHtml.do?orgId=142 tblId=DT_BR216 conn_path=I2.

22 https://kosis.kr/statHtml/statHtml.do?orgId=142 tblId=DT_BR218 conn_path=I2.